訪日中国人「爆買い」以外にできること

「おもてなし」日本へ、中国の若者からの提言

中国人の日本語作文コンクール

［第12回］受賞作品集

日中交流研究所 所長

段躍中 編

日本僑報社

推薦の言葉

石川　好（作家・元新日中友好二十一世紀委員会委員、日本湖南省友の会共同代表）

その年の世相を映した言葉を選ぶ「ユーキャン新語・流行語大賞」で、２０１５年は訪日外国人が家電製品や化粧品などを大量に買い込む「爆買い」という言葉が大賞に選ばれました。それから約1年、爆買いブームは落ち着いてきたとはいえ、いまだに新聞やテレビなどでよく話題にされています。

この、日本で発生した爆買い現象を、中国人はどう見ているか？　中国人の日本に対する印象は良くなったのか？　爆買いは今後もさらに続くのか？　爆買いを通じて、爆買いをめぐる中国や中国人に関する問いは多くありますし、実際に私自身が質問を受けることも多数あります。爆買いは、人気商品のメーカーやホテル、旅行会社、デパートやドラッグストアなど、ブームに直接かかわりのある方のみならず、一般の日本人にとっても非常に関心の高い現象なのではないでしょうか。

日本僑報社・日中交流研究所が主催し、中国で日本語を学ぶ学生を対象とした「中国人の日本語作文コンクール」は、今年で第12回を数えます。日中関係がようやく改善の軌道に乗り始めたものの「勢いはまだ弱い」といわれるなか、今年は昨年を上回り過去最多となる５１９０編もの作品が中国各地から寄せられました。先に述べた爆買いにちなんだ「訪日中国人、『爆買い』以外にできること」などの３つがテーマとして選ばれました。

この作文集には、そのなかから厳正な審査を経て選ばれた優秀作81編を収録しています。中国の若者たちは日ごろの学習の成果を発揮し、外国語である日本語を使いこなして、自分の見方や考えを率直に述べています。ですから本書は、中国の若者たちの本音や新しい対日観を知るための1冊であり、さらに日本人にとっては己を知る友人「知己」といった、貴重な鏡のような1冊となるに違いありません。

中国は、経済成長著しい新興国の中でも群を抜いた成長を続け、今や世界第2の経済大国となりました。

そうした中国市場における変化や発展は、やがて日本はもとより世界に影響を及ぼします。日本はお隣の国・中国を知り、引き続きご近所づきあいをしていくためにも、中国人の本音に耳を傾ける必要があるのではないでしょうか。

本書を手にされた方は、まずご自身でお読みください。それから、この本の内容に共感したり、「なるほど」と納得したりすることがあれば、最も親しい方お1人で結構ですので、どうかご推薦ください。自らのため、大事な人や家族のため、ひいては日本の将来のため「私から・小さなことから」行動を始めてみてはいかがでしょう。

本コンクールを主催する日本僑報社・日中交流研究所の代表である段躍中さんは、中国湖南省の出身です。「日中の相互理解を深めたい」という思いを胸に、日本で20年もの間、出版事業を続けてこられ、これまでに日中・中国関係の優れた書籍を320点余り刊行されてきました。それと同時に、民間の〝草の根〟交流活動である本コンクールを、12年間休むことなく継続開催されてきました。

コンクールの優秀作をまとめたこの作文集のシリーズも、今年で12作目となります。そこには12年という歳月が刻まれており、中国の現状や日中関係の変化などが若者たちの素直な筆致によって生き生きと記録されています。

この場をお借りして、12年間努力を続け、中国における日本語教育に大きく貢献するとともに、両国関係の明るい未来のために意義深い活動を続けてこられた段躍中さんをはじめ、関係各社、団体、ご支援ご協力をいただいた全ての皆様に、心より敬意と感謝の意を表したいと思います。

そして、これからも草の根交流活動の本コンクールに変わらぬご指導ご鞭撻をたまわりますよう、作文集を引き続きご愛読ご推薦くださるよう、よろしくお願い申し上げます。

２０１６年11月吉日、東京にて

目次

推薦の言葉　石川好……3

上位入賞作品……11

◆最優秀賞（日本大使賞）

二人の先生の笑顔が私に大切なことを教えてくれた……蘭州理工大学　白宇　12

◆一等賞

「サヨナラ」は言わない……中国人民大学　郭可純　15

浪花恋しぐれ……合肥優享学外語培訓学校　張凡　18

私を変えた、日本語教師の教え……中南財経政法大学　張君恵　21

日本語の手紙……南京農業大学　張彩玲　24

私を支えてくれた、もう一人の一人ぼっち……中国人民大学　金昭延　27

◆二等賞

私たちは日本へ買い物に行くしかないのか……雲南民族大学　羅雯雪　30

「これ『が』いい」より「これ『で』いい」……湖南文理学院　肖思岑　32

先生のおかげで、私はグルメになった……長安大学　王君琴　34

日本を語るものを1つ買う……国際関係学院　王晨陽　36
「日本限定」に出合おう……中国人民大学　靳雨桐　38
トトロを探しに……黒龍江外国語学院　舒　篠　40
訪日中国人、「爆買い」以外にできること……中南財経政法大学　王亜瓊　42
教師は、立派なのか……東莞理工学院　朱翊慇　44
原爆のエレジー……北京科技大学　葉書辰　46
私を変えた、日本語教師の教え……青島職業技術学院　張春岩　48
訪日中国人、爆買い以外にできること……恵州学院　徐　娜　50
私を変えた、日本語教師の教え……大連外国語大学　張文輝　52
「日本大嫌い君」と日本人転校生……山東政法学院　劉　安　54
「怖い」日本人でしょうか……大連大学　曾　珍　56
落ち着いて、心の声に聞き従う……山西大学　王亜楠　58

◆三等賞

あの姿が眩しい……大連外国語大学　肖年健　60
爆買い以外にできること―オタクによる愛の「爆買い」ではないか―……国際関係学院　喬志遠　62
私を変えた、日本語教師の教え―「ありがとう」を探す旅へ導いてくれた先生……東華大学　謝　林　64
時の散歩者……同済大学　余鴻燕　66
私を変えた、日本語教師の教え……青島農業大学　郭　帥　68

もう一人の神様……南京農業大学　蔣易珈　70
日本で触れたい伝統文化の継承とその方法……北京科技大学　馬茜瀅　72
爆買い以外でしたいこと……長江大学　梅錦秀　74
私の先生はすばらしい……大連外国語大学　林　璐　76
「おもてなし」日本はいかが……同済大学　郭瀟穎　78
私を変えた「すみません先生」の教え……上海理工大学　洪　貞　80
私を変えた、日本語教師の教え―人生の大きな後押し―……南京師範大学　顧　誠　82
45冊の本の重さ……浙江農林大学　李　聡　84
爆買い―忘れてはいけないこと……青海民族大学　佟　徳　86
人と人との交流で平和を守ろう……菏澤学院　李　倩　88
先輩を超えるには……江西農業大学南昌商学院　劉嘉慧　90
聖地巡礼の旅……外交学院　張靖婕　92
中川先生……合肥学院　高璟秀　94
日本人の先生が教えてくれたこと……吉林華橋外国語学院　陳倩瑶　96
青春18きっぷの景色の中へ！……常州大学　王　婷　98
日本語を学ぼう……楽山師範学院　王　弘　100
忘れられない先生……揚州大学　仲思嵐　102
郊外の湖は、きっと綺麗だろう……東莞理工学院　劉権彬　104

僕が爆買い以外にできること　運城学院　郭建斌　106
私を変えた日本語教師の教え　煙台大学　闞洪蘭　108
一度「深夜食堂」へ行こう　浙江農林大学　蔡偉麗　110
鈴木先生の矢印　浙江農林大学　陳　怡　112
先生と万年靴と私　東北大学秦皇島分校　李慧玲　114
最高の「お土産」を求めて――欲しいモノより、会いたい人　南京理工大学　羅亜妮　116
訪日中国人、「爆買い」以外にできること――日本との出合い　嘉興学院　李琳玲　118
私の心に残った日本での経験　大連外国語大学　李　達　120
日本語のニュースから学んだこと　東華大学　劉小芹　122
心の窓辺にて　揚州大学　甘睿霖　124
心を込めて、日本語教師の教え　南京郵電大学　周彤彦　126
笑顔は幸せを呼ぶ　瀋陽師範大学　李　氷　128
先生からの教え　遼寧師範大学海華学院　彭　俊　130
私を変えた、日本語教師の教え　天津科技大学　陳　麗　132
日本人教師から学んだ生活の規範　南京師範大学　羅夢晨　134
難しい方を選ぶ　瀋陽工業大学　劉雨佳　136
あの時初めて出会った日本語教師に感謝！　常州大学　許楚翹　138
私の手本　東華理工大学　廖珊珊　140

私を変えた、日本語教師の教え　青島職業技術学院　譚　翔　142
訪日中国人、「爆買い」以外にできること　広東省外国語芸術職業学院　李家輝　144
私を変えた、日本語の先生の教え　四川外国語大学　王沁怡　146
未来へのガイドブック　遼寧対外経貿学院　曹伊狄　148
私には夢がある　南京工業大学　李偉浜　150
宗谷岬の大晦日　西安財経学院　楊茹願　152
夢守り人　嘉興学院　朱杭珈　154
あなた、本当に日本へ行ったの？　東華理工大学　陳子航　156
中国との違いを探そう　東華大学　戴俊男　158
日本の人情社会―人情に国境はない―　同済大学　呉佩遙　160
日本に行ってみよう　遼寧大学外国語学院　時　瑶　162
私を変えた言葉　大連工業大学　董鳳懿　164
訪日中国人、「爆買い」以外にできること　五邑大学　黄潔貞　166
荒井先生からの印象深い一言　大連東軟情報学院　施静雅　168
先生のおかげで、私が変わった　安陽師範学院　馮倩倩　170
先生、「ごめんね」をいわないでください　山東科技大学　付子梅　172
日本で特別な旅をしよう　武漢理工大学　鄭玉蓮　174
日本での旅　寧波工程学院　施金暁　176

第12回

中国人の日本語作文コンクール

上位入賞作品

最優秀賞（日本大使賞）

白　宇　蘭州理工大学

一等賞

郭可純　中国人民大学

張　凡　合肥優享学外語培訓学校

張君恵　中南財経政法大学

張彩玲　南京農業大学

金昭延　中国人民大学

二等賞　15名

三等賞　60名

☆最優秀賞（日本大使賞）　テーマ「私を変えた、日本語教師の教え」

二人の先生の笑顔が私に大切なことを教えてくれた

蘭州理工大学　白宇

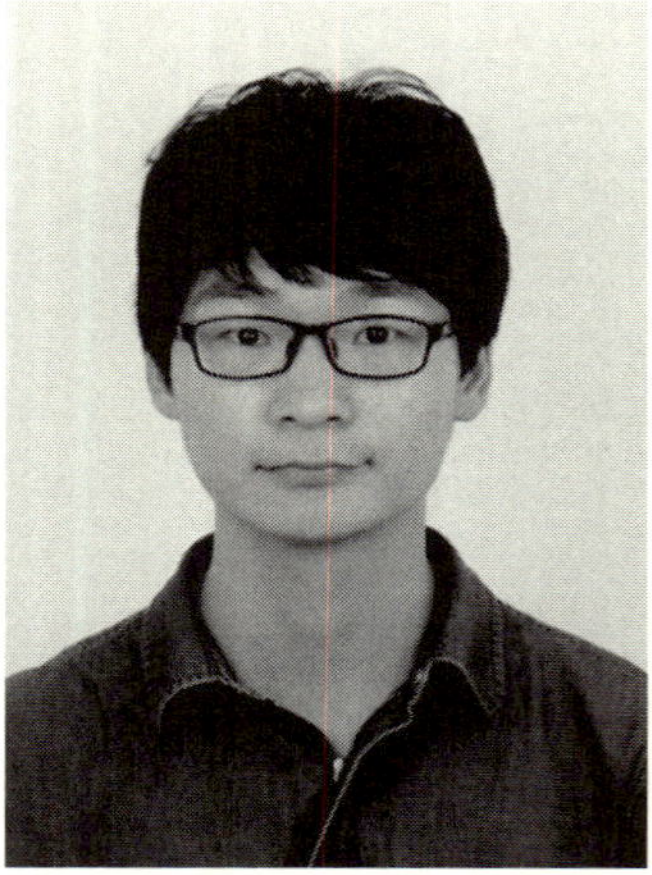

大学の専門が決まった日のことは今でも覚えている。私が遠く蘭州まで行って日本語を勉強すると聞いて、友達は皆馬鹿にしたように笑った。両親の「もう一年、浪人して頑張る？」という言葉が、傷だらけの私の心に止めを刺した。

浪人する勇気もなかった私は、入学後、専門を変えることだけに望みを託した。蘭州まで付き添ってくれた母は私の将来を悲観して、帰りの電車で泣き続けたという。2012年、小さな島をめぐって中日関係が最悪となった、その年のことだった。

大学の初日、初めての授業にやってきたのは、なんと日本人の先生だった。それまで日本人と聞いて頭に思い浮かぶのは、戦争ドラマで見たあの憎らしい顔だけだった。ところが、教室にやって来たのは可愛らしい女性で、最初はクラスメートだと思った。教壇に立つと、彼女は知らない言葉で話を始めた。唯一聞き取れたのは「早上好（おはようございます）」だけ。英語と、少しの中国語を黒板に書いて交流した。彼女は最初から最後までずっと笑顔だった。なんだ、怖くないんだ、日本人も。授業の後は自分で黒板まで消して、「また明日ね」と言うと、また微笑んだ。

その先生は丹波江里佳と言い、ご主人も先生だった。姓が同じなので、江里佳先生、秀夫先生と名前で呼んだ。先生は「子どもみたい」と笑ったが、なんだか親密な感じがして、その呼び方が好きだった。私は、もうちょっと日本語を勉強してもいいかなと思った。

その後、江里佳先生と相互学習を始め、私は日本語、先生は中国語で会話を重ねた。私が大事な試験や大会を控えた時は、先生からたくさんのアドバイスとパワーをもらった。一年が終わる頃、私の成績は学年で一番になっていた。いつの間にか、専門を変えようという気持ちはなくなっていた。

ある日、秀夫先生から呼び出され、江里佳先生が突然帰国することになったと聞かされた。もう、蘭州には戻らない。その瞬間、私は言葉を失い、目からは涙が溢れ出した。他人に弱みを見せることが何より嫌いだったはずの私が、何も言えずに、ただ泣き続けた。ただ一人の日本人の前で、ただ一人の日本人のために。

江里佳先生が帰国した後は、秀夫先生と相互学習を続けた。今だから言うと、最初は江里佳先生には誰も代われないと思っていた。秀夫先生は私達の授業を担当したことがなかったので、冗談を言い合うことも少なかった。やっぱり江里佳先生のほうがいい、とこっそり思った。

去年の五月、蘭州で大きなスピーチ大会が行われることになった。地区予選で優勝すれば日本での決勝に行けると聞き、とてもワクワクした。日本で、また江里佳先生に会える！　しかし、参加を決めてか大会まで一カ月もなく、まだ原稿もなかった。

思い切って秀夫先生に指導をお願いすると、先生は快く引き受けてくれた。「でも、私が指導する以上は厳しいよ？『全力を尽くす』」、それが唯一の、そして絶対に守ってほしい約束」という秀夫先生に、私はドキドキしながら頷いた。

それから毎日、秀夫先生と夜遅くまで練習した。発音から、アクセント、イントネーション、表情、身振り手振りまで、二人で一緒に考えた。大会当日、私の優勝が決まった時、先生は誰よりも嬉しそうに微笑んでいた。その笑顔を見た瞬間に気づいた。秀夫先生もまた、かけがえのない存在になっていたのだ。

東京の決勝では全力を尽くしたものの、結局、私が優勝することはなかった。周囲は決勝に進めただけで十分だと言ってくれたが、内心悔しくてたまらなかった。そんな私の性格をよく知る江里佳先生がくれた長い応援メッセージは、私の一生の宝物になった。

思い返すと涙が出てくる。四年間、私を支え続けてくれた先生方。辛い時、苦しい時、私はいつも二人の笑顔を思い出す。すると、また次の一歩を踏み出す勇気が湧いてくる。今年、私は大学院へ進学する。専門は日本語。今なら相手が誰であろうと、私は胸を張って言える。「私の専門は日本語です」と。

（指導教師　丹波秀夫・丹波江里佳）

白宇（はく・う）

1994年、安徽省出身。蘭州理工大学日本語学科4年。この作文コンクールへの参加は今回が初めて。「大学入学前は日本のことが大嫌いだった私が、先生方のおかげで日本語が好きになった。このコンクールの開催を知ると、迷わず『先生』のテーマを選んだ。入賞したら、4年間ずっと支えてくれた先生方に恩返しができると思ったから。コンクールを通じて、先生方との深い絆を形にすることができた。そして改めて努力の大切さを知った」という。2016年9月、南京大学大学院に進学。趣味は、卓球とギター。

◉一等賞　テーマ「訪日中国人、『爆買い』以外にできること」

「サヨナラ」は言わない

中国人民大学　郭可純

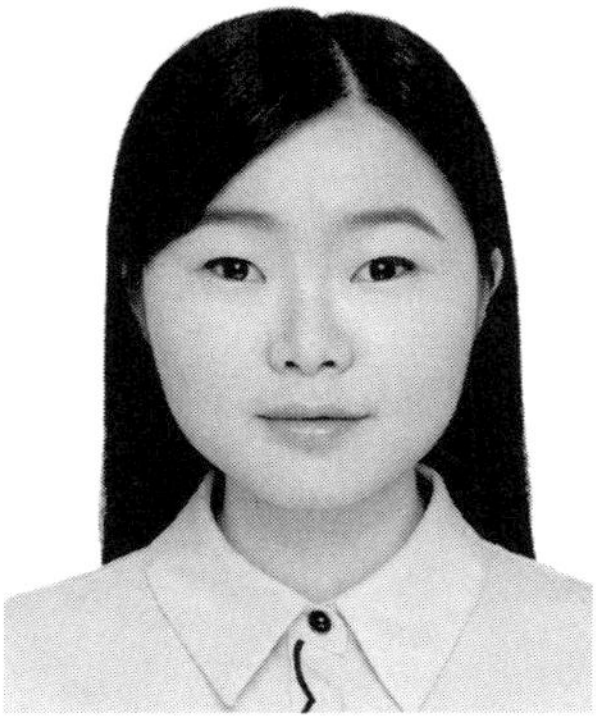

「ご両親に、一週間の日本旅行で一番印象的だったのはなにか聞いてみて」。中井さんは微笑みながら、そう尋ねた。

「そうですね。やっぱり茶道の点前を学んだことや、和服を着て花見小路通りを歩いたことですね」と私は両親の答えを訳した。

旧正月の連休の最終日、両親の日本旅行が終わりを迎えようとしていた。神戸の浜辺で、初対面の両親と中井夫妻は、私の通訳を通して話が弾んでいた。

中井さんは以前、私が神戸に短期留学した際にお世話になった「日本のお母さん」だ。彼女とはネット上のホストファミリー紹介プログラムを通して知り合った。今回、私が両親と一緒に関西で旅行するのを聞いて、わざわざ一日を空けて、ご主人とともに神戸を案内してくれたのだ。

「青空の下、絵本みたいな景色に見惚れ、隅々まで気配りが行き届いたサービスを受けた。おまけに日本の伝統文化の体験や、友好的な日本人の方々との交流もでき、この上ない旅だったわね」。わさび入りのお寿司を一口食べながら、母はかなり深遠な言葉を口にした。その場でなかなかうまく通訳できなかったが、中に込められている感謝の気持ちはきっと中井さんに伝わっただろう。

「よかったわ。郭さん一家の旅行は『爆買い』ならぬ『爆体験』という感じだったわね」。私が中井さんの言葉を訳すと、みんな笑い出した。

今回両親のガイド兼通訳を担当した私は、いわゆる「爆買いツアー」とは異なる何か日本ならではのことを両親に体験してほしいと思い、前もって中井さんに相談した。「一回きりじゃなく、また何度も行きたいって、ご両親が中国に帰った後そう思ってくれればいいね」と中井さんはガイドブックを参考にしながら、観光バス券の取り方や、文化活動の予約方法などを教えてくれ、旅行計画を練ってくれた。

両親が京都に辿り着いたその日に、私たちは一つ目の目的地である茶道教室に向かった。ひっそりと静まり返っている茶室で、両親が先生の点前にじっと目を凝らし、見よう見まねでお茶をたてた。茶道が終わった後、「さすが京都。落ち着いている雰囲気のおかげで旅の疲れが全部吹き飛んじゃった」とほろ苦い抹茶の余韻に浸るかのように感激していた。また、清水寺に行った日には、母と一緒に和服に着替え、古きよき町で下駄をカラコロと鳴らし、まるで日本人女性のような一日を過ごした。そして最後の夜。神戸で中井さんと会い、浜辺でご飯を食べながら、日本旅行の感想や、親として子育てと老後の生活についての世間話、一衣帯水の日中関係や同文同種の日中の歴史まで、話が尽きなかった。胸襟を開き、国境も言葉の壁も越えて、私の二組の「両親」の間に、ご縁の橋が掛け渡されたのだ。

「次回会うとき、中国語で話せるように頑張るわ」。中井さんは私を見つめ、「郭さんのご家族も、ここを第二の故郷として、また戻ってきてください。待っているわ」と私の肩を軽く叩いた。

「一期一会」という言葉が日本で好まれているようだが、私は今回この言葉を避けたい。なぜなら私たち家族にとって、日本での旅は今回一度きりのものではなく、また戻ってきて、大切な人と再会したいからだ。

観光地を大雑把に見て、デパートに押し合いながら入ること以上に、より意義深いことは多くあるはずだ。伝統文化の体験はもちろんのこと、機会があれば、日本人と交流し、友好の絆を結ぶことは何よりかけがえのない思い出になる。そして、そんな生きた体験や交流によって心に生まれる「また行きたい場所、また会いたい人」こそが、旅の最上の「お土産」ではないかと思う。より多くの訪日中国人が、お店では買えない自分だけの「お土産」を見つけ、持ち帰ってくれたら、と思う。

神戸駅前、二組の「両親」が手を振りながら、「再見」と繰り返し言い合った。この「再見」は、決して「サヨナラ」と訳すべきではない。「またお会いしましょう」という言葉が、通訳である私の、この旅での最後の仕事となった。

（指導教師　大工原勇人）

郭可純（かく・かじゅん）

１９９５年、浙江省出身。中国人民大学外国語学部3年。日本語学習歴は大学に入学してから3年ほどだが、この日本語作文コンクールへの参加は２０１５年の第11回に続いて2回目、受賞も前回2等賞からの躍進となった。今回はテーマを見た瞬間に「知り合いの中井さんのことをヒントに書こう」と即断。書くにあたっては「どのようにわかりやすく書くか」悩んだが、構成を練り、何度も推敲し、最終稿ができた時には大きな達成感を覚えたという。「この経験は私にとって成長のための一助になった」。趣味は、写真、旅行。

◉一等賞　テーマ「訪日中国人、『爆買い』以外にできること」

浪花恋しぐれ

合肥優享学外語培訓学校　張凡

雨の横丁。法善寺。目の前に、小雨に濡らされた路地裏が伸びていた。私の予想と異なり、人通りがなく、静かな場所だった。私は友人と一緒に携帯電話の地図をたよりに、予約していたお店を探した。やっとのことで石の壁にあった看板を見つけた。

演歌が大好きな私は、去年日本に行けることが決まり、どうしても法善寺を見に行きたいと思った。「雨の横丁　法善寺　浪花しぐれか　寄席囃子　今日も呼んでる　今日も呼んでるど阿呆春団治」と、名曲「浪花恋しぐれ」を聞くたびにそこで歌われている日本文化の美しさに心酔しながら、「法善寺」

「横丁」とはいったいどんなところなのか、歌詞の背景にはどんな物語があるのか気になった。そこで、この記念すべき初の日本旅行を大阪から始めることにした。

緊張しながら暖簾をくぐると、着物姿の女将さんが笑顔でカウンターに案内し、丁寧にメニューを紹介してくれた。私たちが初めて日本に来たと知り、すごく驚いていた。「どうやってうちを知ったんですか」と聞かれて、少し笑いながら「実は演歌なんです。『浪花恋しぐれ』が大好きで、その歌詞に横丁が出てくるので」と答えた。話を聞いていた大将も驚いて話しかけてくれた。「あぁ、都はるみさんの歌やったっけ。大阪弁がいっぱいやったけど、意味わかりますか」、私は「まぁいろいろ調べたんで」と答え、以前から秘かに勉強していた大阪弁を使ってみた。「おっちゃん、これなんぼ」「やりよるな」と、このやり取りに周りにいたみんなが笑った。

歌詞に出てくる「ど阿呆」と「春団治」についても聞いてみた。「あぁ、『ど阿呆』やな、『阿呆』のことやで。阿呆をもっときつくした言い方やな。春団治はそんときの落語家で、スーパースターやったんやで」と大将が親切に教えてくれた。寄席囃子は三味線や笛の演奏だということも大将から聞き、「歌詞の中で『呼んでいる』のは、落語家の名前なんですね」と答えた私は、劇場全体が聴衆の笑いに包まれ、みんなが「春団治、ええぞぉ」と声を上げている情景が目の前に浮かんできた。春団治は妻に支えられながら、一歩ずつ壮大な夢を叶えた。そして、雨の横丁で落語家が傘をさし、二人が寄り添って帰るところも見えてきた。歌に込められた落語家の夫婦愛をようやく理解できた私は、とても温かい気持ちになった。

あの料亭での時間を思い出すたびに今でも何とも言えない感慨深い気持ちになる。最近、日本では「爆買い」という言葉をよく耳にすると言う。私も例外ではなく、買い物用のスーツケースを二つ準備し、他の多くの中国人と同じように「大人買い」を超える量の買い物を楽しんだ。しかし、急ぎながらいくつものデパートを回った後、疲労感が強く残った。せっかく日本に来ても、爆買いだけしかしないなら、忘れがたい思い出を作ることは難しいと思う。日本へ行く時には、その高品質な製品だけでなく、人の心を引き付ける場所にも目を向けてみてほしい。誰でも好きな日本のドラマやアニメがきっとある。その舞台となった所へ行くのはどうだろうか。自分の足でその場所へ行き、その情景を感じる。鎌倉高校前の踏切で、「スラムダンク」のエンディングソングのような写真を撮る。香川県高松市の防波堤へ行き、「世界の中心で、愛を叫ぶ」で二人が見つめていた夕日を眺める。「ラブストーリーは突然に」と一緒に、リカちゃんと完治くんがデートした代々木公園を歩くなら、リカちゃんの優しい笑顔がそこにはあるかもしれない。感性を働かせて「自分の知らなかった日本」を味わうと、「爆買い」では見落としてしまいがちなものを得られるはずだ。私にとって、それは大将や女将さんとの会話であり、その料亭の通りの独特な雰囲気という記憶だ。

一週間の旅行は瞬く間に過ぎ去った。荷物も、そしてそれ以上に思い出もいっぱいだった私は、帰国の飛行機に乗るときに、「また来るで」と心の中でつぶやいた。

（指導教師　汪彩鳳、水野晴哉）

張凡（ちょう・ぼん）

1989年、安徽省出身。合肥優享学外語培訓学校に在学。この作文コンクールへの参加は第11回に続いて2回目、受賞は初めて。日本語は大学時代から培訓学校（研修学校）で学んでいるが、日ごろ日本語を使う機会は非常に少ない。そのため、このコンクールは自身にとって「特別なもの」であり、今回の参加で「ライティングのレベルを向上させることができた」と喜ぶ。「これからも一歩一歩、日本語の勉強を続け、将来は日本で仕事をすることが夢」。趣味は、スポーツと音楽。

◉一等賞　テーマ「私を変えた、日本語教師の教え」

私を変えた、日本語教師の教え

中南財経政法大学　張君恵

私は「頑張れ」という言葉が嫌いだった。この言葉自体にも、この言葉を口にする人の気持ちにも、この言葉を聞いて妙に頑張っている人の姿にも、嘘くささを感じてしかたがなかった。それまでの20年間、そこそこ努力して、そこそこいい結果を出して、そこそこ満足していた私にはその意義がわからず、そのわけを明確に体現している大人にも出会わなかった。もし5年前中村先生に出会わなかったら、今の私もきっとあのままだっただろう。

「一流大学の学生である皆さんは、自分の日本語のレベルはどのぐらいだと思いますか」。着任早々の授業で、先生は私たちに問いかけた。当時は深く考えもせず、もちろん一流レベルだろうと答えた。「日本語のレベルは出身校と何の関係もありません。永遠に学歴で人を判断しないこと。そして、永遠に自分のレベルに満足しないこと」と言った先生は少しがっかりしているように見えた。先生は以前、武漢の中等専門学校で6年間教えていたそうだ。必死に学歴の縛りから抜け出そうとしていた彼らと比べ、受験の結果で嫌々日本語を学ばされていた私達はいかにも物足りなく見えたことだろう。

その後も授業のたびに叱咤激励を続ける先生に私は思い切ってなぜ頑張らなくてはいけないのかと疑問をぶつけた。「別に頑張ることが目標じゃないよ。私には目標があって、それを実現させたいと強く願っているから、そのために必要な手段を講じているだけ」と先生は事もなげに答えた。「自分が何をしたいかはっきりわからない人には頑張るということの本当の意味は永遠にわからないだろうね」。いつもながら先生は明確だった。

「とにもかくにも人生は自己責任の連続で、成功しても失敗しても、自分のおかげで自分のせいなんです。成功したすごい自分も失敗したダメな自分も全部自分そのものなんです」。授業中、先生が放つ言葉は学生達に価値観、人生観、世界観、国際化とは何か深く考えさせる。それまで受験勉強以外のことをしっかり考えたことがない私達にはどれもが難しい課題だ。先生の授業をきっかけにして、私は20年間生きてきて初めて思う存分に自分と対話ができた。自分は他の誰でもない。私は私なんだ。だから自分の意思で目標を具体化し、それに向けて後悔がないように頑張らなければいけない。私は先生のエネルギーに惹きつけられ、いつも先生のそばにいるようになった。

「私は成功の反対は失敗ではないと思います。成功の反対は『何もしない』です。新しいことへの挑戦に失敗と変更はつきもの。苦しみの中にこそ楽しみの種があるんです」。この言葉どおり、先生はいつも何か新しいことに挑戦し、苦しみながら楽しんでいる。あることがきっかけで、2年前から先生と一緒にネットラジオ番組をやることになった。先生がディスクジョッキーで、私が編集を担当していて、今では日本語学習者の中で、結構人気があるラジオ番組だが、月に3回ぐらいの更新は決して楽ではない。なかなかアイデアが浮かばず、締め切りに追われることはよくあることだ。そんなとき、私はいつも中村先生の「頑張ろう」という言葉に励まされて、期待に応えようと頑張っている。

「何かをやるときには一生懸命、まさにこれしかないと思ってやることが大切です。私も教師を一生一筋の一本道と決めた以上、これからも愚直にこの道を進んでいきたいです」。これは、23年間も教師の道をぶれなく歩んできた理由を尋ねられた時の先生の答えだ。自分軸で生きるというのはどれだけ大変で素敵なことだろうかと実感した。全力を尽くしている先生に心から「頑張れ」とエールを送りたくなった。

今の私には「頑張る」こととは何かはっきりわかっている。これからも世の中に中村先生の言葉を届けていきたい。先生の熱い言葉は私だけではなく、きっと中国の迷える若者たちを大きく変えていくに違いないのだから。

（指導教師　森田拓馬、中村紀子）

張君恵（ちょう・くんけい）
1991年、湖北省出身。中南財経政法大学外国語学院大学院1年。この作文コンクールへの参加は今回が初めて。受賞の感想は「大変うれしく、光栄に思っている。正直なところ受賞したと聞き、驚きとうれしさ、感謝の気持ちとともに責任も強く感じた。この受賞は今後、作文コンクールに応募する後輩たちの励みになる一方、私自身は彼らの誇りとなる先輩であり続けなければならない。そのため身の引き締まる思いがしている。これからもさらに上を目指し、精一杯がんばりたい」。将来は、日本語教師になるのが夢だ。趣味は、ネットラジオの番組制作。

◉一等賞　テーマ「私を変えた、日本語教師の教え」

日本語の手紙

南京農業大学　張彩玲

試験終了を知らせるベルが鳴った後で、私は解答用紙に間違いを見つけました。先生方が用紙を集め始めました。私の席に来るまでには時間があります。すぐ修正しなければならない、そう思って一生懸命に書き直しました。あと少し、説明を加えようとしていたところ、ポンと誰かが私の頭を叩きました。顔を上げると、手に丸めた試験用紙を持った石原先生が顔色を変えて私の前に立っていました。「試験は終わりました、もう書かないでください。あなたは残りなさい」。先生の語気は強く、怒っているように見えました。

最後の一人の学生も出て行って、教室の中は先生と中国人の先生、私の三人だけです。先生は何も言わず私を見ています。雰囲気が非常に微妙で、私はちょっと緊張していました。しばらく沈黙した後、先生は私の行為を責め始めました。カンニングだと言うのです。しかし、こんなことはカンニングには当たらない、その時の私はそう思っていました。私は他人の解答を見たのではありません。自分で自分の間違いを見つけて、解答用紙が回収されるまでの時間を利用して書く事の、一体なにが問題なのか。抑えないで、私はそう言いました。

先生は私の話を聞いたあと、ひとつの問題を私に出しました。「試験の規則は何か」。何も答えられない。「試験時間を超えて解答を書くことは許されていません。他人の答えも見ることと同様に不正行為です」。先生は真剣な表情で言いました。

私は人格を否定されました。先生は無理やり不正行為を探しているようです。自尊心を傷つけられ、涙を流さずにはいられませんでした。辛くて悔しくて泣き続けました。

泣き続ける私に先生は「午後の試験はありますか」と尋ねました。泣いているから上手に返事ができません。「今日はここまで、帰って反省してください」。そう先生に言われて塞いだ気持ちのまま帰りました。

寮に帰っても、気持ちは高ぶったままです。昼寝をしようと思っても、先生の話を思い出して眠れない。そんな時に、先生からメッセージを受けました。「信頼しているから叱りました、泣きたいのは私の方です」。そう書いてあります。そして、次の試験に向けての励ましの言葉がありました。

今でも、先生のメッセージを読んだ時の感動を忘れることができません。先生の優しさに感謝しながら、自分の態度を深く恥じ入りました。謝りもしない私に先生はメッセージを送ってくださいました。

冷静に考えてみれば、簡単な話です。試験の規則に違反すれば、後で何を説明しても言い訳です。不正を不正とも思わないのは、それが私の中で当たり前になっていたからです。私は、ばれる心配すらしていませんでした。先生に指導されなければ一生分からないままだったでしょう。

　以前先生が話してくださったことを思い出しました。先生の教え子が日本に留学し、焼肉屋さんでアルバイトをしていた時のことです。焼き網を洗い終えた直後、店長さんに「洗っていない」と言われたそうです。先生に教えられていた彼は、直ぐに残っている汚れに気付き「すみません」と言うことができました。汚れが残っていれば使い物になりません。仕事をしていないのと同じことです。

　私なら、事の本質に気付くことなく「私は本当に洗いました、嘘じゃありません」と、洗うという作業をしたことを強調していたと思います。そして、自分がやった仕事を無かったことにされたとずっと憤慨し続けたはずです。

　翌日、物事の本質を教えて下さった石原先生に感謝の手紙を書きました。生まれて初めて書いた日本語の手紙です。間違いだらけですが、一生懸命書きました。綺麗な封筒を用意し、先生に手渡しました。先生は何度も何度も頷きながら読んでくださいました。そして、あの手紙を今も机の上に飾ってくださっています。それを見るたびに、少しの恥ずかしさと共に感謝の気持ちが甦ってきます。


（指導教師　石原美和）

張彩玲（ちょう・さいれい）
1995年、安徽省出身。南京農業大学外国語学部日本語学科3年。この作文コンクールへの参加は今回が初めて。受賞については「予想外だったので驚いたが、本当にありがたい」と喜ぶ。なぜ受賞できたか振り返ると「（日本語学科の）会話や日本文化など様々な科目で作文を書いて発表してきた。その『毎日の積み重ね』があったから」と分析。これからも指導教師の石原美和先生からの「書くことは生みの苦しみですね。大学で頑張った思い出は、あなたを励ましてくれるでしょう」という言葉を胸に「がんばりたい」と意欲を語る。趣味は読書、旅行、エッセイの投稿。

◉一等賞　テーマ「私を変えた、日本語教師の教え」

私を支えてくれた、もう一人の一人ぼっち

中国人民大学　金昭延

大学二年生になる前の夏休み、ある先生に出会って、私は変わり始めた。

村内先生、私に光と希望をくれた先生である。

以前の私はずっと一人ぼっちだった。「ねぇねぇ、あの子ってさ、勉強ばっかりしてんじゃない？『ある意味で』すごいね」「あれじゃ、本の虫だよ」。中学の時からよく言われた言葉だ。そう、私は勉強しかしていなかった。子どもの頃から入試に追われ、両親にも先生にも「今、勉強しなければ、将来困るぞ」「とにかく今は勉強に集中しろ」などと言われ、苦しんでいた。もちろん、私だってテストでいい点数をとるだけの勉強マシーンになりたかったわけではない。でも、子

どもの私は大人のプレッシャーには勝てなかった。

気がつけば私は、流行には全然関心がなくなり、周りの人にどう話しかけたらいいのかも分からなくなっていた。大学に入ってからも、周りからの印象はただ「冷たい」だけ。皆の輪に入りたいのに、どうしてできないんだろう。もう嫌だ。そんな自己嫌悪に陥るのを避けるために、さらに勉強に取り組んだ。勉強は努力すればそれなりの成果が出て、絶対裏切らない。だから安心できたのだ。名門大学に合格した代償に、私は寂しくておかしくなってしまいそうだった。

そんな私を救ってくださったのは村内先生だった。吃音持ちの村内先生は、つっかえつっかえに、こうおっしゃった。「先生は、一人ぼっちの、子の、そばにいる、もう一人の、一人ぼっちになりたいんだ。だから、先生は、先生をやってるんだ」「一人ぼっちが二人いれば、それはもう、一人ぼっちじゃないんじゃないか」。先生は難しい言葉など使わなかった。道理も説かなかった。ただ、目の前にいる一人ぼっちを励ますために必死に言葉を紡いでくださった。その真摯な姿に私は感動した。

次の学期に私はクラスのグループワークで周りに話しかけてみた。以前は皆の意見に従うだけだったが、今度は自分の意見も言ってみた。「珍しいね、金さんが喋るなんて」。そう言われてちょっと寂しかった。でも、吃音の村内先生だって教壇に立ってがんばっているのだ。ぎこちなくてもいいから、私もとにかく続けてみようと思った。そしてしばらくすると、違和感も減り、グループワークが面白いなと思いはじめた。初めは真面目に討論していただけのメンバーとも、いつの間にか楽しくおしゃべりするようになっていた。週末には彼女たちとカラオケや映画にも行った。まるで小学校のころに戻ったような気分だった。久しぶりだな、この気持ち。一生かかっても取り戻せないと思ってたのに。

季節は12月に入った。日本語学科では毎年、先生方や留学生を１００人以上招待して忘年会を行う。その一大イベントで、私は勇気を出して司会に挑戦した。以前の私からは想像もできない挑戦、未知の世界だった。当日は自分が何を言ったのかもわからないほど緊張していた。しかし、あちこちから「金さん、がんばれ！」「すごい！　アナウンサーみたい！」といった声が聞こえた。半年前には誰も話しかけてくれなかったのに、今は皆に囲まれて、応援され、祝福されている。私は嬉しくて恥ずかしくて、思わず手を顔につけた。久しぶりに自分の素肌に触れたような気がした。私はもう一人ぼっちじゃない。

村内先生に会えてよかった。ぜひ先生に「ありがとうございます。友達ができました」と笑顔で報告したい……のだが実は、先生に直接会うことはできない。というのも、村内先生は私が初めて日本語で読みきった重松清の『青い鳥』という小説の登場人物だからだ。でも、村内先生は私の心の中に確かに存在している。村内先生は私にとって、日本語を勉強したからこそ出会えた、そして、私を変えてくれた大切な恩師なのだ。私はきっと忘れないだろう、村内先生が「もう一人の一人ぼっち」として私を支えてくださったあの夏の日を。

（指導教師　大工原勇人）

金昭延（きん・しょうえん）
1996年、吉林省出身。中国人民大学日本語学科2年。この作文コンクールへの参加は今回が初めて。交換留学で約半年間、日本で過ごしたことが、日本に対する関心を深めたという。今回の受賞については「指導教師の大工原勇人先生をはじめ、日本語学科の先生方による日ごろの教えや励ましのおかげ。今後もさらに日本語レベルが向上するよう、日本語（学習）そのものを楽しみながら、前を向いて頑張っていきたい」。趣味は、旅行。

◉二等賞　テーマ「訪日中国人、『爆買い』以外にできること」

私たちは日本へ買い物に行くしかないのか

雲南民族大学　羅雯雪

最近、中国人観光客の「爆買い」という言葉が日本でホットな話題になっている。中国人は自国製品を信用していないので、旅行のついでに日本の商品を買っている。つまり、Made in Japan はそれだけ品質が高く、安全ですばらしいということなのだ。しかし、私たちは日本へ買い物に行くしかないのだろうか。私たちにとって日本の魅力とは何だろうか。私たちはなぜ日本へ行くのだろうか。それは、日本はサービスがよく、生活が豊かで、環境がよいなど様々な魅力があるからだと思う。

去年の8月、私はあるNPOのスタディツアーに参加して日本へ行った。東京からバスで長野県の農村へ行き、そこで数日滞在した。車から降りた途端、爽やかな涼しい空気に包まれた。山や温泉がたくさんあり、川の水が澄み、木が青々と茂り、時折、小鳥の鳴き声がした。その晩は民宿に泊まった。初めての和室、畳の上に敷かれた布団から見る天井は少しばかり遠くに感じた。

翌朝、村人が村内の蕎麦ケーキ工場や小学校、名所などを熱心に案内してくれた。午後、私たちは農地に足を伸ばし、作物を収穫する体験をした。村人達の手によって育てられた野菜や果物はどれも魅力にあふれている。そして驚くことに農薬を使っていないという。畑で野菜を収穫し、手足は泥まみれになった。その後、果樹園へ行き、ちょうど熟したブドウやリンゴなどを摘み取りながら食べた。そのみずみずしさと口の中に広がる甘さ、今まで中国で食べていたものとは全く違っていた。

夕方、村人たちは太鼓を教えてくれた。太鼓の音が響く時、心も体も震えてくる。地元の子どもたちは小さな頃から太鼓の練習をしているそうだ。中国の子ども達にも見せてやりたい。

夜、村人と一緒に収穫した野菜で晩ご飯を作った。自分達で作った料理の外観は悪いが、豊かな自然を味わったように感じた。夕食後は後片付けだ。村人に包装紙、キャップ、紙、生ごみなどのゴミの分別方法を教えてもらった。これがあの有名なリサイクルだ！　このような農村においても、日本ではゴミ分別が徹底していることに驚かされた。

現在の中国には様々な環境問題がある。森林破壊、大気汚染、重金属による汚染、農薬を濫用することによる生態系の破壊など例を挙げればきりがない。それにもかかわらず、私たち中国人はまだまだ環境意識が低いと思う。逆に日本は過去、環境汚染が深刻だったが、今では改善されている。日本人はこれらの問題を解決するために絶えず努力し、対処してきたのだ。そして、個人の利益だけでなく、社会全体の利益を考え、よりよい環境を作り上げている。私たち中国人はその守る態度や方法を学ぶ必要があるだろう。

青木村で体験したことは一生忘れられない貴重な経験だ。約10日間の日程だったが日本に対する理解が深まった。中国とは明らかに違う、日本の印象は確実に上がった。スタディツアーに参加したことにより視野が広がり、自分の無知を悟り、そして謙虚な態度で物事を見られるようになった。現在の中国は世界が驚くほどのスピードで発展しているので、中国国内にいると自分達が偉いと自惚れることになりかねない。そうならないためにも、私たちは外国へ行き、視野を広げたほうがよい。それは、今後の人生にとって大きな意味を持つだろう。

そして、たとえ中日間に様々なデリケートな問題があろうとも、私たちは互いに尊重して理解しなければならない。「爆買い」だけでなく、もっと普通の日本人とコミュニケーションを図ってはどうだろうか。そして、ありのままの日本を感じることが重要だ。

同胞たちよ、日本へ旅行に行くなら、観光地や買い物以外に、一カ所でもいい、自分が関心のある所へ行き、本当の日本を体験しよう。そこには、今まで知らなかった日本があるはずだ。

（指導教師　後藤裕人）

◉二等賞　テーマ「訪日中国人、『爆買い』以外にできること」

「これ『が』いい」より「これ『で』いい」

湖南文理学院　肖思岑

その日、昼ごはんを食べた後、姉と部屋を片付け始めました。姉の新しい部屋は、真っ白の壁に大きな窓、その向こうには遠く海が見えます。

「引越しして良かったわ」。姉は海を眺めながら、これからの新しい生活に目を輝かせてそう言いました。私は昔から、この自由な姉を羨ましく思っていました。絶えず私よりも先に進んでいて、いつまで経っても彼女を追い越すことができないのです。

姉は「これは私の宝物よ」と言いながら、白い壁の真ん中に付けられた換気扇を指差してそう言いました。私はこの部屋に入ってきた時から不思議に思っていましたが、こんな綺麗な白い壁の真ん中になぜか、白い小さな換気扇が付いていたのです。不思議そうな顔をして、換気扇を眺めている私を見て姉は笑いながら、「バカねぇ。これを換気扇だと思ってるんでしょ？　そう思うんならその紐を引っ張ってみなさい」。

私は、顔が少し赤くなるのを感じました。その顔を隠すように、姉の言う通りにその紐を引っ張ってみたのです。すると、何ということでしょう！　換気扇だと思っていたその小さな正方形の箱から、なんと音楽が流れ出したのです。驚いた私は、思わず姉と顔を合わせ、そして2人で大笑いしました。

それまで、世の中にこんな商品があるなんて全く知らなかった私は、その瞬間、全く新しい世界に触れた気がしました。その換気扇から流れてきた音楽は、まるで風のように私の心を通り抜けて行き、私は生まれ変わったように新鮮な気分になりました。そして、やはりお姉さんにはかなわないなぁと思いました。

その換気扇のようなものには、こう書かれていました。「壁掛け式CDプレーヤー」と。当時の私にとって、初めて聞く言葉ばかりだったので、一体それがどんな物なのか調べてみました。それは、日本のブランドでシンプルなデザインによって、世界中で有名な企業でした。そして、この壁掛け式CDプレーヤーはそこの代表的な商品の1つだそうです。

「ねえ、なんで中国には壁掛け式CDプレーヤーのようなオシャレなものはないの?」と姉に聞きました。ソファに寝転んでいる姉は「これを読むと、わかるよ。」と、ある雑誌を私に渡しました。そこには、「これでいい」という宣伝文が書かれていました。そして、「これでいい。というのは、不満足やあきらめを含んだものではなく、自信をもってこれでいいと言えるようなものである」と書いてありました。

「これはどういう意味なの?」と姉に聞きました。

「『これがいい!』とか『これでなければいけない!』というように、人に強い好き嫌いを起こさせるのではなく、『これでいい』という安定した満足感を人に与えたいという事だろうね。妥協するという意味ではなく」

そして姉は少し考えてから、「でも、中国にも良いものもあるのよ。自分の国を見くびってはだめだよ」と補いました。それを聞いて、私ははっと悟りました。私はいつも、他の国の素敵なものを見ると、ついつい自分の国を卑下していました。しかし、姉の話を聞いて、少しわかった気がしました。われわれ中国人は、爆買いよりも、もっと自国の文化に理解を深め、自国の商品にも関心を払うべきです。欧米や日本に憧れるだけではなく、豊かな中国文化を再発見していくべきではないでしょうか。私のように何もわからないくせに、自分の国を見くびるのは早急です。それに、この「これでいい」という発想は中国の中庸の精神に通じるではありませんか。

我が国の伝統文化には、深い知恵と長年の技術が詰まっています。今こそ、自国の文化を見直し、自国の文化を復興させたいと思います。そう思っているのは、決してわたし1人だけではないはずです。

姉は雑誌を顔に伏せて、眠ってしまいました。私身も今まで姉と比較ばかりして、いつも姉に敵わない自分を卑下してきました。しかし、私は今日生まれ変わったのです。わたしはわたし「で」いいのです!


（指導教師　桐田知樹）

◉二等賞　テーマ「私を変えた、日本語教師の教え」

先生のおかげで、私はグルメになった

長安大学　王君琴

グルメの話になると、私の目の前に浮かんでくるのは、ドラマ「孤独のグルメ」の主人公、井之頭五郎さんではなくて、Y先生だ。

頭がピカピカして、薄い髪の毛が真っ白なので、光をよく照り返して、いつもキラキラしている感じである。それにニコニコしていて、元気満々。それがY先生だ。

私のこれまでの先生たちは大体厳しくて、学生との距離を保っていた。私は先生たちと一緒に食事をすることは、一度もなかった。Y先生と出会うまで、先生と食事をするなんて想像もしていなかった。

Y先生は、初めての授業後、ニコニコして私たちに「皆さん、この週末、私と一緒に美味しいものを食べましょう」と誘った。「これはただの冗談だろう」と思いきや、なんとY先生は本気で「何を食べますか」「何時にしますか」などを相談して、場所と時間を決めたのだ。ここから、私がグルメになる物語は始まった。

私は新疆の出身である。一年生の時、先生や友達に美味しい新疆の料理を食べてほしいと思っていた。ある週末、インターネットで新疆の料理店を調べて、先生と友達を案内した。もちろん先生と友達は新疆の料理を食べるのは初めてである。

「この食材は何ですか」

「この料理の名前はどういう意味ですか」

など次々と質問された。

「あ、これは、これ……」

私は答えに困ってしまい、料理を見ながら、目を丸くして、眉を顰めて、冷汗で、「あ、これは日本語で何と言ったらいいのか、誰が助けて……」と心のなかで叫んでいた。Y先生の答えを期待する表情を見て、私は気を取り直して、「わかりませんと諦めないで、なんとか説明しよう」と決意した。

「あのう、先生、これはある動物の肉です」

「声はメーメーです」。私は羊の鳴き声を真似てみた。そして、英語を使ったらたぶん先生が分かるはずだと、不意に思いつき、

「あ、この動物は英語でsheepです」と説明した。なんと、これで先生は分かってしまった。

「ああ、分かった、これは羊の肉ですよ」。先生は笑いながら私に教えてくれた。「ひつじ、ひつじ……」。私は繰り返して、この単語を記憶に留めた。と同時に、私はホッとして、「あ、ほんとによかった」と安堵した。

今から思えば、ほんとに顔の赤くなるような出来事だったが、仕方ない方法だった。

その出来事から、以後、私は先生に料理を紹介するために、事前に辞書を使って調べたりするようにした。そして、自分なりに料理を紹介すると、Y先生は正しい単語と適切な表現を教えてくれた。正直に言うと、このような食事はほんとに疲れると思った。でも、この過程を何度も繰り返して、私が覚えた表現はどんどん増えていった。それに、この場面で覚えたことは忘れず、よく記憶に残った。

それで、私はY先生と一緒に食事をするチャンスに、「疲れる」と思わないようにして、積極的に料理を紹介するようになった。やがて、Y先生は、「王さんはグルメですね」とクラスメートに言うまでになった。

私はY先生のおかげで、美味しいものを食べると同時に、いつのまにか日本語も勉強した。「外国語の勉強にはこのような面白い方法があるんだなあ」と気付いた。これは以前、外国語を勉強したときには、まったく想像しなかったことだ。

このことがあるまで、学生としての私は「受け身の勉強」という方式に慣れすぎていた。勉強に対するとき、はっきりと意識していなかったが、心の中に消極的な部分があった。でも、Y先生と出会って、私の勉強の仕方が変わった。以前の「ただひたすら教科書に没頭すべきで、食事とか遊びなどのことは勉強の最大の敵だ」という考えがだんだん消えていった。

Y先生のおかげで、私はグルメになった。それは、美味しいものを探して食べることだけではない。どんな生活の出来事からも積極的に知識を学ぶ能力が身につけられる。このことを学んだのは、Y先生のおかげである。

（指導教師　中山一彦）

◉二等賞　テーマ「訪日中国人、『爆買い』以外にできること」

日本を語るものを1つ買う

国際関係学院　王晨陽

私はめったに中国版ツイッター上に今日、嬉しかったことを発信しない。「日本語スピーチコンテスト3位」「日本語歌唱大会人気賞」「日本語作詞大会銀賞」「中日交流会」、私の嬉しかったことは、ほぼ日本語に関係があるからだ。私のツイートは私の親戚も見る。叔母も伯父も従妹たちもそんなツイートを見たら不快になるに決まっているからだ。

私は、内モンゴル自治区額済納旗という砂漠の果てで生まれ育った。東京から3600km、北京からでさえ1500kmも離れた中国の北西の果てにある。日本との関係はほぼない。

しかし、私は小学4年で「ナルト」にハマって日本に興味を持った。夕方5時半、ベルが鳴ると、教室を飛び出して走った。6時から始まる「ナルト」を見るためである。私の趣味は日本のアニメ。中学3年で、大学では日本語を専攻しようと決めた。しかし、中国では出身地で受験できる学部に制限がある。私はまず、英語学科に入学、1年間日本語を独学し、2年で日本語学科へ転科を果たした。

しかし、夏休みと冬休みが辛くなった。故郷に戻ると、親戚に聞かれる「大学生よね、専攻は?」。「日本語」と答えると良くて苦笑い、大抵「なぜ、日本語?」といわれ、叔母には「売国奴にならないでよ」と言われた。砂漠の街には日系企業などあるはずもなく、日本との接点は何もない。日本は中国を侵略した国でしかない。日本語を専攻して、私と親戚との間には溝ができた。

大学2年の11月、私はスピーチコンテストで3位になった。そのおかげで訪日団の一員に選ばれ、3月に一週間、日本を旅行できた。初めての海外旅行、親戚にも海外旅行経験者はいない。日本のお土産とは言うものの、何か買って贈るのが礼儀だろう。私は免税店でお勧めの化粧水を買った。1本1500円、私の所持金ではこれが精一杯だ。

帰国後、叔母と従姉に化粧水をあげた、すると、意外にもこれまで見たことがない笑顔で喜んでくれた。日本は嫌いでも日本の化粧品は別かとちょっと驚いた。その約一カ月後、叔母から電話がきた。「晨陽、この前の日本の化粧品ね、最高なの。一カ月使っただけなのに、皺が減って、肌がつるつる！　すごいわ！　こんな物が売っているのね。日本は思ったほど悪くなさそうね」。私はぽかーんとした。たった1500円の化粧品が叔母の肌だけでなく、日本観まで変えてしまったからだ。

中国人はどこであろうと旅行に行ったら、お土産を買って友達や親戚に贈る。それが習慣だ。その時、「お土産はそれを買ったところを象徴する」ということをもっと意識してもいいのではないか。つまり日本で買うお土産は、中国人に日本の一面を見せ、日本との接点になることを理解してもらいたい。だけど、「爆買い」は不要である。化粧品一つ、漫画1冊、Tシャツ1枚、「白い恋人」一つ。それが日本を語り、日本と中国人の接点になり、幸運なら日本観も変える。

確かに「爆買い」は中日関係において、経済的な繋がりという重要な役割を果たしている。しかし、今後、中国の製品の品質が上がり、関税が下がれば、「爆買い」は不要になる。

今、訪日中国人が「爆買い」以外にすべきことは、実は、日本商品に日本を語ってもらう買い物ではないだろうか。旅行に行ったらお土産を買う。これは止められない。だけど、日本文化の精華や日本人の気持ちが感じられるものを買ってほしい。そうしたら、製品の良質さ、メーカーの真面目さ、職人の技、漫画家の勤勉、お菓子に込められた愛情が中国人にこれまで知らなかった日本を伝える。それが中国人の日本人観を変えるかもしれない。少しでもいい、日本観が変われば、日本に対する理解が深まる。もっと理解し合えば、中日両国間の誤解が減り、新たな中国と日本の関係を切り拓く日が必ず来る。つまり、訪日中国人が「爆買い」以外にすべきこととは、日本を語るものを1つ買うこと、私はそう考える。

（指導教師　駒澤千鶴）

◉二等賞　テーマ「訪日中国人、『爆買い』以外にできること」

「日本限定」に出合おう

中国人民大学　靳雨桐

　昨年、日本を訪れた時、あることに気づいた。それは、日本には、「限定」の商品が非常に多いということだ。「京都限定の抹茶ケーキ」や東京タワーで売っている「冬限定の記念品」などがある。また、アイスクリームの味も季節によって変わっている。そういう「限定」のものが一般的にはよく売れているようだ。

　どうして「限定」のものが好きな人が多いのだろうか。その秘密は「限定」という言葉にあるように思われる。中国のことわざには、「物は稀なるをもって貴しとなす」という一言があるように、人は珍しいものが欲しいという気持ちは普通だと思う。「今でないと手に入れられない」「これを買うなら今だ」という気持ちで、つい買いたくなってしまうのだ。

　近年、訪日中国人の「爆買い」が話題になっているが、ここにも同じ心理が働いているように思われる。彼らは「日本製の化粧品、日用品、家電製品などは中国で売っていないから、日本にいるうちにいっぱい買わないとだめだ」と思っているのだろう。しかし、訪日中国人にとって「日本限定」なのは、お店で売っている商品だけなのだろうか。

　私は松尾芭蕉の一句が好きだ。「古池や蛙跳びこむ水の音」。これは松尾芭蕉が当時見た「一瞬限定」の景色だろう。池、蛙、水の音などが普通過ぎるのではないかという疑問を抱いている人がいるかもしれない。しかし、この句は、普通に思えるような景色が実は、時間的に唯一無二の貴重な体験なのだということを教えてくれる。これと同じように、私たちが日本で過ごす一瞬一瞬が平凡に思えて、実は貴重な「日本限定」の体験なのではないだろうか。

私は日本でそういう唯一無二をたくさん経験した。たとえば、去年の九月下旬に宮城に行く途中でのおじさんとの出会いだ。宮城で行われる嵐のコンサートに行くために、友達と二人で京都から夜行バスを乗り継いで、新幹線で仙台に行った。新幹線に乗る前は全然寝られなかったので、二人とも非常に疲れている状態だった。新幹線もかなり混んでいたので、友達と分かれて座った。その時、隣の席にいたのがスーツのおじさんだった。おじさんは疲れている私を見て、「どうしたの？　お嬢様も宮城ですか？」と声をかけてくれた。そこから、会話が始まった。宮城の有名な「ひとめぼれ」というお米から、京都の名所までいろいろ話してくれた。宮城に着いて、駅で「さようなら」と挨拶したあと、言うまでもなく、そのおじさんとは二度と会うこともなかった。そのおじさんは本当にあの日、あの列車ではないと、会えない人だ。そのスーツの姿のおじさんは私の「期間限定」だった。

また、こんなこともあった。去年の十一月、私は友達の二人と一緒に天橋立に行った。あの日、朝から雨が降り続けて、三人で傘を差しながら、天橋立の海辺を散歩した。昼になると、三人はおなかがすいて、海辺のあずまやでコンビニで買っておいたおにぎりを食べはじめた。涼しい潮風に顔を拭かれて、三人は食べながらお互いの留学先であった面白いことを話し合った。今思い出すと、あの時食べたおにぎりは、潮風の匂いと三人の話と混じって、なんか特別な味がしたような感じがする。えびマヨのおにぎりだったっけ？

さっき出逢った人はこれから一生、再び会えないかもしれない。今歩いている道は二度と踏み込むことさえできないかもしれない。どこかにある、見た目が地味なお店で食べたカツ丼の味は、記憶でしか味わえないということも十分ありうるだろう。そういった数多くのことがもう一度再現できないかもしれないからこそ、自分の貴重な経験になるのだ。

訪日中の一瞬一瞬が日本でしか味わえない「日本限定」の貴重な体験である。「日本限定」のモノばかりにとらわれず、より多くの人に自分だけの「古池の音」を見つけてほしい。

（指導教師　大工原勇人）

◉二等賞　テーマ「訪日中国人、『爆買い』以外にできること」

トトロを探しに

黒龍江外国語学院　舒篠

「ずっと日本へ行ってみたかったので、日本語を勉強しているんです」。これは、私が一年生のときからよく言う言葉だ。

もし自分が日本へ行ったら何がしたいのか？　とよく考える。買い物に行く人が多いと言うが、本当は人によって、注目するものに違いがあるはずだ。日本はそんなに遠い国ではないが、私は一度も行ったことがない。大学生になってからずっと、日本語を勉強している。心の底から「日本へ行きたい！」。何としても、外の世界を見たい。この目で見て、全身で感じて心で体験することが絶対にしたいと思っている。

私は日本へ行ったら、是非したいことがある。「となりのトトロ」の映画を見に行きたい。字幕なしの日本語版を、映画館の大きなスクリーンで見る。幼い頃、私と妹はよくこのアニメを見た後、2人で真似をして、サツキとメイのようにあっちこっち走りまわった。仕事で疲れて寝ている母は、走り回る私たちを「もう、うるさい！　少し静かにしなさい」と叱ったものだ。

ある日、「お姉ちゃん、トトロはどこに住んでいるの？　いつか見てみたいなぁ～」と妹が言った。映画の中でトトロはいつも木の上に立っている。ずっと田舎の山の中に住んでいるのだと思っていた。「じゃあ、一緒に探してみようか」ということになり、ある日母に内緒で、私たちは山へ出かけた。山道をトトロを探しにワクワクしながら歩いた。歩いても歩いても見つけられない。私は「本当にいるのかな？」と疑問を持ち始めていたが、妹はどうしてもトトロが見たいといった。仕方がないので探し続けた。「トトロは木の上にいるでしょう。だから、もっと木が多いところまで行ったらどうかなぁ？」という妹を連れて探し続けたが、結局見つからなかった。辺りが暗くなる不安の中で妹をなだめ、「また、いつか探しに来よう。その時は見えるよきっと」と言いながら、急いで家に帰ったのだった。

ところが翌日事件が起きた。妹は高熱が続き、診断の結果「過敏性紫斑病」という病気を患ってしまったのだ。この病気はとてもひどくて、簡単に治るような病気ではなかった。結局、妹は一年間休学しなければならなくなった。毎日一回点滴をする。妹の手は、注射針のせいで穴だらけになってしまった。私はとても悔しかった。自分の過ちを責めるしかできなかった。もし私が、妹を連れていかなかったら、妹はこんな病気にはならなかったと。でも、母は私を少しも叱らなかった。妹は「お姉ちゃん、そんなに自分を責めないで。私はトトロを探すのが楽しかったよ。これは私たちの秘密だから、誰にも言わないでね。また行ってみたいなあ」と言ったのだ。こんなになってもまだ、トトロに会いたいという妹に私は励まされた。妹は闘病生活から抜け出せて、今は元気になっている。「トトロに会う！」。これは、私がずっと日本へ行きたい理由の一つで、幼い頃からの、私と妹のささやかな夢なのだ。もちろん、日本へ行けるときが来たら、必ず妹を連れてトトロに会いに行くつもりだ。幼い心で深く感動した「となりのトトロ」。あの、美しい自然の里を訪れたい。もう一度妹とこの映画が見たい。そんな夢が叶ったら、私にとっての幸せだ。

言うまでもなく、訪日中国人は益々増える一方だ。今の日本では、どこへ行っても中国語が聞こえてくると先生から聞いた。電車の中も、大きいスーツケースを持った中国人だらけだという。「観光立国日本」の政策で、訪れる中国人は何を心に感じてきたらいいのか。特に子どもたちが影響を受けたアニメや映画。そこに出てくる美しい山郷の風景や、緑がいっぱいの街中、人々の親切で温かなもてなしの態度など。買い物が一番なんて、もったいない！　日本人が自然を大事にしている心を知る旅をしてこそ、有意義な旅と言えるのではないだろうか。

（指導教師　平野満寿美）

訪日中国人、「爆買い」以外にできること

中南財経政法大学　王亜瓊

様々な御縁と幸運に恵まれて、私は今年の冬休みに訪日のチャンスを得ることができました。以前、武漢を訪れた日本人夫婦の観光案内をしたのですが、なんとその方達が私を日本に招待して下さったのです。もちろん海外旅行は初めてです。パスポートを作り、ビザ申請手続きには手こずったものの、「日本に行ける」と想うだけでドキドキが止まりません。だって小学生の頃に日本アニメを見て以来、ずっと憧れていた日本に行けるのですから。

あれほど遠くに感じていた日本でしたが、人生で初めての飛行機に乗り、あっけないほど短時間で日本に到着しました。空港バスから眺める車窓の景色だけでも、驚きと興奮の連続でした。教科書だけではわからなかった情報が次々に飛び込んできます。スーパーに買い物に行けば、見たことのない飲み物や食べ物が整然と並んでおり、明るい店内で楽しく買い物ができました。店員さん達の対応も丁寧で、不愉快になる事はありません。現在は中国でも日本ブランドの服を買う事ができますが、日本の値段は中国の半額以下の場合だってあります。なるほど、中国人観光客が「爆買い」する理由を垣間見た気がします。

私を日本に招待して下さった日本人は、日本舞踊の名取の先生です。私に着物を着せ、化粧を施してくださり、その姿で情緒豊かな京都の町を歩く事ができました。日本の観光地では、観光客に着物をレンタルしてくれるサービスが多くみられましたが、着物を着て歩いていても変にジロジロと見られることもありません。知らない老婦人から「着物姿が可愛いわね」と話しかけられたり、

観光中の外国人に写真撮影を求められたり、まるで芸能人になったような気分を味わいました。

留学中の同級生や、インターネットで知り合った友人にも会いました。彼女達が連れて行ってくれた店の料理はどれもおいしく、本場のお寿司はもちろん、お好み焼き屋に居酒屋、果てはインド料理屋や韓国料理屋まで美味しかったのです。日本発祥の料理でなくても、美味しさへの飽くなき挑戦を感じました。見るもの・着るもの・食べるものすべてが新鮮で、夢のような滞在期間でした。また日本に行きたい。そう思わせるほどの魅力がありました。

しかし日本旅行から帰国する飛行機の機内で、私は深く悩むことになりました。お世話になった日本人夫婦へのお礼に、私は一体何ができるでしょう。私が日本を見て歩き、食べて、買い物をして感じたような気持ちを、お世話になったあの方達に返せるでしょうか。日本の分刻み、あるいは秒刻みで運行される公共交通があればいざ知らず、中国観光に来た日本からのお客様を予定通りに様々な場所に案内できるでしょうか。日本で感じた伝統文化や良質のサービスの「おもてなし」を、中国でも出来るでしょうか。日本の方達にとって、中国で「爆買い」したいものがあるでしょうか。

人には個性があるように、国にも個性や固有文化があります。日本の全てが百点満点ではないと思いますし、日本の方式を中国に当てはめれば良いとも思いません。ですが、日本はかつて国家の計画として遣隋使や遣唐使を古代中国に派遣し、あらゆるものをどん欲に学び取り、そして今日に至る独自の文化として昇華させてきました。爆買いが悪いことだとは思いませんが、それ以上に私達は日本から「良いものは取り入れる」という柔軟さを学ぶべきではないでしょうか。それは遣唐使の様な国家規模の壮大な計画ではありません。大切な外国の友人に、気持ちよく私達の中国を旅して貰うには、風景や建物やおいしい食べ物を楽しんで貰うには、どうすれば良いでしょう。伝統衣装を着て街中を歩いても、訝しげな眼差しではなく、微笑みを向けられる。そんな中国にするために、どうすればいいのか。そういった文化を育てるヒントは、きっと海の向こうのあの国にある。私はそう信じるのです。

（指導教師　森田拓馬）

◉二等賞　テーマ「私を変えた、日本語教師の教え」

教師は、立派なのか

東莞理工学院　朱翊慇

「なんでこんな簡単な問題なのに100点をもらえないの？」。子どもの私は棒を持って、自分の先生を真似て、大きな声で言った。それを聞いた母は「将来、教師になりたいの」と私に聞いた。「教師みたいな大人になるなんて、絶対嫌だ！」

私にとって、全ての教師は鬼だった。高校まで、私の出会った先生たちは怒りやすいし、デリカシーがなくて、学生を叱ってばかりだった。

中学生のある日、私は指示された日までに宿題を完成していなかったから、数学の先生は私の練習帳を投げ捨ててしまった。授業中なのに、彼女はこのことのために、授業をやめた。周りのクラスメートも「お前のせいだ」と私を責めてたてた。数学の先生だけではない。国語の先生も同じだ。「試験の問題をまだ直していない人、今すぐ床に座れ。他のクラスメートが許すまで、ずっとこのままで授業を受けていろ」と言った。

高校時代の担任の先生は私たちに勉強以外の活動をさせなかった。「部活はダメだ。参加しなきゃならない活動があれば、早く負けて、教室で勉強しろ」と教えた。「大学入試に失敗したら、人生は終わるよ。遊びや恋愛などは、卒業した後で考えろ」と教えられた。だから私の学生時代には、「青春」を感じることができなかった。これまで私が出会った教師は、成績はとても大事な事だと教えてはくれたが、どの先生も勉強の面白さを教えてはくれなかった。

一番忘れられないのは、高校の国語の先生だ。私の作文をクラスで読んだ後、「この文章もこの人も価値がない」と言った。どうして先生は私の努力だけでなく、私の人生も否定するのだろうか。私は、悔し涙を流した。

二年前、大学に入った私は自分の夢のために、日本語科を選んだ。もし高校の先生たちが日本語科に入学したことを知ったなら、きっと私の愚を嗤笑うだろう。

随分前から、私は日本の文化が好きだった。私にとって、日本語を学習することは前からの夢だった。だから学校が始まる前に、自分にこう言い聞かせた。「何があっても、先生嫌いではダメ。勉強嫌いではダメ」

私は文法が苦手なので、最初の成績は良くなかった。二学期になって、ようやく日本の先生に教わることになった。とても緊張して、私は色々と間違った。「ミスしてもいいよ。そのミスから学ぶことこそ大事だから」と入江先生は言った。中学や高校の先生は絶対に怒るのに、どうしてこの先生は私を叱らないのだろうか。この時から、私の中で教師のイメージが少し変わっていった。

入江先生は時々厳しいけど、実は優しいし、授業も面白い。私は勉強に自信をなくした時、彼は私に勇気をくれた。先生が頑張っているところを見ると、私もこのままではいらないと思う。「私も頑張ってみるかな」と思った。そして、私の成績は良くなっていった。だんだん勉強が面白いと思えるようになった。

去年の秋、土肥先生の作文の授業が始まった。土肥先生の話すスピードは私たちにとって速過ぎるので、理解しにくく、返事ができなかった。「どうしよう、絶対に怒られる」と思って、先生の顔を見ることができなかった。しかし土肥先生は私たちが分かるように何度も教えてくれた。毎回の作文も真面目に直して返してくれた。彼の優しさと真面目な性格に、私は安心した。作文は自分の心を素直に出して書くものだと初めて思った。

人は怒られるだけでなく、ほめられることも必要だろう。教師は知識を教えるだけでなく、どうやって勉強を楽しむかということを教えることも大切だと思う。「私は死ぬまでずっと授業をしたい。教壇で命を終わることが私の夢だ」と入江先生は私たちに言った。この言葉は一生忘れない。昔の中国人の教師と比べて、これこそ教師だろうと私は思う。

「ねえ、卒業した後、どんな仕事をやりたいの」と母は私に聞いた。「うん、教師でもいいかな。立派な大人になりたいから」。私は、笑いながらこのように答えた。


（指導教師　土肥誠）

◉二等賞　テーマ「訪日中国人、『爆買い』以外にできること」

原爆のエレジー

北京科技大学　葉書辰

それは去年のお正月に、日本から旅行してきたばかりのおばちゃんが自分の買いあさった日本製品をみせてくれた時のことです。

「おばちゃんはこんなにたくさんの日本製品を買っちゃったの」

「買いたいものいっぱいあるわ。まだ足りないと思うよ」

おばちゃんの衝動買いにもう呆気に取られてしまった私はなんとなく物思いに沈んでしまいました。確かに今は「爆買い」という言葉が流行っています。しかし、多くの私のおばちゃんみたいな中国人は一体どういう目的で日本に行くのでしょうか。きっと旅行のために日本に行くというわけではありません。明らかに名所旧跡もきちんと味わうこともなく帰ってきたのではないでしょうか。私からすれば、それらの人の目的はただ買い物のためだけにすぎません。

ふと思い当たったことがあります。大学の日本語学科に入ってからいろいろな日本人留学生に出会いました。彼らは中国での買い物より中国の文化や歴史にずっと興味があるようです。私の知り合った日本人の友達の中で万里の長城や故宮といったところにとどまらず、南京大虐殺記念館に行ったことがあるという人もいます。

ある日本人留学生の友達から聞いた話です。彼は昨年、南京大虐殺記念館を参観したそうです。「血生臭い写真や虐殺された人々の骨を見ると、私はやはり胸が張り裂けるほどの恐怖を感じた。暫くして、身の毛がよだちながら、暗い展示室から出た」と話してくれました。

中国人の私は、歴史を学ぶためその記念館を訪れましたが、まさか日本人が記念館を訪れるとは夢にも思いませんでした。

もう一つ思い出したことがあります。先日、日本概況の授業で先生はいろいろな日本の世界遺産を紹介してくださいました。その中で一番印象に残ったのは原爆ドームです。

皆が知っているように、1945年8月6日、日本の広島市は原子爆弾に襲われました。それから3日後、長崎県を攻撃目標として原爆が投下されました。授業中、私は教科書に載っている原爆ドームの写真を見てぼんやりしてしまいました。原爆ドームはレンガ造り3階建てです。1945年8月6日、ほぼ真上で原爆がさく裂し、中にいた約30人は全員即死したとされています。建物は大半を焼失し、ドーム周辺部だけが残りました。「原爆ドーム」の呼称は、原爆の記憶を伝える象徴として50年代から定着しています。多くの中国人は日本が原子爆弾に襲われたことを知っていますが、いつ襲われたのか、どの都市が襲われたのかを知っている人はそんなに多くないと思います。それどころか、原爆ドームを知っている中国人も少ないのです。ですから、原爆ドームに行ったことがある中国人観光客は多分いないでしょう。突然私はなんだか原爆ドームのエレジーの声がするように感じました。原爆ドームが泣いています。

先生が授業中、原子爆弾が投下された後、原爆ドームの周りの建物は全部壊れてしまいましたが、原爆ドームだけは命を取り留めて生き残っていると私たちに教えてくださいました。これは奇跡といっても過言ではないと思いました。きっと神様がわざとこの遺跡を歴史の証として残しているのだと思います。確かに歴史の不幸は取り返せません。しかし、歴史の悲劇を二度と繰り返さないよう私たちは中国人であれ、日本人であれ、原爆ドームを忘れてはいけないのではないでしょうか。もし私が日本に行ったら、必ず平和記念公園にある原爆ドームを見に行きたいと思います。

原爆投下から今年の8月で71年となります。71年たっても焼けた瓦の断面から熱線や爆風の恐ろしさがわかる日本人も少なくないです。それをできるだけ多くの中国人にも知ってほしいと思います。爆買いする以外、私たちは原爆ドームを泣かせないように歴史を忘れてはいけません。今度もし中国から日本に行く機会があれば、その人たちには、爆買いのついでに原爆ドームにも行ってほしいと思います。

（指導教師　松下和幸）

◉二等賞　テーマ「私を変えた、日本語教師の教え」

私を変えた、日本語教師の教え

青島職業技術学院　張春岩

「張さん、もう大人なんだから、逃げないで前を向いて進みなさい」。これは、私の担任の日本語教員が言ってくれた言葉です。

私は、今の大学には、一番の成績で入学しました。先生方からも、クラスメートからも期待されています。生活指導の先生からは、「張さんは一番の成績で入学したのですから、他の学生の見本になるように頑張ってください」とよく言われていました。でも、私もほかの学生と同じで日本語の勉強は初めてなのです。クラスには何人かすでに、日本語を独学している学生がいます。その人たちと同じか、または上をいく成績をみんなから期待されているのがわかります。毎週末の小テストでみんなは何も言いませんが、「張さんはいい成績を取るよね」と思われているし、取って当然と思っているのはわかります。だから、みんなの期待に応えたく寝る間を惜しんで頑張ります。その姿をみてまた、みんなからの「張さんは優秀だから」とか「勉強家だから」という言葉が聞こえてきます。それがとてもプレッシャーとなっていて、入学してから3か月後、爆発してしまいました。

風邪のため高熱が出て、2日間授業を休み臨んだ週末の小テストで、悪い成績を取りました。このことで、私の中の何かが壊れ、それから、私は勉強しなくなったのです。勉強しないで、他のことをするわけでもなく、ただ毎日ダラダラと生活しているのです。授業中も先生の質問に答えることができず「張さんはバカですか？　こんな簡単な問題にも答えることができないの」とよく叱責されます。とても恥ずかしいですが、でも、勉強したくありません。そんな調子ですから、成績は急降下です。私より確実に悪い成績を取っていたクラスメートよりも悪い成績を取ったこともありました。恥ずかしいとは思いますが、本当に勉強したくないのです。全く日本語にも興味を無くし、このまま、大学にいても無駄なので退学を考えていた矢先、先生が冒頭の厳しい言葉を言ってくれたのです。私の変化には当然、担任の先生も気が付いていました。先生は入学直後から、私のことが心配だったようです。多くの人からプレッシャーをかけられ、つぶされはしないかと。プレッシャーがあっても目標があれば、それに向かってまい進もできますが、私にはその時目標がありませんでした。そのことも先生は知っていたそうです。私に、一向に改善の兆しがないため、あのような厳しい言葉をかけたそうです。そして、一枚のDVDを一緒に見ました。70歳になる女性の同時通訳者を描いたドキュメンタリーです。彼女は、40年以上のキャリアを持ち今でも第一線で活躍しているのに、通訳に必要な単語の予習を毎日欠かしません。また、通訳中にわからなかった単語もそのままにせず、必死で調べている風景が映し出されていました。私は、泣きながら見ていました。初学者の私が、毎日ダラダラしていて、大ベテランの彼女が日々の努力を忘れない。本当に恥ずかしい限りです。先生は、「この人は70歳なのに必死で努力しています。どうして張さんは努力をやめてしまったのですか？　努力は人を裏切らないのですよ」と話してくれたのです。

その日から私はもう一度立ち上がることができたのです。もう周りの評価を気にしないことにしました。周りが何と言おうと、自分にできることを精いっぱい努力するだけです。「他人は他人、自分は自分」です。いま、私には目標ができました。それは、同時通訳者になることです。通訳の中でも一番難しいのがこの仕事だと言われています。山が高ければ高いほど達成した時の喜びも大きいと言われています。私は、この山の頂点に立てる人になるよう頑張っていきます。そして、私を見捨てないでくれた担任の先生に感謝すると同時に、先生に私が仕事をしている姿を見せるのが夢です。

（指導教師　坪井弘文、邵紅）

◉二等賞　テーマ「訪日中国人、『爆買い』以外にできること」

訪日中国人、爆買い以外にできること

恵州学院　徐娜

「我会说日语，你有什么困难，我会帮忙你的」

「私は日本語が少し分かります。お手伝いできることはありませんか」

もし日本に行くなら、この言葉を使いたいと今私は思っています。

訪日中国人が爆買い以外にできること？　勿論たくさんあります。温泉、富士山、歌舞伎、桜の花、おいしいケーキ……。このテーマで作文を書き始めたとき、私の頭の中は日本で経験したいことでいっぱいでした。しかし、4月14日。大きなニュースが飛び込んできました。九州の熊本地方を襲った大地震です。日本が地震の多い国であること、5年前、東北地方を襲った津波、原発事故……。忘れていたことが、次々と思い出されます。

日本を旅行している最中に、地震が来たらどうしよう。爆買いどころか観光もできないよ！

私は日本に行くのが、怖くなってしまいました。東京ディズニーランド、USJ、旭川動物園……。行きたかった観光地のリストを見ても、楽しい気分になれません。日本人の先生に尋ねても、「日本に絶対に地震が来ないと言える所はない」と断言されました。どんな作文にすればいいのか、悩んでいるうちに九州を旅行していた中国人観光客が帰国し、被災地の冷静な様子や仕事を優先して観光客を避難させるホテルの従業員のことが中国でも話題になりました。

地震が怖くないのかな。どうして、日本人は、そんなことができるのだろう。旅行中に、日本で地震にあったら、自分ならどうするか。

時間がたつに連れて地震に対する恐怖も薄れ、私は地震が襲ってきたときのことを考え始めました。柱に近い部屋の隅に逃げる。火を消す。ドアを開けて逃げる道を確保する。揺れが小さくなるまで待つ。四川大地震から、中国でも防災教育が進んでいます。一つ一つ確認しながら、私は他の中国人の事を考えました。日本を旅行する中国人のほとんどは日本語が話せません。言葉の分からない外国で突然災害に遭遇したら、きっとパニックになるでしょう。その人たちに比べれば、私は日本語ができるほうだと言えるでしょう。パニックになりやすい中国人のために日本語の通訳ができないだろうか。ニュースや緊急情報を教えてあげることはできないだろうか。いつの間にか地震を怖がる気持ちが消えて、自分の日本語能力を使えないかと私は真剣に考えるようになりました。海外では中国人は冷静な行動ができないと言われています。しかし、中国人には団結することができます。誰かが正しい情報を伝えればみんなそれに従います。互いに助け合って困難を克服することができます。そんな中国人の姿を日本人に知ってほしい。通訳は中国人のためですが、通訳がいれば混乱する現地の日本人の負担を減らせます。私は医者ではありませんから、けが人を手当てすることはできません。お金持ちではありませんから、大金を寄付することもできません。力もありませんから、壊れた建物の下から人を助け出すこともできないでしょう。しかし、「人に迷惑をかけない」という、これまでずっと勉強してきた日本人の考え方を中国人に伝えることができます。中国人の要求を日本人に伝えることができます。中日両国の関係は現在理想的な状態だとは言えませんが、災害や困難に見舞われたときこそ互いに助け合うことができると私は信じています。そこから理解を広げていけると思っています。訪日中国人が爆買い以外にできることは、自分の行為と態度で中国人を示すことです。だから、私は中国人を理解してもらうため、中国人と日本人の両方に役立つことをしたいと思います。

今、私は日本にいませんが、中国人を理解してもらうために、熊本の人々に向かって言いたい。

「お手伝いできることはありませんか。私たち中国人は皆さんを心から応援しています」

最後になりましたが、今回の地震で被災された方々の安全と、被災地域の一日も早い復興を心から願っています。

（指導教師　水口友代）

◉二等賞　テーマ「私を変えた、日本語教師の教え」

私を変えた、日本語教師の教え

大連外国語大学　張文輝

北川先生は大学の4年間、日本語を教えてくれた先生です。ボブのヘアスタイルで、40歳ぐらいのやせた女性です。先生は朗らかな性格で、面白い話をするのがとても好きです。しかも、面白い話をすると、つい興奮して、自分で大笑いしてしまいます。

先生は大変教育に情熱を持っている人です。先生が教えてくれたのは、日本語だけではありませんでした。寿司の作り方、浴衣の着方から、日本の孤独死問題、裁判員制度まで、あらゆる面で日本を教えてくれました。私たちは、たまに授業で演劇をさせてもらいます。グループ分けして、教科書で勉強した文法を使って、台本を書いて演じます。私が初めて演じたキャストが家族のおばあちゃんだったことを今でも覚えています。先生の授業がすごく面白いので、私たちはいつも先生の授業を楽しみにしていました。

私たちの日本語を上達させるため、先生は授業の時間だけではなく、休みの時間も全部私たちにくれました。週末は自宅に誘ってくれて、食事をしながら、面白い話に花が咲きました。先生が作ってくれた料理はいつもカレーでした。先生の話によると、カレーは「馬鹿の一つ覚え」です。でも、心を込めたカレーは本当においしかったです。話の内容は、AKB48の誰が一番好きとか、なぜ日本の十二支の猪は中国では豚なのかとか、けっこう幅が広かったです。

私たちが卒業するその年、先生も中国を去ることになりました。帰国する前に、日用品を日本に郵送することになりました。先生は手続きが多くて、自分の中国語では聞き取れないのではないかと思って、私を誘って一緒に郵便局へ行きました。段ボールを閉じる前に、中身をチェックしなければなりません。段ボールを開けると、普段着と何冊かの本しかないことに気付きました。よく見れば、一番上に置いた本は授業で使った教科書ではないですか。なぜ他のものを捨てて、使い終えた本を選んだのかと疑問を抱きました。今考えれば、記念として送ったのではないでしょうか。先生が中国にいた4年間の記憶や、自分の仕事に対する情熱がすべてこれらの本に刻まれているのでしょう。

実は、大学入学試験のとき、私は日本のアニメが好きなので、日本語科を選びました。その時は、日本語はただコミュニケーションの道具みたいなもので、将来就職しても日本語関係の仕事をするとは限らないので、いい加減に勉強すればいいと思っていました。それで、大学に入ったばかりの時は、1日の授業が終わったら、すぐ図書館へ行って、日本語と全然関係のない本ばかり読んでいました。日本語の予習と復習は一切しませんでした。先生の授業を受けて初めて、日本語の面白さを知りました。日本の文化にも興味を持つようになりました。大学3年生の時は、もっと日本語を勉強したいと思って、大学院入学試験を準備し始めました。今年、もうすぐ大学院を卒業しますが、就職すれば、必ず日本語関係の仕事をしようと思っています。なぜ自分がこれほど日本語に執着するかという理由は、たぶん、先生の情熱に感動したからだと思います。

先生を見ると、魯迅の「藤野先生」を思い出します。魯迅を弱国の「低能児」と見なさずに、丁寧に講義ノートを訂正してくれた、その尊敬すべき先生です。先生は藤野先生ほど偉い人ではありませんが、私にとっては、仕事に情熱を持っていて、学生を愛する尊敬すべき先生です。実は、藤野先生が魯迅のことを覚えていないという悲しい話を聞いたこともあります。覚えていないのではなく、時間が経つに連れて、自然に忘れたと、私は思います。藤野先生が魯迅を「中国人の学生」だと思ったのではなく、普通の自分の学生だと思ったのがその理由なのでしょう。先生も何年か経てば、私のことを忘れるでしょうが、私は先生のことを一生忘れません。先生がいろいろ教えてくれたおかげで、私は日本語が好きになりました。

（指導教師　喜田栄次郎・恵子、関承）

◉二等賞　テーマ「訪日中国人、『爆買い』以外にできること」

「日本大嫌い君」と日本人転校生

山東政法学院　劉安

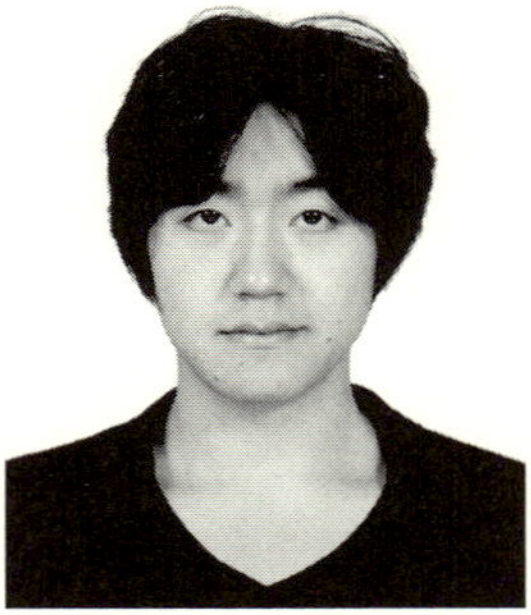

「ペガサス流星拳！」と叫びながら敵をすべて倒す――僕の一番好きな漫画のシーンだ。小学校四年生のあの頃はいつも仲間たちと一緒に漫画の主人公を演じて模擬対戦をやっていた。僕はいつも主人公「星矢」の役で、女の子を守って必殺技で敵を倒す。その瞬間がとても楽しかった。

しかし、ある日、同級生に「お前のヒーローは日本人が作ったものだよ」と言われた。祖父には「戦争で日本人は俺たちの同胞を殺し、物を奪った最低の連中だ」と言われ続けて育てられた。正義の味方であるはずの僕の憧れは、「悪」そのものだったのだ。

僕の世界は一瞬で、崩れてしまった。

信じていた人に裏切られたような気持ちになり、その漫画をすべて箱に封印した。

それから三か月が経ったある日、僕らの学校にひとりの転校生がやってきた。華奢な体に、漆黒のロングヘア。僕が読み続けた漫画の主人公が、生命を懸けて守ってきた女の子のようだった。日本の漫画は封印したはずなのに、僕は、罪悪感を感じながらも、その漫画のことを考えずにはいられなかった。

担任の先生はこの転校生を父親が中国人で、母親が日本人だと僕らに紹介した。小さな体の中に二種類の血が流れている。この奇妙な存在をどう扱えばいいのか全くわからなくて、僕は困っていたが、彼女はもうすっかりクラスの中心になっていた。

彼女は僕にも優しい声で挨拶した。中国語で挨拶されたのに、僕は緊張しすぎて思わず、日本語で「こんにちは」と返した。テレビドラマに出てきた日本兵から覚えた日本語だった。その日本語のお陰で、彼女と友達になった。

僕の中の日本に対する矛盾の渦は、別に消えたわけではないが、転校生と親しくなるにつれ、日本嫌いの心は薄れていった。

一か月が過ぎたある日、僕たちふたりが、以前、模擬対戦をしていた場所で遊んでいると、昔の仲間たちが現れた。仲間たちは「あれ、日本大嫌い君、今度は日本人の女の子とすっかり仲良しなのか」と僕をからかい、女の子に向かって「コイツは日本人が大嫌いなんだよ」と言った。彼女は驚いた顔で僕を見ていたが、僕は何も言い返せなかった。

家に帰ってすぐ、僕は漫画をしまった箱の封印を解いた。彼女との出会いが祖父の教えを忘れさせているこ とに、自分はもう気づいていた。

半年ぶりに読む『聖闘士星矢』。面白い。

正義キャラも悪キャラも、そして、正義か悪かはっきりしないキャラも皆、自分の信念を持って戦っている。「悪人」の日本人にこんな作品が描けるものか。彼女も礼儀正しい素晴らしい人だ。

彼女はその学期が終わった夏休みに、日本に転校した。そして僕は、日本語を勉強すると決心した。僕に夢を与え続けてくれたのは日本の漫画で、そんな漫画の翻訳家になりたいと思うようになった。日本語を勉強し始めて、もう十年近くになる。大学で正式に日本語を習うようになったが、実際の目で日本を見たいという気持ちは、ますます強くなっている。

僕の憎しみは彼女のお陰ですっかり消えた。しかし、現実には、まだまだ数え切れないほどの人が日本を敵視している。もはや、中日両国は仲良くなれないかもしれないと、僕はつくづく思う。そんな僕の目の前に、「爆買い」という言葉が現れた。

「爆」が付いているところから見て、これはきっと日本人の曖昧な文句の言い方だろうとすぐわかったが、それでも、僕に心の底から嬉しい。日本人にとっては迷惑でも、こんなにも大勢の中国人が日本に行って買い物をするなんて、まさしく日本を認めているのだ。日本人を敵視しているにもかかわらず、どんどん日本に行って日本製品を買う中国人。矛盾しているようで実は、矛盾ではない。あの頃の日本大嫌い君、僕とそっくりだ。

恨みや憎しみが消えなくても、僕は、時間に任せればいいだけの話だと思い始めた。より多くの人に夢を与える漫画が読めるよう、僕は翻訳の道に進む。両国が今と違う関係になる日は、きっと自然に来るだろう。


（指導教師　藤田炎二）

◉二等賞　テーマ「私を変えた、日本語教師の教え」

「怖い」日本人でしょうか

大連大学　曾珍

私の故郷はとても静かな町で、外国人があまり足を運ばない所です。なので、大学に入る前に私は外国人に一度も会ったことがありません。もちろん、日本人にもです。日本人に対するイメージはテレビや戦争を経験したお爺さん、お婆さんからの伝えにとどまっていました。彼らは日本人を「鬼の子」と呼んでいまいた。

しかし、大学受験を受けて静かな古里を離れた私が選んだ専門は日本語でした。今、考えると自分の選択が不思議でなりません。たぶん、「日本、日本語」という私はずいぶん離れた何かのものに引きつけられていたかもしれません。

私が通う大学には日本人教員が6人います。日本人の先生に恵まれた私たちは一年生の時から日本人の先生と接する機会がありました。私が最初に知り合った日本人の先生は江原先生です。江原先生は五十歳ほどの様子で、痩せていますが、いつもセンスのいい服を着こなし、奥ゆかしく、穏やかな印象を与えてくれます。それに「清美」という奇麗な名前を持っています。江原先生からではありませんが、「清」という言葉は平安時代では超一流の気品ある美しさで、『源氏物語』では、天皇・皇族にしか使われなかったそうです。先生は自分の名前が気に入らないとおっしゃっていますが、私からみると、先生はご自分の名前に相応しい「清らかな心」を持っています。

先生は日本での仕事をしばらく休んで中国に来て教えているそうです。国に立派な仕事があって幸せな家庭もありますが、私たちのそばに来ています。先生は、校内にある外国人用マンションに住んでいるので、よく教室に来てはいろいろな面白い話をしてくださったり、楽しい手芸を教えてくださったりします。この前は壁掛けタペストリーの作り方を教えてくださいました。私たちには、はさみだけ持って来ればいいとおっしゃいながら、先生は私たち60人分のタペストリー棒や、小風呂敷、糸や針などをセットで用意してくださいました。教えてくださるだけではなく、いろいろな物、自分の優しい気持ちを与えてくれます。

先生は中国に来る前は中国語が全く分からなかったそうです。もちろん、今もうまく語れませんが、道端に立ってたどたどしい中国語を使いながら、野菜や果物を買う先生はとてもかわいいです。うまく伝わらない場合はとても残念な顔をしますが、そんな場合でも笑顔だけは忘れません。反対に話が伝わってやり取りが成立した時はまた、子どものように目を輝かせながら、その経験を周りの人に伝授したりしています。

ご自身の中国語の経験からなのか、先生は言葉が持っている力は不思議なものだとおっしゃいます。というのは、一人の人間が発した音がある法則をもって相手の頭の中に伝わり、二人が一瞬、同じことを考えるようになる、思想の火花がぶつかるのは大変愉快なことだそうです。先生のこの言葉は、のちに私の日本語が日本人に伝わったときに検証されました。本当に愉快でした。

江原先生は、今学期で帰国されます。これから様々な教具を用いながら熱心に教えてくださる江原先生の姿が見られないと思うと残念でなりません。しかし、私は日本語をマスターして日本へ先生に会いに行きたいと思います。そして、先生が教えてくださった優しい言葉を使って、先生のように人の心を温めていきたいです。

言葉が通じる、意味が伝わる、考えや文化が理解できるということはとても簡単に見えて、また難しいことです。中国と日本は同じアジアに位置しながら、お互いの国の人の間にはかなり深い溝があります。しかし、蓑虫が「鬼の子」と呼ばれても実際に「鬼の子」ではないように、中国人に「鬼の子」と呼ばれる日本人も実際に「鬼の子」ではありません。このことを私は周りの人に、そして、これから知り合う中国人に伝えていきたいと思っています。

（指導教師　黄雪蓮）

◉二等賞　テーマ「私を変えた、日本語教師の教え」

落ち着いて、心の声に聞き従う

山西大学　王亜楠

私はかつて日本語を捨てました。

高校時代から日本のアニメが好きで、日本文化についてもずっと興味を持っていました。だから、大学では自然と日本語学科を希望しましたが、家族は驚きました。母はすぐに反対し、「日本語学科を卒業して、どのような仕事をするつもりなの」と言いました。友達も「なぜそんな就職が難しい学科を選んだの」と聞きました。昨今、中国では学部卒業生の増加に伴って、就職難が発生し、普遍的に「就職しやすい専攻がいい専攻」という価値観が存在しています。日本語はもちろんその枠には入っていません。

日本語が好きだったので、はじめは周りの言論を気にせずに、初志貫徹、日本語学科に入学しました。しかし徐々に周囲の声、つまり就職のことが気にかかってきました。入学間もないある日の学級会で、生活指導員の先生から聞いた話がそのきっかけでした。その日は、今の学習生活と未来の就職等についての話でしたが、その中に「日本語科の就職率が低い」という言葉があり、それだけが耳に残り気が滅入ってしまいました。それからは、いつも当時の選択が正しかったのかどうかを疑って、大変困惑しました。就職のことを考えると、日本語のテキストなんか二度と見たくないと感じ、日本語から離れていきました。

そして母親と相談し、就職しやすいといわれる経済を学ぶことを決め、日本語学科に在籍しながら経済を独学で勉強し始めました。しかし、状況は却って悪化していきました。なぜなら経済に対しては元から情熱もなく、独学はとても辛く、その上日本語を勉強する時間が少なくなり、成績がどんどん下がっていったからです。そこで、私は一体どうすればいいのかと焦り悩みました。

ある日、日本語科の堀川先生と話をしている時、耐えられなくなって自分の悩みを打ち明けました。すると先生はやさしく聞きながら、「落ち着いて自分の心の声を聞いて。あなたが心から楽しいと思うものは、何ですか」と私に質問しました。そして私の回答を待たずに、先生は自らの体験を話し始めました。

先生は大学時代から中国語を勉強していました。そして中国語や中国文化に興味を持っていて、中国へ行こうと学生時代から考えていました。中国語は日本でも仕事を探しやすい専攻ではなく、周囲の人は反対していたそうです。でも先生は心から中国語が好きで、他人の意見は聞かずにこの道を選び、中国に来て自分の好きな仕事をしています。それらはすべて、自然に発生したということです。その中にはいろいろな困難もありましたが、この道に対する情熱を頼りに、困難に打ち勝つことができたということでした。そして最後に先生は「就職はもちろん重要なことです。それは大部分の人が選ぶ道です。しかし、道はそれだけではありません。他人の意見に惑わされないで、まずは自分の心の声に耳を澄ませて、本当に歩みたい道を選んだほうがいいと思います」と言いました。

先生の話を聞いてから、目の前の暗雲が払われて燦々と輝く太陽が見えたかのようにハッとしました。日本語が好きな私が、なぜ日本語を捨てて、経済を勉強したのでしょうか。ぜんぜん興味がないのに、なぜ無理をしてまで勉強しようと思ったのでしょうか。就職は重要です。しかし、自分が嫌いな仕事をしても、本当に心からの幸せを感じることができるのでしょうか。

悩みという名の長いトンネルを抜けると、すぐに日本語に対する情熱が燃え盛る松明の炎のように勢いよく再燃し始めました。それからは、日本語を勉強すればするだけ好きになり、毎日楽しく過ごせています。もちろん成績もどんどんよくなりました。

後日、先生の言葉と自身の心境の変化を家族に話すと、家族は二度と就職についてあれこれ言うこともなくなりました。先生は自身の経験を語ることで、私が日本語への情熱を取り戻すきっかけをくれました。

（指導教師　堀川英嗣）

◉三等賞　テーマ「私を変えた、日本語教師の教え」

あの姿が眩しい

大連外国語大学　肖年健

孫先生は去年の9月から私たちの基礎日本語の先生を担当している。

初めての授業の時、私はメガネを忘れてしまったから、先生の顔がよく見えなかった。しかし、その声だけで、この先生は元気で、優しくて、そしてすごく早口の女の先生だとわかった。「私は日本語が大好きで、毎日日本語で話したり、生徒と交流したりすることができるだけで、十分幸せです」と先生は言われた。「あ、私と一緒だ」と思ったと同時に、私の心に、そのぼんやりとした姿も一緒に鮮明に残った。

授業の前に、先生は必ず近頃の感想とかニュースとかなどを話してくれ、しかも授業中いつも昔話で皆を笑わせた。先生の授業があまりにも面白かったから、いつも次の授業を楽しみにしていた。その頃ちょうどいい成績を取ったし、先生の速いスピードの日本語も大体聞き取れたし、「そういえば私の日本語は悪くないだろう」と自慢していた。しかし、先生のある授業が私を変えた。テキストの内容が終わった後、先生は「この部分をまとめて自分で話を説明してみてください」と私を指名した。突然すぎたので、何の準備もない私は佇むだけで、話したいことがいっぱいあるのに、何も話せない自分に気づいた。正直、大きなショックを受けた。結構日本語には自信があったので、恥ずかしくてしょうがなかった。ところが、授業が終わる前に、先生は「日本語の勉強には、謙遜という気持ちはとても重要ですから、いつも勉強不足を感じているほうが進歩できます。かえっていつも満足だと思っている人は進歩できませんよ」と言われた。この言葉は、私の心を打った。いつも自己満足している自分の醜さが初めて分かった。それからは意を決して、先生のように謙遜という気持ちを持ち、日本語の勉強を続けようとした。あれ以来、勉強がうまくいかない時には、自然と先生のあの優しくて美しい姿が頭に浮かんできた。

私は先生のことをたいへん信頼していたが、ある時こんな一面があることに驚いた。ある授業の時、先生は前回出した暗記の宿題をチェックしたが、指名された学生はできなかった。「忘れましたね」と先生はニコニコしながら、次の学生を指名した。意外にもその学生もできなかった。次も、次も、次も、すると、先生は黒板の前に戻り、皆を見ているだけで、何も言わなかった。一瞬クラスの皆はその雰囲気にのまれて、一言も言えなかった。突然、先生が爆発した。その時はいつもニコニコしている優しい先生がこんなに怒ったことの驚きから、頭の中が混乱してしまった。そして、先生は話し終わってから、呆れた私たちを後に、教室を出ていってしまった。班長の私と一人の女の学生が後を追っていったが、「ごめんなさい」ばかりしか言えなかった。それから、きちんと話し合ってから、先生は皆にもう一度はっきりと説明してくれた。そして「期待が大きければ大きいほど、はずれた時の失望も大きくなるのかもしれません」という言葉を聞いた時、私は泣きたいほどの後ろめたい気持ちになった。私も暗記していなかったのであった。この予想外のことを教訓として反省する一方で、先生がどれくらい私たちのことを思っているのかも分かった。あの小さな姿には力と愛が溢れ、私には眩しすぎた。

先生は先生であるけれど、私たちと同じように、嬉しい時には笑ったり、悲しい時には泣いたり、期待外れの時には怒ったり、何をすればいいのか分からない時もあるのだろう。しかし先生は先生として、私たちを愛し、誰よりも優秀になってほしいと思うのであろう。

孫先生の教えは私を変えた。傲慢な自分を変え、先生のような謙遜できる人になりたい。いつの間にか、心には、手本になり、私を励ましてくれている先生がいる。

あの先生の姿は小さく見えるが、実はとても強く、私は一生忘れないと思う。いつも支えてくれている孫先生、ありがとうございます。

（指導教師　久津間英次）

◉三等賞　テーマ「訪日中国人、『爆買い』以外にできること」

爆買い以外にできること
―オタクによる愛の「爆買い」ではないか―

国際関係学院　喬志遠

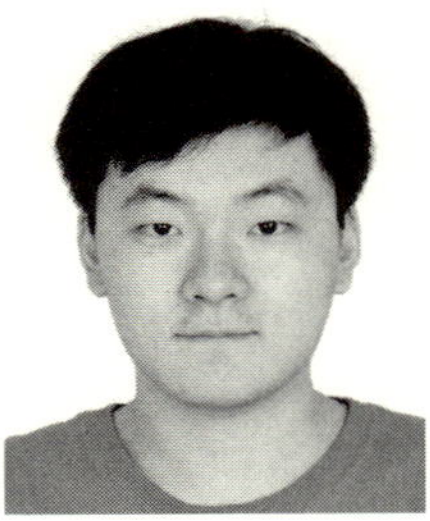

「君も静雄が好き?」。2014年8月13日、僕は「コミックマーケット」（以下、コミケ）会場でフクダという日本人から話しかけられた。僕がアニメ「デュラララ」の同人誌を買った時のことである。フクダ君は、デュラララの登場人物「静雄」を主人公とした同人誌を描いて、コミケで売っている人だ。静雄はデュラララでは傍役である。しかし、僕は主人公の帝人《みかど》や正臣《まさおみ》より好きで、フクダ君も同じだった。僕と彼は静雄を通して一瞬で友達になった。オタク同士とはこんなものである。

2014年の夏休み、僕はオタク仲間2人と日本に行った。目的はコミケ。日本滞在は一週間、コミケの開催3日間はコミケに通い、残り4日間は、秋葉原と池袋のコミック専門店に行った。スカイツリーにも皇居にも浅草にもいかなかった。毎食カップ麺で、旅費を節約して、漫画、同人誌、ゲームを15万円分買った。友達は30万円分も買った。まさに「爆買い」である。

僕たちがマンガや同人誌を「爆買い」した理由は、それがコミケでしか買えないからだ。しかし、理由はそれだけではない、コミケでの買い物は「愛情を示す」ことだからだ。コミケは世界最大のオタク集会であり、オタクの聖地である。そこにはフクダ君のような仲間がいる。仲間に愛情を示すためにも僕たちは同人誌を買う。

そして、僕たちは、好きな作家、アニメ会社のためにも「爆買い」する。子どもだった時、中国で買えた日本の漫画、ライトノベル、ゲームは、ほぼ海賊版だった。だけど、夢中になった。今、正規版が買えるなら、それを買い、好きな作家、好きな会社を支えたい。これもオタクの愛である。

オタクは一般的には孤独である。僕たちは、高校時代、受験勉強に必死な同級生からは軽蔑され、両親にも理解されなかった。

でも、コミケには世界中のアニメファンが集う。同じキャラのファンなら、一瞬で親友である。親友との交流のために、オタクは同人誌を大量購入する。これは一般の「爆買い」とは違う。愛の「爆買い」である。

　確かに中国人、日本人の間には、考え方や習慣の違いがある。コミケの初日、僕たちはコミケに向かう電車の中で、興奮して喋っていた。しかし、はっとした。誰も大声で話したり、電話したりする人がいない。コミケのブースでも、中国式に値切ってしまい、スタッフに婉曲に注意された。このような違いが、中日間に摩擦を起こす。中日両国のメディアも、このようなちょっとした相違点に注目しがちで、共通点はあまり報道しない。

　しかし、オタク同士は共通点だらけだ。フクダ君は名刺をくれながら、静雄の魅力について熱く語ってくれた。彼の日本語は半分も理解できなかったが、情熱は１００％理解できる。最近、アニソン歌手和田光司が亡くなった。中日のオタクはともに自発的にネット上に集って哀悼した。

　オタク同士は、アニメへの愛で、国籍も言語も、文化的な違いも超えて仲良くなれる。互いに好きな人物やストーリーについて語り合い交流する。これこそ交流でなくて何だろう。交流は「基本は同じ」と思うところから始まる。

　爆買いは物を媒介とした中日交流と言える。しかし、「一般的な爆買い」は、物とお金だけの交流と言える。中国で同品質のものが同価格で買えたら、一般的な「爆買い」はなくなるだろう。しかし、「オタクの爆買い」は違う。これにはキャラへの愛という精神がある。精神的交流は、距離も文化も言葉の差も超える。

『少年ジャンプ』のスローガンは「友情・努力・勝利」であり、世界の若者に夢、勇気や愛を与えることであるが、オタクにとって、アニメは夢、勇気、愛である。これは政治が変わっても、経済が変わっても、不変だ。中国人オタクは、この不変の「爆買い」「愛の爆買い」ができるのである。

　つまり、今、中国人に爆買い以外できることとは、中国人のオタクの、オタクによる、オタク同士のための愛の「爆買い」ではないだろうか。

（指導教師　駒澤千鶴）

◉三等賞　テーマ「私を変えた、日本語教師の教え」

私を変えた、日本語教師の教え

「ありがとう」を探す旅へ導いてくれた先生

東華大学　謝林

ベッドの下に、ダンボールが一つ置いてある。中には今まで使ってきた日本語の本がびっしり詰まっている。埃っぽくて、ボロボロになっているが、捨てるに捨てられない。『みんなの日本語』という一冊を取り出すと、挟まれていた一枚の写真が床に落ちた。

写真に写っているのは、最初の日本人の先生、山口先生だ。

大学に行くには、志望大学を選ばなければならない。私は南方の小さな町に住んでいる。家から遠く離れた北方の大学に行きたかったが、「いかん！　そんなに遠い所に行って誰がお前の世話をする？　絶対行かせない」と父親に猛反対された。「自分で自分の面倒を見るから、余計な心配するな！」と、家の隅に置いてあったミシンを押し倒し、家から出ていった。このミシンは、祖母から伝わる宝物だと、小さい時よく母親から聞いた。家を出た私は、街中で石造のベンチに座り、「自分が選んだ大学に行きたい、自分が好きな専門を勉強したい、何が悪いんだ」と心の中で、このような声を響かせていた。後方から、「家に帰りましょう」と迎えに来てくれたのは母親だった。私のお気に入りの場所を知っている母はここまで探しに来てくれたが、やはり帰りたくなかった。「おばあちゃんのミシン、まだ片付けてないのよ、壊れたみたい」。母親の言葉を聞いた瞬間、まるでガラスの花瓶がいきなり地面に落ちたかのように不安が迫ってきた。しかし、その時、何も知らなかった私は、ただおとなしく母親とともに家に帰って壊れたミシンの破片を片付けた。

結局、父親は妥協して、私の望む大学に行かせてくれた。大学で初めて出会ったのは、山口先生だった。ある日、先生は何も言わずに突然帰国したことがあった。再び先生に会った時、好奇心に駆られた私は、「どうして急に日本に戻りましたか」と伺った。先生は無表情で「母が亡くなったんです」と答えた。しかし、数秒後、心が引きちぎられるほどの大声で泣き始めた。六十代の先生が私の前で泣いたことにショックを受けた。先生は「謝くんは、いつも家に電話をかけますか」と、泣き声で聞いた。「いいえ、全然」と何も考えずに返事をした。「冷たいですね、謝くんは」。こう一言残し、先生は泣きやんでその場を後にした。

寮に戻ったのは夜だった。先生の言葉を考えながら、ベッドに横わたっていた。目を閉じて、またあの時の先生の言葉を思い出した。考えれば考えるほど、先生が先生のお母さんと別れる場面が頭から離れなくなった。中国にいる先生は、きっと日本に残してきたお母さんのことを思っているだろう。とその時、自分の親のことが急に頭に浮かんだ。田んぼで労作している父親、祖母のミシンを使って、服を作ってくれる母親。私はいつも両親からもらってばかりだと初めて気づいた。両親は自分のために何でもしてくれるのに、私は「ありがとう」という言葉を返すどころか、文句を言うばかりだ。本当に先生が言った通り、冷たい人間だ。

翌日、再び先生に会った時、「ごめんなさい、本当にありがとうございます」「今朝、両親に電話をかけて、大学での近況を報告しました」と先生に感謝の気持ちを込めて報告した。先生は「よかったですね」と微笑んでくれた。

先生のおかげで、毎週、両親に電話を掛けるのが習慣になった。食事をする時も食べ残さないようにする。これは稲を植えてくれた人に対する感謝。教室を使った後、きちんとゴミや椅子などを片付ける。これは教室を提供してくれた人に対する感謝。周りの人に感謝しながら生きている。全て山口先生が教えてくれたことだ。大学生でありながら、子どもでも分かることが分からなかった私を変えてくれたのは、山口先生だった。写真を再び本の中に挟み、そして、「ありがとう」と小さな声で呟いた。

（指導教師　岩佐和美）

◉**三等賞**　テーマ「訪日中国人、『爆買い』以外にできること」

時の散歩者

同済大学　余鴻燕

吾輩は猫である。名前はまだない。

京都のこのお寺に住み着くやうになつたのは何時のことだかはつきりとは覚えてゐないが、ただ自分は海の向かう側にある中国から来たことだけは記憶してゐる。

長旅を続けてきた自分だが、とにかくこの町の匂いが気に入った。毎日、早朝の日差しが青々とした木々に射して、朝鳥たちが一日を祝福するように賛歌を上げはじめると、惰眠の前の散策にちょっと出てみようかという気になるのだ。

最近この町を訪れる観光客が増えたようだが、中でも私の国から来た人が大勢いる。この人たちがいるところはいつも賑やかだ。爆買いと呼ばれる買い物が好きなようだが、猫の自分には楽しみがよく分からぬ。他にもっと面白そうなことがあるだろうと思うが。

吾輩がある日、寺の中をうろうろしていたら、中国人の夫婦とその娘が入ってきた。観光に来たようだ。娘が「中国のお寺にそっくりね」と言うと、父親は「それは似ているさ。昔日本と中国は仲が良くて、その印として中国と似たものを建てたのだから。だが、日本独自の風情もあるんだ。ほら、良く見な、その屋根のところを」と返した。

「模様があるね」と娘が言うと、父親は「あれは寺紋と言って寺によって違うそうだ。日本では個人の家々にも紋があるんだよ」と答えた。娘が黙っていると、父親は「日本には昔の中国の影がある。特に京都はそうだね。しかし、日本で新しく作られたものもある。その微妙な違いを発見するのは旅の楽しみになるんだよ」と言った。

娘は分かったような分からないような表情で少し考えて、「人間ってすごいね!」と呟いた。まだ幼い娘に父親の話は難しすぎたかもしれないが、将来、父親の言う楽しみが分かる日が来るだろう。

吾輩は散策を続けた。ちょうど喉が渇いたので、水でも飲んでやろうと思って、別のお寺に寄ってみた。おや、人がいっぱいだ。何があるのかと野次馬根性を出してみたら、寺の一室で茶道の会が開かれているのだ。吾輩は胃に悪そうな緑色の水には興味がないが、拝見することにした。すると、吾輩のそばでしきりに写真を撮っている人がいる。中国語で「すごい、すごい」と言っているので、この人も中国人観光客だと分かった。

その彼に「中国の方ですか。茶道がお好きですか」と声をかけた人がいた。彼は未熟な日本語で「はい。初めて見て、すごいです」と答えた。声をかけた日本人は大きくうなずいた。そして中国人男性は、茶道はもともと中国から伝わったものだが、中国のお茶の儀式とはまったく異なる。中国ではお茶が中心で、よいお茶で客をもてなすのが重要だが、日本の茶道ではあまりお茶を飲んでいないようだ、と不思議そうに言った。

それを聞いた日本人は次のように言った。「日本の茶道も大事な客をもてなすのは同じですよ。ただ、お茶より大事なものがあります。お客と一緒に『侘び』『寂び』の精神で心を一つにすることですね。そこは中国とは違いますね」。彼はそれを聞いて大いに感心した様子であった。

その後も二人は話をしていた。彼はわざわざ茶道の会のためにお寺に来たようだ。それを実際に観て、また日本人と茶道について意見を交わして、旅の目的は十二分に達成されたことだろう。吾輩は苦い茶は好まないが、お互いに似ていながら違うものについて知るのは、面白そうなことではないかと思った。

そろそろ眠くなってきたので、さてねぐらに戻るとするか。今日見た光景を思い出すと、なんだか考えてしまう。旅行というものは、そもそも未知の環境と会話するようなものだ。新しい鏡で自分を写してみると、違った自分が見えることだろう。モノを手に入れるより面白いものが手に入るのではないか。文化の深層に辿り着くことができるかもしれない。これこそ旅の真の目的ではなかろうか。

吾輩も明日から見知らぬところへ行ってみるかと心に決めた。吾輩が人間の言葉がしゃべれないのは実に残念なことだ。


（指導教師　宮山昌治、李宇玲）

◉三等賞　テーマ「私を変えた、日本語教師の教え」

私を変えた、日本語教師の教え

青島農業大学　郭帥

光陰矢の如しというように、あっという間に、大学生活も三年が過ぎようとしている。この一年間、ある日本語の先生に特にお世話になり、その先生からは、日本語だけではなく、社会人として求められるマナーや礼儀なども教わった。

一、二年生の時、私は直接、その先生から教わっていたわけではなかったが、先生に関する噂はよく耳にしていた。例えば、もし授業の前に黒板が消されていなければ、先生に十五分も説教されるとか、授業の合間の休憩時間にスマホを弄ることは禁止にされているとか、こういった噂を聞くたびに、その先生はどれほど厳しいのだろうかと内心恐れていた。そんな先生の授業なんか受けたくないと思ったことさえあった。新学期が始まり、先生がクラスの精読の授業を担当すると聞き、「まずいな。あの怖い先生に毎日叱られたり、説教ばかりされたりするのは悪夢じゃないか」と思った。

しかし、実際に先生と接してみると、噂ほど怖いという感じはしなかった。厳しいと言えば確かに厳しいけれども、時には冗談を言い、皆を和ませ、学生と一緒に笑う面白い先生だった。

先生は、ことあるごとに、尊敬すべき人に対して礼儀正しく振る舞いなさいと私たちに言い聞かせた。今思えば、当時の私は、就職するまでまだ時間がたくさん残されており、日本語の勉強のことしか考えておらず、もしかすると勉学よりも大事な礼儀が欠けていたように思う。ボランティア活動で大学の近くに住んでいる人たちと多少交流することはあっても、私は、親しみをもってもらうために、まるで相手が同年代の友達であるかのように接した時もあった。周囲の大人から見れば、礼儀がなっていないと思われたこともあるだろう。こういったことは、自分一人で自覚することは難しく、周囲から注意され気づかされることが重要だと思う。私の場合、気づかせてくれたのは先生だった。

去年、ある会社で社長を務める日本人が私の大学に講義をしに来てくれた。その社長は、講義の最後に、「誰か質問がありますか？　どのような質問でもいいですよ」と言った。私は、どうしても聞きたいことがあったので、それを聞き、ぱっと立ち上がり質問しようとした。しかし、その時、先生が私を制止し、「郭さん、失礼ですね。まず、手を上げて、社長が君に話すように促してから、立ち上がりなさい。そして、質問の前に、きちんとあいさつと自己紹介をしなさい」と注意した。先生がその時、本当に怒っているようで、私は動揺してしまった。そして、いつも先生が言っていたことを思い出し、恥ずかしくなった。私が関心を持っている分野で仕事をし、社長を務めている人は、間違いなく私の尊敬すべき人だった。さらに、人に何か教えてもらった時には、必ず感謝の気持ちを示し、特に礼儀正しく振る舞うべきだという先生の教えを私はすっかり忘れていた。講義終了後、私はひどく落ち込んだまま学生寮に帰ろうとしていたが、その時、先生に呼び止められた。また怒られるのかと諦めながら先生のもとへ行くと、先生は授業で冗談を言った時と同じ笑顔で、積極的に質問したことを褒めてくれた。確かに私の質問はクラスの中でも多く、質問の内容についても、社長は的を射たものだと言ってくださったのだが、礼儀が欠けていることを実感していた私には先生が褒めたというのは意外だった。そういう私の気持ちを察したのか、先生は、社会に出るまでまだ時間があるのだから、焦らず確実に身につけていけばいいと言ってくれた。礼儀正しければ、第一印象で好印象を持たれ、就職の面接はもちろん、恋愛やビジネスでも有利になるだろう。私はこの日のことを決して忘れない。私の、日本語以外の目標を示してくれた先生には心から感謝している。先生の期待に応え、より一層礼儀正しく生きていきたいと思う。

（指導教師　佐藤敦信、朴京玉）

◉**三等賞** テーマ「私を変えた、日本語教師の教え」

もう一人の神様

南京農業大学　蒋易珈

春節になって、旅行をする人が多くなっています。日本に行きたい中国人の目的は旅行と言うより、実は買い物でしょう。だから、「爆買い」という言葉もできました。

今の中国人が、日本について知っていることは高級化粧品や家電製品などというものだけで、日本の社会を有限な時間でよく感じようという発想がありません。これは残念だと思います。外国人が中国の歴史や社会に趣味を持ってくれることは、中国人として一番うれしいことじゃないか。「旅行」が「買い物」の代名詞になってはいけないと思います。

もし、私なら、大学生だから、一番行きたいところは東京大学です。図書館とか学生寮とか、中国の大学と何か違うか、日本の学者の科学研究へのこだわりをよく感じたいです。世界は果てしなく広く、見てみたいという単純な欲は本当に旅を楽しむ人の心の声かもしれません。

以上が「日本で、爆買い以外にできること」というテーマで、私が書いた作文です。そして、石原先生に添削をお願いしました。

「なぜ東京大学に行きたいのですか」。先生に理由を聞かれました。「東京大学の図書館に行きたいです。中国と違いがあると思いますから、学生として知りたいです」「入館は許可されるのでしょうか」。先生は、具体的に想像しているようです。「外から見るだけでもいいです。雰囲気を知りたいです」。自分でも言っていることが怪しくなってきているのが分りました。

「では、北京に行ったら、訪ねたいところは北京大学ですか」「いいえ、別に行きたくありません」「そうですね。有名な観光地はたくさんありますからね」「はい、そうです」「どうして、そんなにも日本の東京大学に行きたいのですか、建物を見るために」。答えに困りました。「本当にそう思っていますか」

そう聞かれて、私には言葉がありませんでした。なぜなら、書いたものが事実ではないということが、露呈してしまったからです。

「やはり、買い物に行きたいですね」。私は認めました。叱られると思いましたが、意外にも先生は、「じゃ、買い物のリストを書いてください」と言いました。私は書きながらぶつぶつ独り言を言いました。父が欲しがっているシェーバーは絶対に忘れてはなりません、母と私にとって化粧品は一番重要なものです。親友のためには医薬品も不可欠で、祖父母には部屋に置く加湿器もいい、空気清浄器も送ってあげたい。考えるだけで楽しいです。リストがだんだん長くなりました。

先生に「どうしてうそを書くのですか」と聞かれて、正直に言えば、「爆買い」には何となくよくないイメージがあるから、とにかく否定しなければならない気がしました。そして、人と違ったことを表したいと考えたら、こういう変な作文ができ上がったのです。

「あなたの頭の中には、まだ神様が住んでいるのですか」と先生はため息をつきました。以前、春について「万物がよみがえり、全てのものに生命が漲る」と書きました。「あなたが生命の源ですか。あなたは神様ですか」。先生に指摘され、何の考えもなくひたすら高尚な言葉を寄せ集めることの無意味さを学んだはずなのに、またやってしまいました。

「リストを考えている時のあなたはとても楽しそうでした。横で話を聞いている私も幸せな気分になりました。自分をありのまま正直に認めればいいじゃないですか」。お金があったら色々買いたいと思う気持ちを持ちながら、それを隠して「爆買い」を否定します。「爆買い」を肯定することには抵抗を感じるくせに、嘘を書くことには何も感じません。

作文を書いて石原先生の添削を受けたからこそ、また一歩「自分の本音」に近づけました。こんなにもフランクに話せる先生に会えて幸せです。「あんな神様を登場させる必要はありません。私はもう指導しましたよ」。あきれ顔の石原先生に、私は答えました。「先生、これは別の神様です」

（指導教師　石原美和）

◉三等賞　テーマ「訪日中国人、『爆買い』以外にできること」

日本で触れたい伝統文化の継承とその方法

北京科技大学　馬茜瀅

もし私が日本に行くのなら、京都に行ってみたいと思います。

中学生の時『源氏物語』という小説を読んだことがきっかけで、日本の伝統文学と出会いました。切なくてロマンチックな雰囲気が漂う物語に感動しました。中国の唐朝にいろいろ学びながら日本の宮廷はまたそこにふさわしいしきたりなどを作りました。例えば恋人同士が詩文を互いに贈る習慣は中国の文学作品にはなかなか見られないものだと思います。『源氏物語』は宮廷を背景にしているものの、政治関係の話がほとんど出てきません。著者の紫式部でさえ小説の中で「政治の内容は書かない」と表明しました。初めて読んだ時その言葉にびっくりしました。今から顧みると、それは恋愛の話題より印象に残った部分です。

中国の伝統文学には政治に関わる作品が非常に多くあります。直接に政治の話を書いていなくても、必ず政治の意味を含ませます。文学者は単純に作品を書くのではなく、自分の文章を通じて、世間に自分の政治的抱負や理想を示し、発信するのです。これは日本の伝統文学とは大きく異なっています。中国では恋愛ばかり書いている作品は逆におかしいとされ、評価されがたいのです。

『源氏物語』の後に私は日本の伝統的な文学作品をいくつか読みました。『枕草子』『竹取物語』『伊勢物語』『和泉式部日記』など代表的な作品を読むのは楽しいけれど難しいと感じました。注釈があるので文法的なものはなんとなくわかる気がするけれど、背景となっている歴史や地理の内容は文字だけでは理解できません。自分の目で見なければ日本の伝統文学の魅力を完全に体験することができません。日本に行くチャンスがあるのなら、ぜひ都であった京都に行ってみたいと思います。

先日、『枕草子』の創作背景を紹介する番組を見ました。これはまた日本の伝統文化に対して感嘆すべきところだと思います。残されているのはただ『枕草子』という文章だけではなく、その時の捺染という技術や、当時流行していたものも、いちいち再現することができるということです。美しい袖の色の変化や高級なかき氷、遺跡が残る土地まで、平安時代のユニークな趣きが感じられます。

京都の伝統に憧れる一方で、私はまた悲しくなってきました。中国は今の世界で一番歴史の長い国であるのに、どうして京都のように昔を偲ばせる建物やその時の代表的な技術を全部残せなかったのでしょうか。私から見ればそれが残念でなりません。

昔の平安時代には、日本は中国をまねて、それ以上の個性的な文化を作り出しました。しかし時の流れとともに中国はそのときの輝かしさを失い、外国人が素晴らしいと思っている伝統文化もうまく受け継がれてこなかったのが現状だと思います。そこには、明らかに中国との違いがあります。今は、日本が中国の文化にならったように、それを逆さまにして、中国の側が日本の文化を手本にして勉強すべきだと思います。日本の伝統文化の内容の保存や継承のことだけではなく、伝統文化を保存する手段や方法を学ぶのは大事なことです。

京都には千年にも渡る、当時の目印となるような建物が今でも残っているだけでなく、さらに、当時の都であった雰囲気も、いまの現代的な建物に感じられるものがあります。文学作品やしきたりもそうです。伝統文化のまま残すだけでなく、ラジオ、ゲーム、アニメ、漫画などの形で若者に魅力を感じさせ、若者の発想に生かされています。こうして伝統文化は現代文化と融合し新たな文化になっています。中国の伝統文化に足りないのはそういう保存や継承性です。同時に、見逃せないのは日本の伝統文化のような質的な活力です。

もし私が日本に行くのなら、京都で日本の伝統文化を味わいたいのです。そして中国に特に持ち帰りたいのは、中国の伝統文化に思いを馳せた日本がどのようにして伝統文化を継承してきたのかという考え方と方法です。

（指導教師　松下和幸）

◉三等賞　テーマ「訪日中国人、『爆買い』以外にできること」

爆買い以外でしたいこと

長江大学　梅錦秀

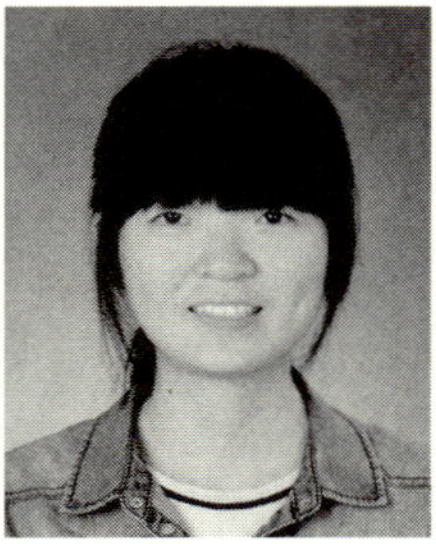

先日、たまたま福島県の写真を見て、何か心境が変わったような気がする。

ズラッと並んでいる車が緑の植物に取り囲まれていて、高速道路が少しも見えない。学校の図書館の本が散らかっており、商店の棚が倒れぐちゃぐちゃになっている。体育館に大穴が開いて、牧場の裂かれた地面が無言のまま地震の怖さを伝えている。町がみんな地震直後の混乱した姿のままで、がらがらになった町は風の音だけが響く。教室の黒板に当日の時間割が残り、時間が永遠にその時のまま止まったようだ。

チャンスがあれば、私は福島に行きたい。私の話を聞いて、友達はすぐ、「行きたいなら行けばいいよ」とからかった。今福島と言ったら、誰もが原発事故の恐ろしい出来事を頭に浮かべるものだ。しかし、私は自分もみんなも福島と全然関係がないと思うことが出来ない。

ある日本語の授業で「インドの旅」という文章を習った。その文章は１９８０年代のインドを扱っていて、電気もちゃんとした家もなく、路傍で日に二ルピーで生きる庶民の姿を描いている。現代生活にすっかり馴染んだ私は、そんな生活をもちろん受け入れない。先進国の日本で、便利且つ快適な生活をすることこそ私たちがずっと憧れている理想的な生活だ。だから、作家が日本の快適な生活を批判するのがあまり理解出来ないのだ。しかし、先生の説明を聞いて、私はちょっと自分の安易な考えに不安になってしまった。「実は、福島で事故が起こった後、私は反省しました。今の東京の生活様式は本当にいいですか。東京では街灯がならんでいて、夜でも昼のように明るいです。しかし、あんなにエネルギーを使い放題にしていて本当にいいですか。皆さんはどう思う？」。教室はしんとしてしまって、誰も答えることができなかった。

文章の中で「ひたすら快適さを追い求めた」という言葉を見て、爆買いに夢中な中国人の姿、80年代の日本経済の繁栄、福島の風景が頭に浮かんで、私はますます迷ってしまった。

80年代、日本はバブル経済を迎えた。その繁栄のなかでお客さまは神様という言葉さえ生まれた。あまり日本文化を知らない中国人でもこの言葉に馴染んでいると思う。しかし、残念なことに、中国では、顧客だけがこの言葉を受け入れたようだ。製造業には問題が絶えない一方、海外へいって自分が神様になったつもりで、思う存分に振る舞う。そうした中国人の観光客のマナー違反がしばしば指摘される。

この言葉自体、私は良くないところがあると思うのだ。客の満足を追求した結果、資源の浪費に繋がることは容易に想像できるだろう。スーパーで商品を何重にも包むとか、レストランで割り箸を使うとか、夜になっても煌々と明るい電気とか、誰でも当たり前だと思って、資源をどんどん使うようになった。

本当にそういう必要性があるのか。確かに、経済の発展、国民の生活水準を上げるために、その道を歩まざるをえないが、それは限りなく高い生活水準を求めることとイコールではないと思う。

しかし、世の中は依然として前に進んでいて、中国人は快適な生活を求めるために日本に殺到し、自分たちが4年半前、放射能対策に先を争って一所懸命塩を買いだめしていたことはすっかり忘れたようだ。

社会の発展はあまりにも早くて、私は自分ひとり置き去りにされてしまうのを怖がって、ひたすら走って追いかける。しかし、常に走っている私たちは周りの影響を受けやすく初心を忘れがちだ。時々、ゆとりを手に入れても物質的なものにしか目が向かない。

止まったのは福島県の避難地域だけだ。白い防護服を着た2万人の作業員たちが除染作業を行っている。そこを大切な故郷として、大切な思い出を持っている人々は今馴染みのない町で避難生活を余儀なくされている。

生活の意味とか、人生の意味とか、昔は、考えてもわからなかった。しかし、その時間が止まった街の写真を見て、私はなんだかわかったような気がするのだ。

（指導教師　藤島優実）

◉三等賞　テーマ「私を変えた、日本語教師の教え」

私の先生はすばらしい

大連外国語大学　林璐

「ねぇねぇ～聞いた?」

「何?」

「先輩から聞いたの。今学期のリスニングの先生はすごく厳しいらしいよ」

「へぇー、本当?」

「そうそう!　それだけじゃなく、宿題もたくさん出すし、授業中もよく質問を出して、答えられなきゃ叱られるって」

「今学期きついかも……」

当時日本語に興味を持っていなかった私は不安を抱えながら王先生と出会いました。噂通り、新学期が始まってすぐに朗読のテストがありました。多く間違えたので、先生にちゃんと予習しましたかと聞かれました。だから、毎回授業の前に、みんな必死に練習しました。

ですが、緊張感いっぱいの授業は意外に面白かったです。ある日、先生は自分の留学体験を話してくれました。先生は初めて日本でアルバイトをし、店員さんとして毎日店の入口で何度もお客様におじぎをして「いらっしゃいませ」と言いました。喉が渇いて、立ちっぱなしで疲れました。当時の先生はいらっしゃいませという言葉を夢に見たほどでした。また、よく店長さんに注意されました。おじぎの姿とか、笑顔を出さなきゃいけないとか、声の大きさとかを注意されました。ちょっとの簡単な挨拶の仕事でも油断することができなかったそうです。先生の体験を聞いたら、びっくりしました。日本人の真剣さ、特にサービスに対する態度に感心しました。お客様にいいサービスを提供したいため、細かいところにもちゃんと気を配っています。中国のサービス業はちょっと足りないなぁと思ったそうです。

日本語を初めて学んだ頃、覚えたばかりの単語をすぐ忘れてしまって、自分が言いたいことがちゃんとうまく伝えられず、それですごく悩み焦っていました。

その時、先生の大学生活の話を聞いて少しずつ日本語への学習意欲が湧いてきました。先生はまだ学生の時、毎朝6時に起きて、学校へ向かう道を歩いて、大きい声で朗読しました。ずっと一所懸命勉強しました。毎日の練習によってキヤノン杯スピーチコンテストにも参加できました。その話を聞いて言語を勉強するには、覚悟が必要だと知りました。この道を選ぶと、辛いことも連いてきます。私が成功するかどうかはまだわかりませんが、まず努力してみようと思います。だって準備と努力は裏切らないから。これは、先生から教えてもらったことです。

そこまで、このリスニングの先生はみんなにとって、親切な先輩のような存在になりました。また、それだけじゃなく、先生の人柄と物事に対する態度もみんなに尊敬されています。先生は日本にいらっしゃった三年間、ずっとボランティア活動を続けていました。週に一回体の不自由な人や心に傷を持っている四人のために部屋を掃除して、ご飯を作っていました。王先生が帰国される時に開いてもらったパーティーで、四人の中で喋らなかった人が突然言葉を発しました。「王さん、あなたの作ったご飯本当に美味しかった」と言ったそうです。先生は涙が出ました。教室でただ聞いていただけの私もこの話を聞いて涙が出るほど感動しました。若い時のいじめが原因で話せなくなった人が突然別れる時ご飯が美味しいと言ったこと、その時の気持ちは言葉にしようとしても、言い表わせません。

王先生は本当にすごいです。日本語能力は際立ってすばらしいわけではありません。ですが先生のおかげで、私は日本に深い興味を持ち始めました。勇気を出せるようになりました。日本語が好きになりました。みんなが変わってきました。本当なのでしょうか。本当に日本ではゴミを分類していますか、サービス業は本当にすばらしいですか、日本で財布を落としても返ってくるって本当ですか、とかいろいろな質問があります。先生の行った国を見に行きたいです。先生の仰った世界を体験してみたいです。先生が美味しいご飯を作った時にできたような絆を、私も日本でつくってみたいです。

（指導教師　磯部香）

◉三等賞　テーマ「訪日中国人、『爆買い』以外にできること」

「おもてなし」日本はいかが

同済大学　郭瀟穎

「2020年オリンピックの開催都市は──Tokyo!」

その瞬間、日本代表団は皆、涙を浮かべながら歓声を上げた。日本の国歌を何度も歌った。当時の私は初めてこの言葉を知った──「おもてなし」。

2013年の9月、ちょうど私は大学に入学したばかりで、日本語を学び始めたところだった。その頃の私にとって、「おもてなし」というのは、五つの平仮名が並んでいるだけの言葉であった。本当の意味はよく分からなかった。しかし、日本語を勉強すればするほど、日本の「心」が分かるようになってきたのである。日本文化に関する本を読むだけではなく、自分でも日本を旅した。私は本物の「おもてなし」に触れ、心を打たれた。

去年の夏、日本へ旅行に行った。初めは京都。京都は日本情緒が一番溢れているところだ。私が宿泊したのはホテルではなく、民宿だった。丁重にもてなされたことは言うまでもなく、一番感心したのは、宿のおじいさんが私のスーツケースを持って、拭き始めたことだった。

普通、私はスーツケースの表面だけを拭くが、おじいさんはスーツケースのキャスターまで拭いた。私がびっくりしていると、おじいさんはこう言った。「私はもう何十年もこれを続けています。荷物がきれいになるばかりでなく、お客様の気持ちもさっぱりしますから。私はお客様が『ここに来てよかった』と思って帰ってほしいと思い、毎日これをしているんですよ」。ここまで言われると、涙が出るほど感動した。この国には細やかな「おもてなし」の心が溢れている。

日本の伝統文化の一つ「茶道」には、「一期一会」という言葉がある。一回を、一日を、一瞬を大切にするということである。「これから先、もう一生会うことはないかもしれないので、その一瞬を大事にする」という意味である。しかし、私の考えは違う。一期一会の本当の意味はそれだけではなく、たとえ一生に一度のことでなくても、自分でそう思うということである。だからこそ、何事にも誠心誠意、力を尽くす。日本の人たちは確かにその通りにお客様をもてなしている。

京都の次に訪ねたのは大阪。通天閣に行く途中の繁華街で、たくさんの看板を見て、面白いと思い、写真を撮った。その時、一人のおじいさんが、「旅行ですか」と私に話しかけてきた。「はい、そうです」と答えたが、少し心細くなった。異国での一人旅だったので、なんとなく警戒心を持った。しかし、おじいさんは私の心を見抜いたように優しく語り始めた。「心配しないでいいよ、どこから来ましたか」「中国から観光で来ました」「えっ、中国人でっか。私はね、ずっとこの辺に住んで仕事しているんですよ。あっちには温泉もありますよ……」。おじいさんは周辺を紹介してくれただけではなくて、若い時の話までしてくれた。その旅行は、観光旅行というより「感動旅行」となった。

中国では、普通偶然に一回だけ会うのはやはり「縁がない」という考え方をする。日本人は、一回会っただけでも前世の「縁がある」と思う。中国のホテルのロビーや部屋には、「賓至如帰」と書いた額が掛かっている。客人として来て、我が家に帰ったかのように感じることである。日本では、このような言葉に出合ったことはないが、「賓至如帰」の気持ちを実際に感じた。これは最高の「おもてなし」である。

日本での、このような心温まる体験は数えきれないほどある。日本への旅行は「おもてなし」の真心に触れて感動の連続であった。

文化という概念は抽象的な概念だが、「おもてなし文化」はすでに日本人の日常生活に息づいている。常に相手の気持ちに配慮し、一挙手一投足を通して「おもてなし文化」が日々の生活の中で体現されている。「爆買い」以外にできることはたくさんある。私は日本人の精神性を如実に表しているこの「おもてなし文化」に触れることが一押しである。

この国には、感動があり、喜びがあり、いい思い出がある。「おもてなし」日本、大好きだ。

（指導教師　池嶋多津江、李宇玲）

◉三等賞　テーマ「私を変えた、日本語教師の教え」

私を変えた「すみません先生」の教え

上海理工大学　洪貞

「来た、来た、新しい先生が」とクラスメートが大きな声で叫んだ。

うだるような真夏の暑さの中だったが、騒がしかった教室中がたちまちしいんとなって、扇風機の音しか聞こえなくなった。そしてみんなが、わくわくしながら、新しい日本人の先生が現れるのを待った。隣の王さんが耳打ちしてきて、

「ねえ、ねえ、聞いた？　今度の先生は凄いのよ。名門大学の卒業生だし、カリスマ日本語教師なんだって」

とささやいた。

「そう、よかったわ」と私は携帯をいじりながら、無愛想に返事した。

その会話が終わるや否や、うわさの主である新しい先生が入ってきた。年齢は40歳ぐらいの男性で、やさしそうな顔をしていた。

それほど期待していたこの先生の授業だったが、二日ぐらいで、これで本当にカリスマ日本語教師なのかなあ、と思うようになった。

というのも、この先生の教え方はこれまで受けた日本語の授業と全然違うのだ。文法なんか一つも教えてくれないし、難しい単語も一切使わない。ただ、鸚鵡返しのように簡単なセンテンスの復唱ばかり。たとえば、「すみません、トイレはどこですか」「すみません、銀行はどこですか」などと繰り返し練習させられた。

この先生は簡単なセンテンスを作っては、何度も読ませ、そしてちょっとセンテンスの内容を変えて、また何度も復唱させるのだった。そのおかげで、同室の王さんが夜中に「すみません、トイレはどこですか」と寝言を連発したこともあった。それで、私たちの間ではこの先生に「すみません先生」というあだ名をつけてしまった。

三日目の授業の時、この先生はまた、いつも通り、簡単なセンテンスの繰り返しを始めた。午後最初の授業だ

ったから、眠気が襲ってきた。教室を見回すと、携帯をいじっている学生もいた。そのとき、「すみません」というセンテンスがなぜか頭をよぎって、ついに我慢できなくなり、私は爆発した。

「先生、毎日毎日、こんな練習ばっかりするんですか。すごくくだらないじゃないですか。ほんと、変な先生で変な教え方だわ」と日ごろの不満が口をついて出た。

つられて、隣の王さんも発言した。「そうだわ。私、この授業の影響で、『こんにちは』というべきときに、『すみません』といっちゃったわ」

「そうだよ。こんな練習、どこに意味があるんだよ」と別のクラスメートの李さんがさらに火に油を注いだ。

私たちの剣幕に、「すみません先生」はしばらく黙って考え込んでから、話し始めた。

「早く日本語をマスターしたいという皆さんの気持ちはよく分かります。しかし、皆さん、清水の舞台のことを知っていますか。清水の舞台は高さ約12メートル、床には410枚以上のヒノキの板が敷き詰められていて、広さ約190平方メートルです。皆さん、この舞台は何で支えられているか、知っていますか。これほど広い舞台はたった78本のケヤキで支えられているのです。清水の舞台の柱になるにはケヤキは400年の生長期間が必要だそうです。つまり、何事も基礎、土台作りが大事です。78本の樹齢400年の柱の支えがあってこそ、日々多くの参詣者で賑わうこの舞台を何百年間もしっかりと支えてきたわけです」

ちょっと、間をおいて、先生は、また静かな口調で続けた。

「皆さんは、この間の練習は単調で、簡単すぎると思うかもしれませんが、決して、簡単なことではありません。ベテランのアナウンサーでも、番組が始まる前に、スタジオで50音を読む発声練習をしているそうです。皆さんも『すみません』のような簡単な言葉をマスターして、文化交流の柱になってほしい」

見るともなく窓の外を見たら、小さな木の苗が目に入ってきた。その苗は将来、立派な大黒柱になるでしょう。こう考えて、私はまた、本を取り出して、「すみません」の練習を始めた。

（指導教師　楊本明）

◉三等賞　テーマ「私を変えた、日本語教師の教え」

私を変えた、日本語教師の教え
―人生の大きな後押し―

南京師範大学　顧誠

日本語の勉強を始めてから、5年。顧みると、瞬時の出来事であった。長い人生のマラソンコースにおいて、あまりにも目立たない短い期間であったともいえる。それが率直な実感である。

しかし、この短期間に、私の人生の行方を考える機会は随時訪れた。いつも私の身近にいて後押しをしてくれた〝力〟との出会いがあった。それは、日本語を教えてくださる先生方である。学問だけに止まらない知恵と気品あるご指導に感謝を申し上げたい。

２０１１年夏のこと。砲煙弾雨のない戦争に勝ったように、私は一人の大学生になった。その時はフランス語に興味があったが、意外にも日本語科に合格した。日本語に対して特別な興味が沸かないまま、大学入学前の夏休みを過ごした。

大学入学後、いよいよ日本語の授業に触れてみると、失望感は瞬時にして消えた。日本語科の先生方から、私は感動を受けたのである。

今、私の記憶に最も印象深く残っていることは、劉旭宝先生である。先生は西南交通大学日本語科でもっとも高齢者であるが、全く年齢を感じさせなかった。

毎朝6時に起きて、7時半には必ず教室に来られた。一日の始まりを学生たちの朗読を聴きながら迎えることが何よりと考える先生である。授業中は、学生たちに質問を提出させることが、問題意識の持ち方を訓練するという理念が伝わってきた。

このように勤勉な姿と気品に、私は深い感銘を受けた。学習と仕事を並列的に位置づけ、真面目でしかも熱意ある取り組みがなければ、何事も首尾よく進まないと思うようになった。

この真理を学んだときに、人間は更なる進歩を遂げることができるのではないだろうか。私は深くから変わってきた。自己の専門を問わず、やる気があればこそ、成功の道は開ける。私は日本語をしっかり勉強することを決意した。

「日本人は働き蜂」という例えを耳にしたことがある。劉先生の勤勉な姿と気品は、日本文化を深く研究したことによって身に付けたのではないだろうか。日本語学習者が日本語を学べば学ぶほど、「勤勉な姿と気品」を身に付けることに繋がると思う。

実は最近、日本語学習を通じて自然美に対する感受性を学ぶことがある。大学院に入ってから、日本人教師の三澤健一先生と忘年の交わりの機会を得た。三澤先生はいつも日本語の美しさを説明されるのだ。とりわけ、昨年末の忘年会でクラスメートと一緒に「百人一首」という日本の古典的なゲームを楽しむ機会があった。楽しい雰囲気の中で、百首の和歌が伝える魅力に触れながら、日本人の自然を愛する心が感じられた。三澤先生が好む一首は阿部仲麻呂の作「天の原　ふりさけみれば　春日なる　三笠の山に　出でし月かも」。この短歌を読むと、そこに漂う生き生きした郷愁を感じる。「春日」や「月」のような自然の風物とともに、繊細な日本人の感情が脳裏を巡る。三澤先生は日本語の知識だけではなく、自然観を愛する日本人の姿を我々に伝えてくださったのである。四季、山、海などの自然を敬い、愛する姿を知り、人生への理解も深めることが開かれるはずだ。忙しい現代人に、このような感受性に触れる機会が欠けていることは残念だ。

私はこのように考えるとき、日本語に対する興味が深まり、日本語の学習意欲も沸き、人生の後押しを感じるのである。

私を変えて、そして後押ししてくれる力。それは、日本語の先生方である。私はいま人生の道程を着実に歩んでいる。真剣な心構えがあれば、可能性は無限であると信じている。そして、現代人がとかく忘れがちな自然に対する感受性を備え持つことが、人生を歩むために大切だ。日本語を学び始めてからご指導を受け、後押しをしていただいた日本語科の諸先生方に、感謝の気持ちを表したい。これを貴重な財産とし、更に明るい未来へ向かって旅立つことができる。

（指導教師　林敏潔、三澤健一）

◉三等賞　テーマ「私を変えた、日本語教師の教え」

45冊の本の重さ

浙江農林大学　李聡

何かを一杯に入れた二つのビニール袋を持った、背の高い男の人が歩いて来た。その方は私のクラスの作文の授業を担当されている遠藤先生だった。先生が持っていたのはクラス45人全員分の教科書だった。先週、私達は授業中に遠藤先生が出した作文の課題を教科書に書いた。チェックしたい先生は本を全て持って帰るより仕方がなかった。クラスメートは先生に作文の部分だけ破いた方が手軽ではないですかと言ったが、先生は「本を破くのはあまりよくないでしょう」とおっしゃった。それで、一人で45冊の本を持って帰り、今回やはり一人でそれを持って来たというわけだ。

班長と私は先生の手から袋を受け取って、その重さに驚いた。やはり宿題の部分だけ破いた方がよかっただろうと思った。私にとっては自分が楽になることが最も大切なので、全員の本を預かることは決してしない。そのような面倒なことをする理由は何なのか？学生に宿題を添削してあげると約束をした以上、守らなければいけないというようなお考えなのだろうか？たぶん先生は特別なお考えもなく、自然にそうしたのかもしれない。先生にとっては、本を大切にすることも、仕事として宿題をチェックすることも当たり前のことで、だから重くても頑張って運んだのだ。

新しい機械が苦手な父も最近は会社から帰ってきたかと思うと、もう居間でスマホで遊んでいる。スマホのゲームをやめろと私を叱ったことなんて、全然覚えていないらしい。

先日、スマホが壊れた私はSNSも使えず、アリペイ（ネットの支払いシステム）もできず、不便な生活を強いられた。現代人はスマホの奴隷という事実を深く感じた。その間、ガラケーを使っていた私は、遠藤先生も同じ機種を使っていることに気づき、先生のスマホも壊れたのだろうか、きっと新しいスマホが欲しいだろうと思った。その後、先生にガラケーを使っている理由をうかがって、私の推測が間違いであったことを知った。先生はこうおっしゃった。「スマホは便利だけど、今使っている携帯は長い間、私に付き添ってくれたので思い入れがあります。便利だからとすぐ新しい物を買うより、今使ってる物を壊れるまで大切に使った方がいいじゃないですか。日常の用事を済ますだけならガラケーで十分でしょう」。世界ではスマホにコントロールされている人が後を絶たないが、スマホの奴隷にならずに特別な姿でその中に立っている遠藤先生は尊敬に値する。不便でもスマホを使わないという決心は本当にすごい。

ある日、故郷の友達が遊びに来た。キャンパスで自転車に乗っている遠藤先生を見て、李さんの大学の先生、カッコイイねと感嘆した。実際の年齢よりだいぶ若く見える遠藤先生は、もう六十代なのに、会う度にその若々しさに驚かされる。日本人の先生は車より自転車のような環境に配慮した交通手段の方が好きなようだ。中国では六十歳以上の人間が自転車で出かける方が珍しい。若者の私でも、ちょっと遠い所へ行く時は、タクシーなどの手軽で速い乗り物を選ぶことが多い。先生が住んでいる所と授業をするキャンパスは遠く離れている。しかし、先生は速さと手軽さを追求しないで、古くても体と環境にいい自転車を選んでいる。

便利さと手軽さを求める風潮が益々強くなっている社会で、なぜそのような空気にのまれずに、落ち着いて平静を保てるのか。私達はよく、自分が浮き足立った空気に包まれていると感じる。しかし、それを逆らえない空気だと決めつけてしまっているのは自分自身だ。自分が大変だと思うことでも、見る人によっては小さなことにすぎないこともあるのだ。「45冊の本の重さ」と同じである。考え方次第でその重さは変わるのだ。

授業以外で遠藤先生と交流することはあまり多くないが、先生の日常の行動から学んだことはたくさんある。私も、世間の風潮に流されない、自分だけの信念に基づいた価値観を持った遠藤先生のような人になりたい。

（指導教師　鈴木穂高）

◉**三等賞**　テーマ「訪日中国人、『爆買い』以外にできること」

爆買い―忘れてはいけないこと

青海民族大学　佟徳

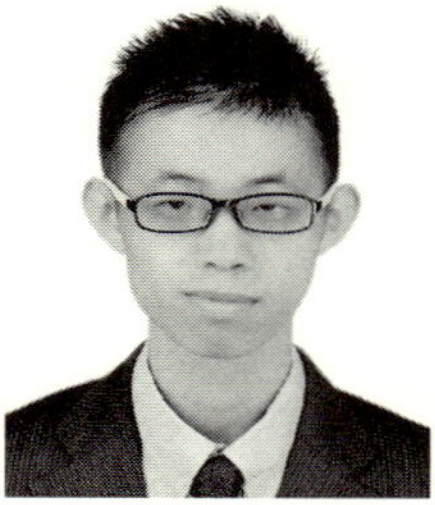

　爆買いは、悪いことだろうか。日本に行って日本の製品をたくさん買う。中国政府がどう思うかは別として、日本人にとっては悪いどころか歓迎されて当然のはずである。ならばどうして、中国人の爆買いがマイナスのイメージを持っているのか。一つ目は、中国人のマナーの悪さにある。レジに割り込んだり、店の中で大騒ぎしたり、しつこく値切ったり、万引きしたり、インターネットで調べてみれば何百件もヒットする。しかしそれは、たくさん買うことと直接の関係はない。爆買いと中国人のマナーの悪さがセットで語られるから、爆買いには悪いイメージがつきまとう。ではもし、マナーが悪くなかったら、爆買いは日本人の目にプラスに映るのだろうか。いや、そんなことはないと私は思う。買うのが中国人だから、日本人は少し茶化した意味で「爆買い」と言うのではないか。これが二つ目の理由である。中国の技術力は、数十年前まで日本の足元にも及ばなかった。そんな国から来た旅行客が、日本では別に珍しくもない製品を買いあさる。日本人にとっては優越感と、成り上がり者に対する差別感情が、根元にあるような気がしてならない。相手がもしアメリカ人だったら、爆買いとは言われてないのではないか。

　中国人が爆買いする理由はたくさんある。日本の製品は性能が良くて壊れない。日本製を大量に仕入れて中国で売る。お土産や賄賂にして自分のメンツを上げる。これらを考えれば、中国社会の現状が見えてくる。日本の製品の一番の魅力は、その信頼性にあるだろう。中国の企業はただ売れればいいと考えているから、どんなに壊れやすくても、たとえ宣伝文句と性能が違っても関知しない。「騙される方が悪い」のである。だから買う側も、企業を信じない。どうせすぐ壊れることがわかっているから、少しでも安いものを買い、壊れても諦める。そこに、売る側と買う側の信頼関係など育つはずがない。だから日本で便器を買う。炊飯器を買う。化粧品や薬を買う。そしてそれらを、外国に旅行できない人たちに高く売りつけたり、自分のステータスを認めさせようと他人にプレゼントしたりする。日本に行ったことがない私の僻みかもしれないが、そんなことをして虚しくはないのだろうか。

さて、中国人は日本で、爆買い以外に何ができるのか。富士山を見たり、温泉に入ったり、本場の日本料理を食べたり、文化を体験したり、せいぜいそれくらいだろう。しかし、そのどれをとっても、旅行なのだから当たり前である。わざわざ「爆買い以外に」などと言われなくても、世界中の旅行者なら大抵やっている。農村を体験するとか、一般家庭に滞在するなんて人もいるかもしれない。だが、そんなことは自分の国でまずやってみるとよい。海外旅行ができる経済力のある中国人は、中国の農村部がどれほど悲惨な状況にあるのかを知っているはずだ。それを知ったうえで、自国の現実から目を背けている中国人が、外国の農村などに行って何の意味があるだろう。

結局、旅行で日本を訪れた中国人が、旅行以外にできる特別なことなど、全くない。ただ、私は思う。もしひとつだけあるとしたら、爆買いしている中国人の姿をじっと見つめることだ。日本人に内心で笑われながらも、必死にメイドインジャパンを買い求める同胞の姿を見て、それを忘れないこと。私たちは知っている、中国にも日本と同じ製品を作る技術力があることを。私たちは知っている、中国製のものは信頼できないことを。そして私たちは知っている、この爆買い現象が長くは続かないことを。中国人が日本で、爆買い以外にできること。それは、爆買いする中国人とそれを冷ややかな目で見る日本人の姿を目に焼き付け、その意味を考えることだと、私は思う。

（指導教師　大滝成一）

◉三等賞　テーマ「訪日中国人、『爆買い』以外にできること」

人と人との交流で平和を守ろう

菏澤学院　李倩

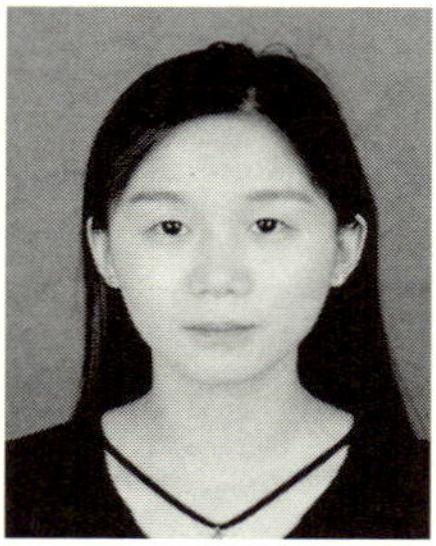

「さくら　さくら　野山も里も　見渡すかぎり……」

高校の時、テレビから美しいメロディーが流れてきた。この曲がきっかけで日本に興味を持ち、父に村上春樹の『ノルウェイの森』を買ってくれとせがんだりして、日本がどんどん自分の身近になってきた。

私たちは、望めば中国にいても日本の音楽を楽しみ、小説も読める。中日間の旅行も簡単にできて、最近は「爆買い」現象まで起きているほどだ。

しかし、今のこんな平和な生活のために、私たちの祖先がずっと奮闘努力してきたことを忘れてはならない。

「私のお父さんは朝鮮戦争の戦士だったんだよ」。何かの時に、祖父が話し始めた。「え、本当?」「近所に愛国烈士陵があって、お父さんもそこに眠っているんだ。毎年の清明節には墓へ土塊を重ねに行っているよ」

祖父によると、曾祖父は祖父が五歳の時に朝鮮戦争で亡くなったのだった。祖父は、子どもの頃から父の愛を受けられずに育った。だからこそ、祖父には戦争には絶対反対するという強い信念がある。

祖父は古い箪笥の中から曽祖父の日記や教科書などを出して、私に見せてくれた。私は従軍日記の内容や筆跡を見ながら、脳裏に曽祖父が戦争で戦っている場面を思い浮かべた。（ここに書かれた全部が、ひいお祖父さんが必死に生きた大切な歴史なんだ）と思うと、心がしんとした。日記の中に、「戦争で残るのは辛い思い出だけだ。各国の人民は大家族じゃないか」とあった。この言葉を読んだ時、泣くのを抑えるのが精いっぱいだった。

「生きて未来を見られるかな……。もし、できなくても、幸せな生活のために、私たちの子孫はきっと一生懸命に頑張っているだろう」。目の前に、常に死を見ながら書いた文だ。生きて帰れるかどうかは誰にも分からなかった。殺し、殺される現場、それが戦場だ。そして、ついに曽祖父はそこから戻れなかった。

「今、平和で幸せな生活が過ごせるようになったのは決して簡単なことじゃなかったんだ。だから、絶対にこの友好関係を大切に守るべきなんだよ」。祖父の一言は私の胸に深く響いた。

　現在、私は日本語学科の三年生だ。毎日、隣国日本の言語や文学について楽しく勉強している。

「天の原　ふりさけ見れば　春日なる　三笠の山に出でし月かも」

　今、私たちが授業で練習している百人一首の中の阿倍仲麻呂の歌だ。彼は遣唐使として中国に渡り、ついに日本に帰ることなく、生涯、唐王朝に仕えた人物として有名である。古代、日本は中国に10数回も遣唐使を派遣して大陸文化を摂取してきた。

　中国で一生を終えた阿倍仲麻呂の望郷の歌を、現代の中国人の私たちが学んでいる。中日両国は昔からずっと大きな川の流れのように、交流を続けてきたことを改めて感じた。両国の祖先の血は素晴らしい未来を築くための触媒になってくれているのだ。

　確かに、私たちには戦争の残した傷があって、歴史の記憶を忘れるわけにはいかない。しかし、だからこそ、私たちは、祖先の平和への願いを受け止めて、中日両国が仲良くするために何ができるかを考え、努力するべきだろう。

　最近、訪日する中国人はとても多い。しかし、品物や買い物ばかりが話題になっているのはとても残念だ。古代からの中日文化の交流の跡が、日本に行けばどこにでもあり、いつでも交流を体験できるというのに……。

　衆知の通り、中国と日本は一衣帯水の隣国だが、日中戦争後、中国人は日本を全然信頼できなくなった。今、日本人の中国人観も悪いと聞く。だけど、これでは、両国の「平和と発展」に尽くしてきたお互いの祖先のかけがえのない命と、子孫に託した希望は無に帰してしまう。

　自分の生活だけ、自分の国だけのためだけじゃなく、同時に隣国の人々のために、できることをやろう。中国人も、日本人も偏見を捨てて、顔の見える交流を図るのが大事だ。せっかく手に入れた平和の価値を忘れず、私たちも努力して未来を築いていこう、祖先がずっとそうしてきたように。

（指導教師　田中弘美）

◉三等賞　テーマ「あの受賞者は今――先輩に学び、そして超えるには？」

先輩を超えるには

江西農業大学南昌商学院　劉嘉慧

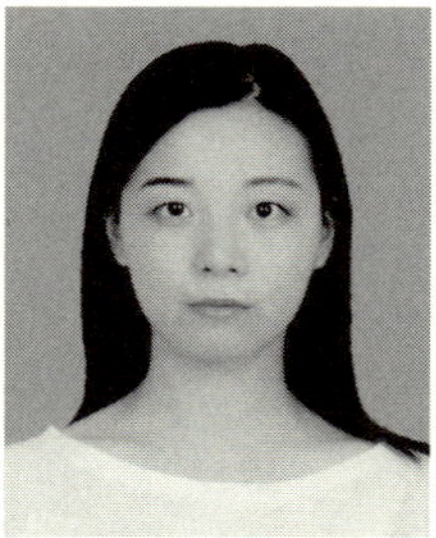

「四月もすぐそこ。新生活を機に、新しいことに挑戦したい……」。これは一年生の時、クラス内で行われた暗唱大会の文章の一節だ。その日、私は中庭の片隅の木陰で一心に文章を朗読していた。

突然、後ろでカシャッという音が聞こえて振り返ると、そこには一面識もない学生が髪をかきあげながらカメラを持ってこちらを見ていた。「あ、ごめんね。真剣な顔で朗読していた姿を見て、思わず……」

雲一つもない晴れた青空の下、そよ風が頬を撫でる。彼女の笑うと可愛いえくぼが印象的だった。

「大丈夫です。あのう、撮影が好きなんですか」。私は聞いた。「ええ。大好き！　私も日本語学科の学生ですよ」。彼女は私の持っている原稿を見ながら微笑みながら答えてくれた。

このことがきっかけで私はカメラの先輩と知り合った。彼女は二年上の先輩でアニメ「たまゆら」を見てから撮影に夢中になったそうだ。日本に行って本格的に撮影を学ぶのが彼女の夢だという。そして、今はそのために日本語を一生懸命勉強している。夢を追うために頑張っている先輩はとても美しく見えた。試験のためだけに勉強している他の先輩より、夢がある彼女に魅力を感じた。

希望の大学に入れなかったことを言い訳にして、ただ親や先生に言われるままに勉強している私は当然成績も悪かった。毎日が面白くなかった。私も先輩のように日本語に打ち込めることのできる興味を見つけたい。きっと発見と喜びがいっぱいあるに違いないだろうと思った。

ある日、私はひょんなことから学校で定期的に行われる寄席を見に行くこととなり、落語研究会の二年生と三年生の先輩の演じる落語や漫才に出合った。先輩たちが演じる落語を見た時、ビビッと電気が全身に流れるのを感じた。舞台上には二人しかいないのに、落語に至っては一人しかいないのに、先輩たちは堂々として自信に満ちて観衆に精一杯笑いを振りまいていた。私はこれだと思った。残念なことに日本語を勉強して一年足らずの落ちこぼれの私にとって、先輩たちが舞台上で何を言っているのかさっぱり分からなかった。でも、私は舞台の先輩のように落語を演じたい。みんなを笑わせたいと思った。

寄席が終わるとすぐにカメラの先輩に連絡した。その日の寄席で見たこと、聞いたこと、感じたことを全部話した。今の自分の能力では到底できないだろうということも話した。先輩は黙って私が話し終わるのを待って、「みんな初めはそうよ。私もそうだった。カメラのこと、撮影のこと、解らないことだらけだった。知らないこと、解らないことは学べばいいじゃない。興味があるなら、好きなら絶対にできる。絶対上手になれるよ。やってみよ！」

その後、先輩に言われた通り、私は落語研究会に申し込んだ。そして一年を経て、寄席で落語を演じるまでになった。最初、練習の過程はとてもつらかった。覚えなければならない台詞は山のようにあり、一人で何人もの人物を演じ分けるのは大変だ。毎日台詞を繰り返し朗読したり、細かい身振りを練習したりした。諦めそうになることは何度もあったが、その度、先輩から言われてきた言葉を思い出した。「好きなら絶対にできる」

ついに寄席の幕が上がった。観客の一人一人の笑っている顔がよく見える。七分間の落語をやりきった。会場からこんな大きいな拍手をもらったのは初めてだ。自分はなぜ落語が好きなのか改めてわかった気がする。先輩の言った通り、好きなことをする喜びもわかった気がした。落語が好きで本当によかったと初めて感じた。

「好きなら絶対にできる」という言葉は私を何度も励ましてくれた。自分に挑戦して好きな落語を演じることができたのは先輩の励ましがあってのことだ。「ありがとう。先輩」。好きなことをやっている喜び、舞台で輝ける自分を気づかせてくれた。「ありがとう。落語」

（指導教師　森本卓也）

◉**三等賞** テーマ「訪日中国人、『爆買い』以外にできること」

聖地巡礼の旅

外交学院 張靖婕

「ちはやぶる 神代もきかず 竜田川 からくれなゐに水くくるとは」

夢の中にもこの句が繰り返し出てきた。目を覚ましたらちょうど関西国際空港に着くところだった。「やっぱり、さっきまで考えていた事が夢にも現れたんだ」と思いながら、これから始まる旅に胸をふくらませた。それは今年の冬休み、近江神宮を訪れた時のことだ。『古今集』の中にあるこの句は、漫画『ちはやふる』の主人公、千早の大好きな一句である。この漫画は競技カルタを題材にして、綾瀬千早という少女がカルタクイーンの座に向かって努力する過程を描いた作品だ。偶然の巡り合わせでこの漫画と出合った私は、千早の百折不撓の精神に感心して、百人一首カルタが好きになり、それが高じて聖地巡礼の旅に出たのだった。「近江神宮って一体どこにあるのよ。神社に行きたいなら出雲大社や伊勢神宮といった歴史的文化財のあるところに行けばいいのに」と、私が出発する前、友人は言うのだった。私は心の中で、だってあそこは『ちはやふる』の舞台で一つの聖地なのよ、とつぶやいた。

信じられないような幸運に恵まれて訪れた日、競技かるたの全国大会がそこで開催されていた。ひっそりと静まり返っている見守りの中、選手は札を混ぜて暗唱し、そこに漂う空気は厳かだった。物音一つたてないような静寂の中で札が読み上げられ、歌には独特なメロディーがあって、みんなの心を落ち着かせた。それを聞いた選手は当たっている札を探し、観客は緊張して見ていた。選手がその張りつめた空気を破るまで、会場の時間は止まったようで、私は息すらできなかった。一生懸命に札を取る選手たちの姿を見て、カルタへの情熱が深く感じられ、カルタ初心者として本当に感心した。静寂を破る読手の声を聞くと、目の前に漫画の情景が広がって、『ちはやふる』という漫画の世界に入り込んで、千早がどこかでカルタを取っているように思えた。

幸運が重なり、試合を見に来た『ちはやふる』ファンの女の子に出会った。思いがけずカルタのことから日本の歴史や文化までいろいろ話して、なんと『ちはやふる』の聖地を案内してくれた。千早の通った道を歩き、千早の行った所を訪れることによって、自分なりの追体験ができた。目の前の世界が漫画の場面と繋がり、私自身、生き生きと実感できた。千早のいる世界が本当に存在していて、千早がそこで元気に暮らしている心象風景が心の底から浮かんできた。別れのとき、彼女が箸をプレゼントしてくれたとき「箸はね、架け橋の橋と同じ発音なの。中日の友好交流じゃなくて、同好交流を私たちの世代から始めようよ」と話した。今回の旅は、人でいっぱいの観光地へは行かず、私にとっての聖地巡礼をしたり、同好の友人と話をしたりして、普段の旅行にはない一味違った体験ができた。自分の好奇心や感動したことにこだわって日本各地を歩く、感動追体験型の旅行は有意義なものだった。買い物ばかりしている旅行では「旅行」の本質を見失ってしまう。

今の時代、ACGN（アニメ、コミック、ゲーム、ノベル）に興味を持つ若者がだんだん増えている。好きな作品を契機に作品の聖地へ追体験型の旅行をすることは、作品ファンとしても旅行者としても、さらに人的交流の使節としても有意義な旅だと思われる。今後、日本側もACGN愛好者が旅行できる環境を整備してほしい。ある調査によると、中国の漫画人口は約9280万人だという。しかしこの中の多くが巡礼の旅に出たいと思っている。しかしACGNの聖地は観光地として今一つ整っていないようだ。私もこの旅をするにあたり、準備段階から大変苦労した。もしあの時、試合会場でいろいろと案内してくれた友人に出会わなかったら、たぶん私は相当困ったと思う。これからは追体験型旅行者向けの案内を充実させることを望んでいる。

「いつかまた会おうね、千早」

（指導教師　岩川司、鈴木昭吾）

◉三等賞　テーマ「私を変えた、日本語教師の教え」

中川先生

合肥学院　高璟秀

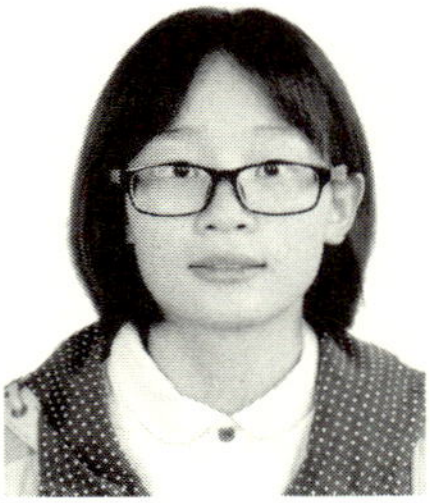

四月の合肥は少し暑い。斜めから差すジリジリとした太陽の光が、校内に並ぶ桜から漏れ出し、歩道は斑模様になる。帰路の途中、私は不意に、そのピンクの蕾がはちきれそうに膨らみかけているのに目を留めた。きっと、すぐにきれいな花が咲くのだろう。

「ね、知ってる？　先月、三年生の先輩が日本に旅行にいったんだって」

「羨ましいなぁ。私も日本に行きたい！」

「先輩は中川先生の家を訪れたそうだよ」

「そっか。中川先生が中国を離れてもう一年になった。懐かしいね」

それはある休日の、私とクラスメートの会話である。着ている洋服が汗ばみ始めるこの日差しが、私たちに以前の日本人教師、中川先生のことを思い出させた。

時は少しさかのぼり、私が一年生の時になる。合肥の九月はとても暑く、少しうるさく感じるほどの扇風機の回転音の中で彼女は自己紹介をした。「私は中川です。よろしくお願いします」。彼女は微笑んで言った。初めて見た彼女は、その華奢な体に不釣り合いな程の大きな鞄を下げており、私は妙な親近感を抱いたのを覚えている。ところで、私の授業での成績は、実はあまり良くはない。なぜなら私にはずっと訛りがあり、日本語の発音や聞き取りがうまくできなかったからだ。そのため私は、自分の会話を上達させるために中川先生の行う日本語コーナーに参加した。日本語コーナーというのは毎週一回七時から九時まで行われる会話練習のことだ。

ある日いつものように日本語コーナーが終わり、私がかばんを片付けていると、凛とした声が私の耳に届いた。「高さん、少々待ってください」と、彼女は言った。そして「高さんの発音は綺麗ですね。その調子ならすぐに上達しますよ」。彼女は微笑んで言った。しかし私は「でも、私はいつも『な』と『ら』の違いが分からず、どうすればいいかわかりません。ずっと、ずっと悩んでいました」。堪えきれずに涙を流していた。「大丈夫ですよ。二年生の先輩も同じでした。しかし練習し続け、その結果今の発音は本当に綺麗になりました。だから泣かないで。一緒にがんばろう」と、彼女はハンカチをそっと手に置いてくれた。

その夜から、先生は私の発音練習に毎晩付き合ってくれた。私にわかりやすいよう、私専用のプリントを用意し、先生が先に読む形でシャドーイングをした。何度もした。いつしか私は、発音練習をすることよりも、先生に会いたいがために、練習しに行っていた。先生との会話、交流、その一つ一つが私を彩っていくようだった。先生と過ごす日々が日常と化したそんなさなか、私にとって認めたくないニュースが耳に届いた。それは、先生が任期満了のため日本に帰国するというものだった。

「えっ、なんで？」。瞬く間に教室の中に寂しげな空気が漂いはじめる。私にはクラスの雰囲気も、そして自分自身の感情もどうすることもできなかった。そして待ち望むことのない最後の日、先生は私たちに常に努力し勉強し続けてほしいとの願いを込めて、とてもきれいな和紙を一人ずつ手渡した。私の和紙にはきれいな桜が描いてあった。

別れてもう一年が経ち、私は二年生になった。先生の教えを受け、私は変われたのだろうか。それは今でもわからない。ただ一つだけ言えることは、私は先生と関われて本当に嬉しかったということだ。彼女との信頼に私は何度救われ支えられたことだろう。今の私があるのは、間違いなく彼女のおかげであると、胸を張って言える。勉強で挫けそうになる度、和紙の貼ってある場所を見上げる。すると耳元で先生の声が響いてくる。「頑張ってね高さん！　高さんは真面目な人です」と。先生はいつも私の側にいると思う。

ぴとっと汗ばんだ肌にくっついたシャツを心地好く感じながら、そっと目を閉じる。爽やかな風と共に淡い匂いがふわっと、鼻に流れ込んできた。桜の蕾はもう、開きかけている。

（指導教師　汪瑋嘉、渋谷征典）

◉三等賞　テーマ「私を変えた、日本語教師の教え」

日本人の先生が教えてくれたこと

吉林華僑外国語学院　陳倩瑶

「そこまでやる必要はあるの？」。それは大学に入る前の夏休みのことです。私はインターネットで日本のテレビ番組を見ていました。その番組では、ある日本人がどうやってトマトを切れば、トマトから汁を溢れさせずに切ることができるのかを研究していました。精密な科学機器まで使って包丁の角度を検証していたのを見て、私は違和感を抱きました。「トマトから汁が溢れても、後で洗えばいいだけなのに……。どうしてこのようなことをこんなに真面目に調べているんだろう」。当時の私は、日本人のそのような真面目さはただ手間がかかるだけで、意味のないもの、必要のないものだと考えていました。

しかし、大学に入って、実際に日本人と出会って、私の考えは大きく変わったのです。あれは一年生の時の作文の授業でのことです。その時に私たちに作文を指導してくれていた先生は、平野先生という女の先生でした。その授業で平野先生は私たちを叱りました。平野先生が何回も指摘してくれたことを、私たちがまた間違えてしまったからです。「どうして分からないの？　私の授業が分からないの？」と言いながら、先生は声を震わせて怒りました。私は恥ずかしくて、ずっと下を向いていました。しかし、反省をしながらも頭の中では「ですやら、ますやら、であるやら、そのぐらいのことといいじゃないか。先生はどうしてそんなに怒るんだろう」と思っていました。しかし、ふっと先生の顔を見上げると、その目は涙で潤んでいました。「先生が泣いている！」。私は驚きのあまり、おろおろしてしまいました。まさか授業で先生が泣いてしまうとは、それも私たちが間違えたことで先生が怒り、そのせいで先生が泣いてしまうとは夢にも思わなかったのです。

どうして先生は泣いてしまったのだろう。私はいくら考えてもわからなかったので、しばらく経ってから平野先生に直接尋ねました。すると、先生の口から思いもかけない答えが返ってきました。先生が泣いたのは、私たちに腹が立ったからではなく、しっかりと私たちを教えられなかったことに責任を感じ、自分を責めたからだというのです。私はその答えに言葉を失いました。このことは私たちのせいなのに、先生は学生を責めるのではなく、まず自分を責めるなんて。先生はなんて真面目な人なんだろうとしみじみ思いました。

先生のこの答えを聞いて、私は以前に習った日本語の「職人精神」という言葉を思い出しました。日本には職人精神というものがあります。日本の職人たちは極みに達するまで、何十年かけても同じことを繰り返して自分の技を磨くといいます。この職人精神の根底にあるものは、「真面目さ」というものではないでしょうか。日本人の先生も、言葉の指導に全力をかけて取り組んでくれました。それもまさに職人精神だと思います。いかにしてトマトの汁を溢れさせないかという話でもそうです。日本人は、どんな些細な事でも、職人精神を持って極みを追求することで、より良い世界を作ろうとするのです。

平野先生を泣かせた件は大学生活の中では、たった一つのシーンに過ぎないのですが、私にとっては人生の宝物です。平野先生は日本語の作文を教えてくれただけではなく、自分の仕事に臨む姿勢をもって日本人の職人精神を私たちに教えてくれたのです。日本人の先生も、トマトの汁が溢れないような切り方を研究する人も、日本の職人たちも、皆「一つ一つのことに一生懸命」です。それに比べて、私や私の周りの人々はどうでしょうか。勉強に対しても、生活の中のいろいろなことにしても、つい怠けたり、楽な道を選んでしまったりしてしまっていないでしょうか。「真剣」「真面目」という日本語をしっかり胸に刻み、生活に、仕事に取り組んだら、きっと私たちに素晴らしい変化をもたらしてくれるでしょう。

（指導教師　西澤真奈未）

◉三等賞　テーマ「訪日中国人、『爆買い』以外にできること」

青春18きっぷの景色の中へ！

常州大学　王婷

1枚のポスターを見た。美しい雪の中でひっそりと、けれどもあたたかい灯を灯す小さな駅の写真。そして、「僕らが降りた終着駅は、誰かの旅の始発駅でもある」のキャッチコピー！　胸が震えた。感動した。これは、2013年冬の富山県城端駅を映した青春18きっぷのポスターである。叙情的な写真とこのキャッチコピーが私の旅心を誘う。私は日本の景色と日本語の持つ力にただただ感服してしまった。

私は写真撮影が大好きである。カメラで美しい景色を撮影することが一番の楽しみである。友達や家族の笑顔や生き生きとした姿を撮影することも楽しい。でも、四季の移り変わりの中で見つけた小さな自然の美しさを写真で撮影することのほうが、もっと私は好きだ。空や海、公園に咲いている花や草や木、地面の落ち葉、その一つ一つが、何も語らないが、自然や命の尊さを訴えていると思う。だから、いつも私が出かけるときは、カメラが一緒である。

そんな、私が感動したポスター。これは、日本のＪＲが発行している青春18きっぷのポスターである。青春18きっぷとは、ＪＲ線の普通・快速列車に自由に乗り降りできるきっぷである。なんと、年齢にかかわらず利用できるそうだ。いつでも人が青春に戻れるこの名前ももちろんきっぷも素晴らしい。

私は夢中でこの他の青春18きっぷのポスターを検索した。2016年青森県五能線から見た真っ白に雪をかぶった岩木山の景色「9時52分　私はいま、遅い春を迎えに行くところです」。一人旅が好きな私の心情も同じである。2014年春、「『ずっと友達だよ』と言うかわりに、みんなで旅にでた」のポスターは、美しく桜が咲いている徳島県小島駅という小さな駅を何人かの友達が訪れている。友達と行くのもいいかもしれない。

昨年、私は、ルームメートと一緒に日本へ短期留学する計画をしていた。期待に胸を膨らませながら準備していたのに、さまざまな原因によって、私は日本に突然行けなくなった。ルームメートからは、毎日のように日本から多くの写真が送られてきた。日本語研修の様子や、日本の街並み、着物体験や茶道体験、本当に毎日羨ましくて仕方なかった。そして帰国した彼女は日本で体験したことをいろいろ詳しく話してくれた。聞けば聞くほど残念だった。そんなときに、このポスターに出会ったのである。

中国人は日本で大量に買い物をし、それが「爆買い」と言われているらしい。しかし、多くの訪日中国人がすべて常識をはずれた買い物をするわけではないだろう。爆買いという言葉を聞いて私はそう思っていた。日本観光庁の最新の調査によると中国人観光客はリピーターが増え、現在、「爆買い型」から「体験型」へと変わりつつあるらしい。中国人も日本文化を自分の目で、耳で聞き、実際の日本生活を体験することを希望しているのである。

２００９年山口線篠目駅「大人には、いい休暇をとる、という宿題があります」。２０１０年高山本線の景色「車窓に映った自分を見た。いつもより、いい顔だった」。そうだ。私たち中国人観光客にとって、日本へ観光するための休暇は宿題だ。人の真似をしてはいけない。独創的な宿題を自分自身の力で創らなければならない。そうすれば、車窓に映った自分の顔は、いつもより一層よい顔になるに違いない。

１９９９年北海道川湯温泉駅の小さな改札口「ああ、ここだ、と思う駅がきっとある」。この切符は誰でも買える。訪日中国人ももちろんである。私もこの青春列車に乗って、好きな駅で降りることができるのである。

私は、日本へ行ったら絶対この「青春18きっぷ」を買って日本を旅行したい。18歳の若者のように、未来に対する憧れを胸いっぱいに抱いて、カメラを持って日本の各地へ行こう。一人で降りたいと思った駅に降りて、美しい景色を探そう。私の心に響く私だけの写真を撮影しよう。きっと私の一生の中で忘れられない思い出になるに違いない。その日のために、私はカメラの腕を磨こうと思う。

（指導教師　古田島和美）

※キャッチコピー原文には正しくは全て句点が付きます。

◉**三等賞**　テーマ「訪日中国人、『爆買い』以外にできること」

日本語を学ぼう

楽山師範学院　王弘

さて、翻訳しよう。しかし、今回の翻訳は何回目なのか。一、二、三……もう数え切れない。面倒くさいな。最近悩んでいる。

何を翻訳しているの。なぜ悩んでいるの。

こう聞かれると、もう我慢できない。「爆買いのせいだよ」とカンカンになって答える。昨日、日本旅行から帰ってきた友達にこう頼まれた。「日本語できるよね。化粧品の使い方の翻訳、お願い」と。今日は、英語科の先生から「ネットで買ったばかりだけど、説明が全然わからないんだけど」と頼まれた。大変だ。明日はどうなるの。天気予報はあるけど、依頼予報があれば助かる。もう商品の使い方、注意事項などの翻訳は勘弁してほしい。

日本語を学んでから四年間。基礎知識、日常会話、一定の日本語能力をつけた。それでも、化粧品、薬、食べ物などの商品説明を訳すことは難しい。第一、外来語が多い。タマリンドとか、アミノ酸とか、ぜんぜん分からない。そして、専門用語だ。糊料、豆みそ、米みそって何だ。ゼンゼン分からない。いちいち調べるのも面倒くさい。しかし、頼まれた以上、イチイチ調べないといけない。今更だけど、分かったことがある。日本語を学ぶことは楽しい。日本語を活かすことは辛い。

ああ、他人に化粧品の名前を訳すため日本語科に入ったわけではない。そう考えているうち、去年の夏を思い出した。

それは日本への旅だった。東京、岩手、宮島。僅か一週間だったけど、温泉、和食、楽しかった。夜、東京の街を回る。初めての日本旅行だったから、ピカピカの東京タワーを見ながら、日本の美しさに惚れた。「日本はいいな」と思わず言ってしまった。東京タワーの光の下、我々はデパートと免税店で汗を流す。ホテルへの帰りに両手に何個も袋を持ち、バスで体の疲れを味わう。その一瞬また「日本はいいな」と思わず言ってしまった。

帰国したとき、私はスーツケースギリギリいっぱいの荷物を収穫。友達Aさんも満杯だった。友達Bさんは更に日本でスーツケースをもう一個買った。そして、飛行機で自慢げに「丈夫だし、お買い得だった」と言った。

これを思うと、爆買いもありえないことでもないように思った。何にせよ、国内では、無駄遣いをしない理性的な消費者である私でさえ、日本では、人間の体内に潜んでいる消費衝動が誘われた。日本は不思議な国だ。

何でだろう。中国人は日本で爆買いする。そもそもなぜ日本でだ。気になることは二つある。一つは中国国内で売っている商品はそこまで使えないのか。もう一つ、中国人はアメリカ、ヨーロッパで爆買いして、次に、なぜ日本でも爆買いするのか。

難解。経済、政治、心理専門家に任せるべきだ。私ごときはただの学生、こういう分析はできない。だが、それでも日本語科の学生なりに気づいたことがある。また最初に戻るけど、商品の翻訳だ。

日本の商品に良さがあると思っている中国人。そして、商品名、使い方、注意事項などが知りたい中国人。そうすると、スゴクいいアイデアがある。私は、一人の日本語科の学生として日本の商品、日本文化に興味を持つ人に初級レベルの日本語を教える。

基本的な五十音図から、簡単な文法へ。教えるのはやさしい。学ぶ方も楽。こうすると、自分で商品に載っている文字が読めるし、分からなくても調べられる。

最近、私の教え子が「日本文化は面白い。もっと知りたい」と言ってくれた。このような人達が日本語を学んで、それから日本文化に興味を持ち、さらに日本人とコミュニケーションをし、中日交流へ力を尽くしてくれる。

私も日本語と四年間の付き合いで日本に興味を持つようになった。自分はどれほど中国人に日本の美しさが伝えられるか自信がない。でも、自分のできる限り、日本語だけではなく、日本に住んでいる人々の優しさも中国の皆さんに教えたいと思う。

そう思うと、爆買いもいいことではないかと考えた。だから、皆さん、爆買い以外に一緒に日本語を学ぼう。

（指導教師　加藤浩介）

◉三等賞　テーマ「私を変えた、日本語教師の教え」

忘れられない先生

揚州大学　仲思嵐

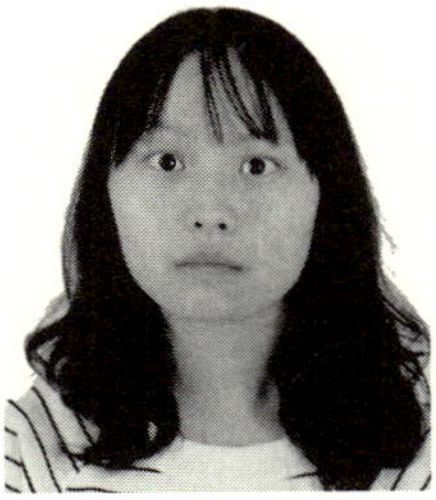

人生のいくつかの重要な時期、その一言、その行為、あるいはその眼差しが、人生を大きく変えるきっかけになることを私は体感した。２０１４年9月14日、憧れの大学生活の始まる日、私はドキドキしながら複雑な気分とともに、大学生の一員になった。自分の専門に対する見解の大きな転換点を迎えることになる。

中学生のころから日本語が好きなので、日本語科に入れ嬉しかったが、両親はそうではない。大学の学科選択について、いつも厳しい父と喧嘩した。結局私は自分の希望を貫いた。しかし、入学後も親は諦めない。私が勝手に決めたことを責め、専攻を変更させようとして、「このことは、あなたにとってとても大事なことだから、将来のために親の言うとおりにするほうが間違いない」と説得した。夜中に日本語を続けるかどうか深く考えるとなかなか答えが見つからない。両親からの有形無形の圧力は私から日本語を学ぶ気力を失わせていった。ところがその時、張研先生が私を励まし、張研先生の言葉に私は目から鱗が落ちたのである。

その日、夜の12時近く、私はまた眠れない。ブログに自分の困惑や悩みなどを書き連ね、発表した。すぐ一つのメッセージがきた。思いがけないことにそれは先生からのメッセージだった。「早く寝ましょう。すべてが良くなりますよ」と簡単だったが、先生の優しさを感じた。翌日、先生はお忙しいのに、わざわざ私の悩みを聞いてくださった。両親は私に専攻変更を求めていることを先生にお話し、先生のご意見をいただいた。「とにかく冷静に、ご両親ときちんと相談する必要があります。もし日本語を諦めたくないなら、元気を出して努力して自分の選択が間違っていないことを証明しましょう」とおっしゃった。先生のご助言は私に勇気を与えた。私は先生のアドバイスを受け入れ、当日家に帰ると、「今までお父さんとお母さんの言うことなら、私は何でも従いましたが、今度はどうしても自分の心に従って行動させてください」と自分の気持ちを伝えた。両親は一言も言わない。驚きを表情に表していた。こぼしているだけでは何にもならない。先生が言われた通りにやる気を出し、精一杯日本語を勉強し、私の決心を行動で示す。この方法で親の承認を求めることにした。努力の結果、第一学年でよい成績を得た。予想外の成績を見た時、両親の口もとに微笑みが浮かんだ。私は私の行動が正しかったことを確信した。ついに待ち望んだこの日がやって来た。自分の頑張りはもちろんだが、日本語の先生の教えと励ましは大切だと思う。特に、張研先生は、きちんと一生懸命私が分かるまで教えてくださる。先生の教え方がすごく上手で、授業中楽しい雰囲気を作ってくださるから、日本語を勉強すればするほど興味がわく。張研先生のおかげで、ひどい状況を脱し、両親の理解を得て夢を追い続けていこうと改めて決心できた。

今でも先生に初めてお目にかかったシーンをはっきり覚えている。その朝、始業のベルがまだ鳴らない早い時間から先生は教室で私たちを待っていらした。「おはようございます」と優しく微笑みながら学生たちに声をかけ、いちいち頷く張研先生は、黒い髪をひとつに束ね、落ち着いた色のスーツで、端整な様子に見えた。きっと親しみやすい先生だと思った。日を追うごとに私が初対面で得た先生についての見方は深まった。私の記憶の中で張研先生は一度も怒ることがなく、いつでも笑顔でおられる。その慈愛に満ちたまなざしと表情は魅力的だ。

先生が「人生には正解はいくつもあります。一番大切なことは、自分に嘘をつかないことです」と話された。このことをずっと肝に銘じている。もし張研先生に教わらなければ、私は恐らく迷い続け、日本語を諦めていたことだろう。先生の教えから分かったことは、夢の力を信じること、そして自分自身の力を信じることである。心の底から感謝している。

（指導教師　柴田公子）

◉三等賞　テーマ「私を変えた、日本語教師の教え」

郊外の湖は、きっと綺麗だろう

東莞理工学院　劉権彬

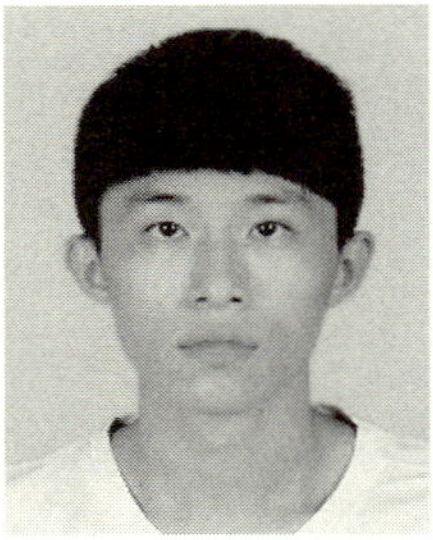

毎年、新しい葉っぱが出てくるのを見かけると、私は必ずおばあちゃんのことを思い出す。

あの日、私はおばあちゃんの「早く起きなさい」という声を夢心地で聞いた。私が目を開けると、おばあちゃんは、「公園に行こう」とにこにこしながら言った。私は「せっかくの週末なのに、どうしてこんなくだらない理由で起こされたのか」と思ったけど、結局何も言わず、おばあちゃんと一緒に公園に行った。

公園には、春が近づいていた。おばあちゃんは機嫌がよさそうで、いつもより話が多くなった。新しい葉っぱを見て、おばあちゃんは「新しい葉っぱが出てきているよ。つぼみが開いて、花が咲いて、蝶々と鳥が飛んで、春はいいな」と言った。私は「ただの春だろう。春は毎年来るから、大したことじゃない。それに、冬が来たら、全部枯れる」と文句を言った。すると、おばあちゃんは笑って、何も言わないでずっと木の葉を見ていた。「僕、帰る」と私は怒ったように言って、友達の家に遊びに行った。この時が、私が見た最後のおばあちゃんの姿だった。

その夜、外から家に帰ると、父が切ない顔をして私に「おばあちゃんが脳卒中で入院してしまった」と言った。私はあまりの驚きに声も出なかった。「もしかして、けさ僕がおばあちゃんの気に障るようなことを言ったせいか」と自分を責めた。二日後、おばあちゃんは亡くなってしまった。人の死は、いつもテレビの世界だけにあると思っていたので、突然身近な人が世の中から消えて、私は死を非常に恐れるようになった。ちょうどその頃は大学の入学試験の最中で、結局考えてもいない大学の、しかも日本語科に入った。

私が教わった日本語教師の名前は入江だ。入江先生と付き合う時間が長くなると、彼はとても愛想がよくて面白い人だということがわかった。それに、彼は完璧主義者であり、汗っかきでもある。だから、夏には、彼はいいイメージを保つために、紳士らしい優美な振る舞いで汗を拭きながら、授業をする。彼は時々、我々男子学生を誘って飲みに外へ出る。そして、ある飲み会での先生の教えが、私を変えた。

入江先生はお酒を飲みながら、私に「お前は外見は気さくな人なのに、どうしてこんなに陰気なのだ」と聞いた。確かに、私はおばあちゃんが亡くなった後、気持ちが暗くなって、大好きなパーティーにいっても、テンションが上がらなかった。昔の陽気な私に戻れればよいけれど、そんな気にはなれなかった。でも、その時は先生に、私は思わずおばあちゃんのことを話してしまった。先生は私の話を聞いた後、酒の瓶をそばに置いて、「あのな、冬のおかげで、古い葉っぱは土の上に落ちて、それで、その土はその葉っぱの栄養をもらってどんどん肥えた土になるんだよ」と言った。私は先生の葉っぱの話に聞き入った。命は枯れても、他のものに得をもたらすということか、と考えていると、「お前は私の願いを知っているかい」と先生が汗を拭いながら聞いた。「私の願いは授業中に突然死ぬことだ。そして、お前ら男の子が私を運んで近くの湖に投げるんだ」。中国人は自分から死について話すのを嫌がるので、私は慌ててなぜそんな話をするのか聞いた。すると先生は「日本人は死を恐れないよ。日本は地震が多いから。だから、我々日本人は自分が後悔しないように毎日を生きているんだ」と笑いながら言った。

その瞬間、私は、ぽっと明るくなった。私にとっては、日本人は死についての見方が「斬新」だ。日本人は死そのものは怖くない、怖いのは生きることに消極的なことだ。どうしてあの日おばあちゃんは私に葉っぱのことをいったのだろうか。きっと当時入学試験で意気込みのない私に、葉っぱのように若々しく生きてほしかったのだろう。

「明日郊外へピクニックに行こう」と先生がお酒を飲みながら言った。私は元気があふれて、「はい」と大声で叫んだ。郊外の湖、きっと綺麗だろう。

（指導教師　土肥誠）

◉**三等賞**　テーマ「訪日中国人、『爆買い』以外にできること」

僕が爆買い以外にできること

運城学院　郭建斌

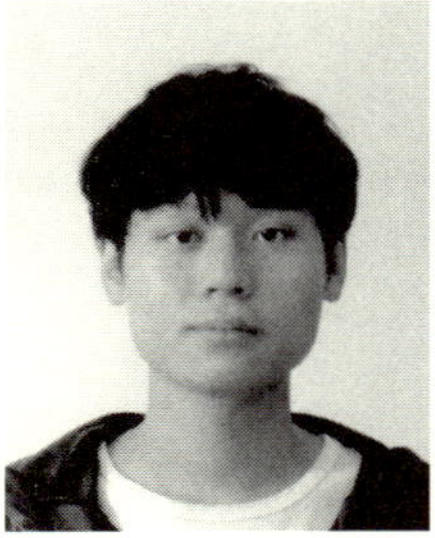

「また爆買いか、近頃こんなニュースが本当に多いなぁ」

毎度、中国の観光客は日本の免税店でたくさんの物を買う。近年、中国のウェブサイトでも日本のウェブサイトでも、いわゆる「爆買い」のニュースを見ることが多い。特に中国の連休、春節や国慶節の時など、大勢の観光客が日本へに行って日本で売られている商品を買っている。

自分の家にもいくつもの日本製品がある。確かに日本製の物は品質がいい、そして値段も案外高くないと思う。しかし、外国に行って、買い物だけすればいいなんて、ちょっとつまらないと思う。日本へ旅行する人が、ただ買い物だけが目当てなんて、残念なことだと思う。

もし僕が日本に行けば、必ず彼らと違うことをすると決めている。買い物だけしか知らない観光客とは違うことをすると決めている。

彼らは、実は、本当の観光客ではないと思う。大学で日本語を勉強している私は、他の人よりは日本のことを知っている。だから、もちろん日本製品から古い文化まで、魅力がいっぱいあることを知っている。では、爆買い以外に、（まだ日本に行ったことがない）僕がお勧めする日本の魅力的なところはどこにあるのか？　その前に少し、僕自身の話をする。

僕の家から大学まで、普通の汽車で12時間以上かかる。汽車に乗る前に、その日のご飯を買わなければならない。もちろん、ご飯とはいえ、普通のカップ麺である。それは、中国では汽車に乗る時、誰もが食べる物である。駅待合室には、カップ麺を食べる専用の机すらある。カップ麺に特徴はなにもないが、もはや国民食と言っていい。

大学一年が終わった時、高速鉄道が半開通した。僕は高速鉄道にとても興味があった。スピードは普通の汽車より三倍ぐらい速いし、座席も普通の汽車より気持ちがいい。だから、学校に来る時も旅行の時も、僕は新幹線を選ぶことにしている。

高速鉄道で旅行する時、必ず昼ご飯は汽車の中で買って食べる。しかし、どこに行っても、汽車の弁当は大体同じで、代り映えしない三種類の野菜と米である。値段によっても若干違うが、大体同じ弁当である。しかし、日本に留学した先輩によれば、日本の新幹線の各駅には必ずその土地の特色のご飯、つまりご当地弁当があるという。そして、新幹線の中で売られている弁当も、汽車が今通っている地域の材料や特産を使って作られるという。料理の味や材料はもちろん、弁当の箱や包装も地域や店の特徴があるという。先輩から話を聞いて驚き、強い興味を持った。そして思った、「全部食べてみたい！」

もし、日本に行く機会があれば、私は必ず日本のいろいろなところへ旅行すると決めている。そして、乗り物は新幹線を選ぶ。なんといっても日本の新幹線の写真を撮ることができる。そして窓から日本の町と自然の風景も見ることができる。もちろん、最も大事なことは、車内で各地方の弁当を食べることだ。北は札幌のカニから、浜松のウナギ、神戸の牛肉、広島のカキ、福岡の明太子、そして鹿児島の黒豚などだ。日本各地の特産品や名産が、新幹線の中で、車窓から産地を見ながら食べられるのである。これは、とても素晴らしいことだと思う。こんなことができるのは、世界中で日本だけじゃないだろうか。

今年の夏、三か月間だが、日本へ行くチャンスを得た。暇な時間を利用して、新幹線や電車に乗って、日本各地のご当地弁当を食べに行けるかもしれない。最も期待していることである。どんな店で売っているのか、飲み物も各地の特徴があるのか、車内販売は中国と同じなのか、日本人は車内で何を食べているのか、噂通りに弁当の作り方も丁寧なのか。日本に行ったら、新しい世界が開ける。これはチャンスだ。

爆買い以外にできることって、あれっ？ 僕の提案って、車窓からその土地を見ながらご当地弁当の爆食い？（笑）

（指導教師　瀬口誠）

◉**三等賞**　テーマ「私を変えた、日本語教師の教え」

私を変えた日本語教師の教え

煙台大学　闞洪蘭

このテーマを目にした時、すぐ浮かんできたのが大原先生でした。先生のおかげで、テキストでは教えてくれないいろいろなことを学ぶことができました。

2年ほど前、大学に入った時、先輩たちから大学生活や勉強に関する様々な情報や面白いことを聞きました。一番多く耳にしたのが大原先生のことでした。先輩たちは「あの先生は厳しくて、宿題が多いよ」「真面目に先生の授業を聞いたほうがいいよ、そうしないと試験合格は難しいよ」と口をそろえました。そのためか、どんな先生なんだろうと興味を持つようになり、大原先生本人に早く会ってみたいと思いました。初めて会った時の印象は優しくておしゃれな中年女性というイメージでした。なんだ、まったく違うじゃないかと思いました。しかし、それは最初だけでした。

授業はとても厳しく、噂の通り宿題も山ほどでした。しかし、それだけではありません。大原先生は20年ぐらい日本に住んでいて、日本国籍を取った中国人です。日本人の生活習慣や考え方をよく知っています。一番印象深かったのはゴミの話です。授業の時、中国の国内の観光地のゴミの写真をよく私たちに見せながら、「どうして私たちの国ではゴミを勝手に捨てるんでしょうか。皆さんも気持ち悪いと思うでしょう。中国人の愛国は口だけじゃないですか。皆さん、ごみを捨てないでください」と言いました。「確かに、第二次世界大戦で日本は中国に忘れられない大きな傷を残しました。それが中日友好の障碍になっているのは確かです。しかし、経済において、中国と日本の間にはなお大きな差があります。日本のいいところを学ぶのはいいことじゃないですか」。先生はそう言いました。先生の言葉に感銘を受けました。

大原先生はとてもまじめで、面白い人です。私たちにポイ捨てしないように厳しくするだけでなく、キャンパスでごみをポイ捨てする学生を見かけたら必ず注意します。ほとんどの場合は「すみません、もうしません」となりますが、時には「誰に言ってるの？　あなたは俺たちの先生じゃないから、説教するな」と言ってくる学生もいます。それでも先生は始終変わらず注意し、説教します。そんなことを聞くたびに、私たちは「先生はどうして余計なお世話を焼くのですか」と先生に尋ねました。すると先生は「今の大学生はマナー意識が薄いから、今注意しないと、一生そのままで、それが習慣になるかもしれません。お節介かもしれないけど、誰かがしないといけないと思いますよ」と答えました。その通りだと思いました。

一年前の外国語歌コンテストの時もそうでした。折よく司会者はクラスメートでした。先生は司会者に「みんなに終わった時ごみを持って帰るようにしっかり伝えてください」と言いました。司会者が「先生、それは、ちょっと。観客は外国語学院の学生だけじゃありませんので」と説明したら、先生は「これはいいチャンスじゃないですか。もっと多くの人にいいマナーを覚えてもらいましょう」と言いました。先生のようにまじめで、厳しい人は以前見たことがありません。信念を絶対曲げない、本当に立派な人だと思いました。大学には授業が終わったらすぐ帰る先生はたくさんいます。成績こそがすべてだという考え方を持っている人もたくさんいます。しかし、大原先生のように小さなことからコツコツとやり始める人は少ないと思います。先生は大物でもなく、大きなことをやっているわけでもありませんが、偉い仕事をやっていると思います。小さなことですが、自ら実行している姿は学生に大きな影響を与えています。今も先生は相変わらず道具を持って、私たちとよくゴミ拾いの活動をします。授業が終わったら必ず皆に周りのごみを持ち帰るように注意します。そんな先生の下で、私たちも少しずつ意識が変わっています。

（指導教師　金花）

◉**三等賞**　テーマ「訪日中国人、『爆買い』以外にできること」

一度「深夜食堂」へ行こう

浙江農林大学　蔡偉麗

日本に行ったら、一日、日本人になって、普通の日本人の生活を体験したいです。例えば、日本の勤め人と同じ時間に朝の満員電車に乗ったり、主婦が買い物をする時間にスーパーに行ったりします。それらのことをしたら、日本人の本当の生活と日本文化をもっと知ることができます。

やりたいことはたくさんありますが、私にとって、一番やりたいことは「深夜食堂」で美味しくて温かい料理を食べながら、日本人と一緒にお喋りすることです。「深夜食堂」は私の最も好きなドラマの名前です。このドラマは深夜しか営業していない風変わりな〝めしや〟を舞台に、やってくる客たちの人間模様を描いています。

「深夜食堂」の最大の魅力は、主人公と客との交流です。日本では、「食堂」はレストランではなくて、小さい料理屋だけを指します。夜が更けてあたりがひっそりと静まってから、お客さんが平凡な料理を食べながら、世間話をするところが、私はとても好きです。その場のすべてに、本当の人間、本当の人生を感じます。無口なマスターが台所でお客さんの料理を作るのに忙しくしていて、できあがった料理は簡単ですが温かな情感を伝えてくれます。

私は日本に行って、そのようなお店を探します。お店に入ると、店員は親切な声で「いらっしゃいませ」と言ってくれます。席につくと、お茶とおしぼりはすでにテーブルの上に置いてあります。それから、美味しいものを注文します。中華料理に比べて、日本料理はより精緻で健康的です。小さな店の料理は食べる人に自分の家のような温かさを感じさせます。日本料理はあっさりしていますが、栄養価と外見も重視しています。

食文化はいつの時代でもその民族の特徴を反映します。日本料理ももちろんそれに当てはまります。中国人は、日本の文化に対して、日本の女性に感じるのと同じ印象を抱いています。どのような印象かというと、さわやかだけれど、今ひとつ実像が掴みにくいような感じです。でも料理なら、食べれば味を身体で直接感じることができますから、しっかり実像を掴むことができます。だから、日本料理を食べるのは日本文化を理解するのに良い方法です。

料理屋の中では、あなたの隣に座るのは仕事が終わったばかりの会社員かもしれないし、たくさんの経験を積んでいたお年寄りかもしれないし、勉強の息抜きに来た学生かもしれません。その人たちの言動を観察してみましょう。日本人と中国人の、飲食店での振る舞い方はかなり違います。日本人はいつも料理を残さないできれいに食べています。料理を残すことが多い中国人と比べて、日本人のこの習慣はとてもいいと思います。隣の人とお酒を飲みながら、本音や悩みなどを言います。そうすれば、日本の普通の人々の生活や考え方を本当に理解できると思います。

これは、高級なレストランではなく、必ず庶民的な料理屋でしなければなりません。なぜだと思いますか。旅行ではお土産を買うだけではなく、観光地の風土や人情をを身に沁みて感じることが大切です。このようにすれば、その旅行は無駄になりません。高級なレストランを選ばない理由は、庶民的な料理屋にはとても人情味が満ちあふれているからです。食べ物もレストランの料理より、もっと日本の特色があります。

爆買いした物は遅かれ早かれ必ず壊れます。しかし、あなたが食べた料理のその味はきっといつまでも忘れないでしょう。日本の文化を体験したら、日本に対する印象はもっと深まります。これはお金では買えないものです。

日本で製造されたものはとても使いやすくて、品質もいいです。しかし、日本には商品ばかりでなく、様々な文化やマナーがあります。ですから、日本に行って、狂ったように買い物をするだけではもったいないです。伝統文化である庶民的な料理屋へ行って、特色のある料理を食べて、日本人の生活をよく体験しましょう。

（指導教師　鈴木穂高）

◉三等賞　テーマ「私を変えた、日本語教師の教え」

鈴木先生の矢印

浙江農林大学　陳怡

日本語を学び始めてもう三年になる。日本語のおかげで日本人の友人も何人かできた。その中のある女の子が中国語を勉強している。彼女はまだ初学者なので、中国語を自然な感じで話せない。そういう時、ミスを訂正してあげるべきかどうか、よく迷う。

確かに、訂正しなくても彼女の言う意味は理解できる。訂正したら、恥ずかしい気がして私と中国語で話すことに自信がなくなるかもしれない。だから、指摘してあげなければ彼女が上達しないことが分かっていても、やはり彼女のメンツを潰さないためには遠慮した方がいいんじゃないかと思っていた。

しかし、鈴木先生が、私のそういう考えを変えた。

「日本語には漢字が多いから勉強しやすいでしょう」。日本語をあまり知らない人はよくこう言う。日本語を学ぶ前は私もそう思ったが、実際やってみると案外難しかった。類語表現が多い、外来語が覚えにくいなど、日本語を勉強する中で、「難しいなあ」「私は外国人だから、そんなに上手でなくてもかまわないか」「多少ミスがあっても相手は理解してくれるだろう」とよく思ってしまった。そして、文法に間違いがなければ大丈夫だろうと思っていたので、話すのも文を作るのも適当にしていた。そこへ鈴木先生が救世主のように現れた。「文法や表現の大きなミスはないけど、添削します」と言い、「↓」を使って私が書いた文を一つずつ日本人らしい表現に訂正してくださった。非常に厳しくて真面目な先生だと感じた。

先生とチャットする時、「そうですか」と返事することが多いのだが、他の表現を使ってみようと思って、教科書で勉強したばかりの「なるほど」を使ってみた。すると先生から訂正の返事がすぐにきた。こう書いてあった。

なるほど。　↓　分かりました。

どうしてそう言うのかと考えていたら、その理由もすぐ教えてくださった。「目上に対しては『なるほど、そうなんですね』と言ってください。ただ、目下から『なるほど』と言われるのを好まない人も多いので、できれば使わない方がいいです。一番適当な言い方は『分かりました』です」。たった四文字の言葉についてこんなに丁寧に説明してくださったことにびっくりし、感動した。また、先生が文を訂正する時に「↓」を使って誤文と正しい文を両方記すのは、より分かりやすくするための配慮であることも分かった。

先生は一、二年生だけでなく三、四年生に対しても不自然な文を見たら必ず訂正している。日本人は曖昧な民族であると言われているが、先生の行動は単刀直入という感じだ。

「鈴木先生とチャットするのは面倒だな。どこか間違ったら絶対矢印を使って訂正されちゃう。それはいいけど、いつも訂正されると日本語の自信がなくなっちゃうよ」とよく友達から文句を聞く。先生もそのことはご存知のようだが、あまり気にしないようだ。「たくさん書いて、たくさん間違ってください。そうすればどんどん上達します。語学は辞書や教科書だけでは分からない知識が山ほどあります。ですから、分からないことはどんどん遠慮せずに聞いてください」とよくおっしゃっている。

全ての間違いは成長への道。その道を教えてくれる人に感謝の気持ちを持つべきだと私は思っている。良薬口に苦し。先生が工夫をし、「↓」を使って文を訂正してくださるのは本当にありがたいことなのである。相手は先生だから、どんなに恥をかいてもかまわないのだ。社会に出たら、自分のミスを先生のように熱心に訂正してくれる人は少ないだろう。そして、自分のミスが簡単に許してもらえることもありえない。大きなミスを避けるには、小さなミスから心に留め、指摘され次第直す習慣をつけておくことだ。そうすれば日本語をマスターできるだけではなく、人生も明るい未来を迎えられるだろう。

だから、今度日本人の彼女と中国語で話す時は、きっと遠慮せずに、鈴木先生のように「↓」を使って訂正してあげようと決意した。

（指導教師　遠藤明生）

◉**三等賞**　テーマ「私を変えた、日本語教師の教え」

先生と万年靴と私

東北大学秦皇島分校　李慧玲

「ほら、あの音、聞こえる？濱田って日本人の先生の足音だよ。いつも同じ靴。きっと寝るときも履いたままだよ、あの万年靴」

「えー？　本当ですか？」

先輩と私がひそひそ話してる。廊下は先生の足音と私たちの笑い声が響いてる。新入生の私は濱田先生の授業がないから3つだけ覚えた。濱田なんとか先生。日本人。そして、あの万年靴。

あの足音が聞こえて廊下ですれ違う。そんな繰り返しが始まった。万年靴とワイシャツにネクタイ、ジャケット、たまにニットベスト。秋も冬も春も、色が変わるだけ。いっつもおんなじ恰好。あーあ、平凡でつまんない。

私は平凡な服装なんて耐えられない。毎日自分のスタイルで着飾る。自分も家族も友達も認めるほど、おしゃれが好き。おしゃれは気分が一変する。何だか特別な存在になった感じだ。

でも、なぜだろう。鏡に映った私がふと着せ替え人形に見えた。私の外側をいくら着飾っても、私の内側が変わらないままだからかな。疑い始めた途端、怖くなった。道に迷った。私の二十歳、深い霧に包まれた。

春が終わる頃、学内の日本語スピーチコンテストに参加した。ただ何かを変えたかった。霧の中にいたくなかった。霧の中にいることを忘れたかった。緊張のためか、スピーチした自分は思い出せない。覚えてるのは、ホッとして席に戻るとき、真っ赤な顔で審査員の濱田先生に挨拶したことだけだ。「先生、おはようございます」。すると、先生は「잘했다」と微笑んでくれた。あれっ？　朝鮮語？　混乱した頭とは裏腹に、私の胸がじんとしていた。朝鮮族の私には聞き慣れた言葉「よくできたよ」だったから。万年靴が優しく響いた。

二年生になって、待ち望んだ先生の授業が始まった。

授業は平凡ではなかった。いつも豪快な笑い声とユーモラスな効果音で包まれていたし、教育への情熱が伝わってきた。先生も授業を受ける私たちも輝いていた。

初めて先生が直してくれた作文は今も忘れられない。助詞一つ、単語一つ、どんなに些細な間違いにも丁寧な解説があった。解説は元の作文の倍はある。今も先生の課題が一番好きだ。互いの情熱をともにぶつけることができるから。

最近も「好きな歌詞のレトリック分析」という課題があった。私はaikoさんの大ファンで、中でも「カブトムシ」という恋の歌に魅了されていた。でも、歌詞の分析は、その歌詞の言葉のようには甘くはなかった。単語を辞書でひいても隠された意味やリズムまでは伝わらない。母語に頼らず日本語のままで考えなければいけなかった。逆に単語や修辞を意識しすぎると、歌詞の構成やつながりが見えなくなる。難しくて時間がかかる課題だったが、考えれば考えるほど引き込まれていく不思議な魅力があった。一つずつクリアしていくやりがい。大学生らしい課題をしているような自負心。そう、きっとやりとげてみせる。先生に認められるため、自分の情熱を形にするため。できる限りの時間を課題に使って三日後に、やっと完成した。すぐ提出した。届いた先生のチェック。「難しいのによく頑張った」という最初の言葉。数日間の努力を見守ってくれていたかのような安心感があった。「僕も、この解釈に賛成です」「僕の解釈は少しだけ違っています」、先生の丁寧なコメントが続いていた。一つの単語の意味からレベルの高い分析まで、それには先生の専門知識、真心、情熱が込められていた。読み進めるごとにわくわくした。読み返すたびに感心した。いや、言葉では表せなかった。先生の学生になることができて、本当によかった。

つまらないと思っていた先生が、私たちの大学生活を特別なものにしてくれた。平凡に思えた先生が、欠かせない特別な存在になった。

霧が晴れ、光が差し込んだとき、どこかから先生の足音が聞こえた。早く駆けつけて挨拶しなきゃ。「先生、いつもありがとうございます」と。

（指導教師　濱田亮輔、張璇）

◉三等賞　テーマ「訪日中国人、『爆買い』以外にできること」

最高の「お土産」を求めて

——欲しいモノより、会いたい人

南京理工大学　羅亜妮

日本だけでなく海外旅行に行く時、中国人はいつも爆買いをする。しかし、日本での爆買いだけは批判する中国人も多い。原因の一つは歴史だろう。

3年前に私が日本語科を選んだ時、祖母が反対するかと心配だった。祖母は日中戦争で多くの親族や友人を亡くした。しかし意外なことに、祖母は私の選択に賛成してくれた。

祖母は76年前のことを話してくれた。戦争を避けるために、祖母の家族は全員山へ逃げた。祖母は夜に道に迷って家族を見失い、一人で泣いていた。そして、一隊の日本兵に出くわした。祖母は「もう終わりだ！」と思ったそうだ。ところが日本兵は彼女を広い道まで案内して、果物の缶詰をくれた。夜が明けて、家族は彼女を探し当てた。彼女が持っていた缶詰は、毒があるかもしれないと思って誰も食べる勇気がなかった。それで、鶏に与えたところ、鶏は缶詰の果物を食べて全く大丈夫だったそうだ。戦争という極限状況の中でさえ、祖母が出会った日本兵は私たちとは全く違う「悪魔」ではなく、私たちと同じ「人間」だったのだ。

私は日本語を学び初めてからだんだん日本に対する考え方が変わってきた。他人の意見に依存するのではなく、自分の目で日本を理解して日本人と付き合うことが重要だと思うようになった。

実を言うと、もし日本に行くチャンスがあれば、私はぜひ再会したい人が何人もいる。

南京理工大学には毎年、創価大学の学生交流団が来る。彼らは毎回、南京大虐殺記念館を訪問する。私は今年の三月に来学した水田さんという男子学生とお互いにメールアドレスを交換して、時々連絡を取り合っている。例えばどんな簡単な文法の問題でも水田さんはいつも詳しく説明してくれる。実は、私と水田さんは南京で実際に会う機会がなかったが、クラスメートのおかげでインターネット上で交流している。もし日本に行くチャンスがあったら、ぜひ創価大学を訪問したい。水田さんに会って「いつもありがとう」ときちんと話したい。

また二年前、私は叔父の会社で二週間の実習をした。その時、市川さんと竹平さんという二人の30代の出張者と出会った。市川さんは本当に親切で、日本に戻る前に、一冊の本を私にプレゼントしてくれた。しかしその時、私は自分の日本語に自信がなくて、市川さんをきちんとお見送りしなかった。連絡先も知らないままで、心残りがある。一方、竹平さんとはメールアドレスを交換し、帰国後も写真を送ったり、生活のいろいろな小さなことを分かち合ったりしている。もし日本に行くチャンスがあったら、二人と再会して、市川さんにはあの時お見送りしなかったことを謝って、本のお礼を言いたい。そして、竹平さんには、いつもお世話になっておりますと直接話したい。

水田さんや市川さん、竹平さんと知り合う前の一年生の時、私は日本へ一週間旅行したことがある。東京、大阪、富士山の三つの典型的な観光地を巡った。私は初めて日本に来た興奮でドキドキして全然眠れなくて、深夜に外でぶらぶらした。帰る時に道に迷ってしまって、通りかかったお爺さんにホテルの場所を尋ねた。お爺さんは詳しく説明してくれたうえに、分かりやすく地図を描いてくれた。もしあのお爺さんにもう一度会うことができたら、お爺さんが描いてくれた地図のおかげで、ホテルに無事に到着できたことを報告して、お爺さんに出会えてよかったと感謝の気持ちを伝えたい。

旅行とはただの買い物と見物ではない。買ったものはやがて古くなり、見た風景は忘れるかもしれない。しかし、人間同士の交流は時を経て深まるものだ。旅行で出会う最も美しい景色は何より「人」だと私は思う。

国と国との交流には何らかの利害や目的があるものだ。しかし、人と人の交流は純粋である。もしもう一度日本に行くチャンスがあって、水田さん、市川さん、竹平さん、そしてあのお爺さんと再会できたら、私にとってそれ以上の「お土産」はない。

（指導教師　中上徹也）

◉三等賞　テーマ「訪日中国人、『爆買い』以外にできること」

訪日中国人、「爆買い」以外にできること

——日本との出会い

嘉興学院　李琳玲

最近、大勢の中国人が日本へ行くようになった。大量の品物を買ったことで、爆買いという新しい流行語ができた。これを聞いた私はびっくりした。わざわざ国境を越え、海を渡って、買い物をする以外にできることはないのかと。日本という異国を知るのが目的なら、まだ意味があると思うが、買い物をしたいという気持ちだけならば、とんでもないことだと思う。

「旅とは、自分が住む井戸から脱け出て、世界が広いことを実感することだ」と森本哲郎は言った。日本という民族は世界では特別だ。日本ならではの神社や祭りなどもある。そして、単なる観光より、古い料亭やお茶屋などに出かけるのも、日本を知る一つの方法かもしれない。それがきっかけとなり、より自然に日本を理解できる。ところで、日本語では「一期一会」という言葉があり、すなわち、ある一瞬の出会いは、もしかしたら自分の一生でただ一度の機会なのかもしれない。しかし、日本を全然知らない状態なのに、すぐに一足飛びにあこがれる人が多すぎる。日本の一見に値するものを見ないで、たくさんの日本製品を買うという行動を、残念とは感じないのだろうか。

三年前、大学入学試験を受ける私は非常に強いプレッシャーを感じ、急にどこかへ行きたくなり、日本へ旅行することにした。たった五日間の旅行だったが、貴重な体験となり、三年過ぎた今でも私の支えであり、時には励みとなり、時にはパワーの源となってくれた。三年前の私は日本語が話せなかった。ところが、毎回片言でも自分の言いたいことが相手に伝わった時、計り知れない満足感が味わえたことを今でも覚えている。そうして私は日本人の友達——梨絵さんに出会った。彼女は旅行先のホテルのウェートレスで、きめの細かい肌にきらきら光る目をしていた、静かな声でとても

穏やかに話す人だった。夕食をとるためにそのレストランに行くと、「今日はどこに行きましたか」と尋ねられた。それから、私はその日のしたことを楽しく話したのである。

彼女は私が古書が好きだということを知った後、私を千代田一帯の「本の街」に連れて行ってくれた。古い街並みにしっくり溶け込んでいる店は、完全に愛読者の天国だ。さまざまな古書店をはしごして歩いた後、近くの喫茶店で足を休めた。最も印象に残ったのは、使い古されたテーブルや椅子に、ぼんやりと灯った照明……そんな懐かしい雰囲気の店が集まっていることに、私は心を打たれた。それから、五十年近い歴史を持つ店で、買ったばかりの古書を眺めながら、コーヒーを飲んでくつろぐひと時は、格別だった。時々、遥か彼方から鐘の音が流れて来たりもした。今も昔も人々の心を和ませ続けている。あの界隈は「古くて、よいもの」を大切にした街で、ぶらぶらと歩いてみれば、日本人が大切に伝えてきた「よいもの」を見て、聞いて、実感できるはずだ。数日間の新鮮な体験と、感動の積み重ねを通し、中国人である私たちが、何処かに置き忘れてきた心の豊かさやゆとりのようなものに触れることができた。これは日本での貴重な体験となった。また、私の夢の所――京都へ行った。京都で、もう数百年もの間姿を変えずに存在し続ける文化を、今なお肌に感じ、堪能することができた。

滞在中の最後の夕食の時、梨絵さんはおしゃれなキャンディを私の手に置いた。その時、辺りが暖かい空気に包まれるのを感じた。短い旅行だったが、日本人の親切や優しい心が溢れていた。食べずにいつの間にか溶けてしまったキャンディ。しかし、日本での思い出はいつまでも溶けることはないだろう。彼らと言葉も違い、生まれた国も違う私が向き合った日本。できれば、日本を訪れたのなら、歴史や文化などを考えてみたほうがいいと思う。時代は変化を好む。これから私たちが進んでいく未来が、幸福な未来になるように、日本との出合いを胸に刻んで、私は歩んで行きたい。

（指導教師　暢宝仁、小林新）

◉**三等賞**　テーマ「訪日中国人、『爆買い』以外にできること」

私の心に残った日本での経験

大連外国語大学　李達

「爆買い」という言葉は去年、日本の流行語大賞を受賞した言葉です。その言葉は訪日中国人が日本の家電量販店や百貨店などで、根こそぎとも言えるほどの購買意欲を見せつける姿を描き、中日両国に広がっています。大勢の中国人が「爆買い」と言われるショッピングを目当てとして日本を訪れていますが、私の考えは違います。せっかく日本に行ったのに、家電製品や日用品しか買わないまま帰ってしまうことは本当に残念なことだと思います。日本には、デパートで安く買える商品より、もっと大切なものがあるはずです。

去年、私は日本で短期研修をしました。その時、旅先の日本人との交流を通して、日本文化をよりよく理解することができ、新しい日本を発見した気がしました。日本での経験が今でも私の心に残り、それが今後の人生の役に立つものにもなると思います。

日本語を勉強し始めた時の私は本当に日本語が下手でした。あれは大学一年生の日本語会話の授業でした。私は友達と一緒に、親子のやり取りについて発表しました。私が「母、行ってきます！」と言うと、先生は笑って「日本人はね、自分のお母さんに対して、母とは呼ばないんですよ。お母さんと呼ぶんだよ」と言いました。「一番親しい母親のことなのに、なぜ日本人は敬語を使うんだろう」と不思議に思いました。しかし、日本に行ってその理由がわかりました。

日本での短期研修の間に、私はたくさんの日本人と仲良くなり、一つの家族になったような気がしました。帰国する前、皆さんが私のために送別会を開いてくれることになり、私は自分の送別会だからと思い、Tシャツとジーンズというラフな格好で行きました。とても楽しく過ごしていたのですが、二次会である年配の方から、「できれば今日は、スーツを着て参加して欲しかったな」と言われ、私ははっとしました。さらに「せっかく来たんだから、日本の文化を教えてあげましょう。それは親しき仲にも礼儀ありということですよ」と親切に教えてくれました。私は穴があったら入りたいほど恥ずかしくなり、自分の行動を反省しました。

その時、私は突然一年生の時の「母」と「お母さん」の使い分けを思い出し、目から鱗が落ちました。日本人は親が一番親しい存在であると同時に、一番大切な存在でもあることを意識し、家族に愛情を持ちながらも、その呼び方については礼儀を重んじているのではないでしょうか。「親しき仲にも礼儀あり」、これが日本を訪れた私が得たものです。家族にも、友達にも、恋人にも、迷惑をかけた時「ごめんね」、何かもらった時「ありがとう」の一言を忘れずに、その関係を大切にしなければならないと思います。「親しき中にも礼儀あり」の大切さを教えてくれた日本人に出会えて本当に良かったです。

このように、日本人と直に接することで、私は「爆買い」よりもっと大切なことを得ました。それは旅先で親切に教えてくれた方々のおかげだと思います。日本を訪れて、「爆買い」で求めたものの豊かさより、日本人の優しさや日本文化の素晴らしさが与えてくれた心の豊かさの方がもっと大切ではないでしょうか。「爆買い」以外に、私たち訪日中国人は日本を一つの国として様々なことを経験し、そして多くの日本人と交流することで、できる限り日本の文化を理解すること、これが一番重要なことだと私は思います。

日本での経験が今でも私の心に残っています。帰国後、我が国にも中国のことをよりよく理解しようと思っている日本人がたくさんいるだろうと思い、私は大学の中日交流の一環で、日本人に中国語を教えるボランティア活動に参加しました。この活動を通じて、中国のことをより多くの日本人に知ってもらいたいです。そして日本人との交流から、私も日本のことをさらに深く理解したいと考えています。そのために、私はこれからも中日交流に力を捧げ、中日友好の架け橋になろうと思います。

（指導教師　永嶋洋一、関承）

◉三等賞　テーマ「私を変えた、日本語教師の教え」

日本語のニュースから学んだこと

東華大学　劉小芹

「うわーん！　もういやだぁぁぁぁぁ！」

私はぴしゃりと電子辞書の蓋を閉じて、ペンをノートの上に放り投げました。

日本語の文字がびっしりと書いてあるパソコンの画面を見た母は、「大学生ってまだ夏休みの宿題があるの？」と唖然とした様子で呟きました。

昨年の夏休み前、思いっきり伸び伸びと遊ぶことを楽しみにしていた私は、宿題があることを知らされ、表情が固まってしまいました。

宿題を出したのは私達に日本語を教えてくれている李嘉冬先生です。李先生は「インターネットで朝日新聞や読売新聞などに載ったニュースを選んで、中国語に翻訳して来てください。二カ月間これを続ければ皆さんにとって収穫が大きいはずです」と言いました。

しかし、言うは易く、行うは難し。たった半年日本語を勉強しただけの私は、翻訳に自信がありませんでした。また、普段私はニュースをまったく読んでいませんでした。嫌いではありませんが、興味を持っていないからでした。初めてニュースを翻訳した時、いろいろな知らない単語が出て来る度に、一つずつ電子辞書で調べざるを得ませんでした。また、言葉の意味が分かっても、文を中国語になかなか思うように翻訳できなかったり、はっきり文章を理解するまでにいつの間にか半日が過ぎていることもありました。しかし、この宿題を続けるうちに、新しい単語や文法を学べただけでなく、知識も増えて視野を広げることができました。ニュースの翻訳が終わる度に、今までの努力が無駄ではなかったという達成感を味わえて、こんなに多くの日本語のニュースを読めた自分が不思議でたまりませんでした。確かに李先生の言う通り、大変勉強になりました。

毎週日本語のニュースを翻訳するようになってから、

もう一年ほど経ちました。李先生はいつも授業を始める前に、今週のトピックスを私達と共有してくれ、自分の感想を話してくれます。先日は、熊本地震に関する記事を読ませてくれました。筆者は中国人のＳＮＳでの反応とスマホを用いた義援金の中国式送信に驚き、人の温かさや真心に触れられたと感じたとのことです。周知のように、確かに歴史の問題で日本に悪い印象を持っている中国人がいますが、昨今、日本を旅行する観光客が急増するのに伴って、自分の目で本当の日本を見た多くの中国人の印象が百八十度変わってきています。しかし、李先生は「調査によると、中国人に親近感を抱く日本人の割合はまだ低いそうですよ」と言いました。

嫌われるから嫌い、嫌いだから嫌われて、理解不足で日中両国の溝はさらに深くなるのではないでしょうか。

地震はとても残念な災難ですが、思いも寄らず、中国人が国境を超えて大きな支援を寄せたことで、日本人の心が温まったようです。この記事を見て、私達の善意が相手にきちんと伝わったことに、私も胸が一杯になりました。

日本のニュースや記事やコメントなどを見ることを通じて、中国のメディアで報道されている日本ではなく、本当の日本を探すことができ、教科書だけでは分からない生き生きとした日本の文化や日本人の考え方が理解できると思います。

私はしぶしぶながらも翻訳をしていくうちに、事件だけでなく、その背景の文化や習慣にも興味を持つようになりました。最初は面倒だと感じていた宿題で、こんなに大きな変化があるとは自分でも思いもしませんでした。ニュースを読むという良い習慣を培えたのは李先生のお陰です。来学期から李先生は日本に行かれるので、私達は李先生から教わることができなくなります。しかし、私は必ず日本語のニュースを読み続け、日本語の能力を向上させると同時に、日本をより深く理解していきたいと思います。

「今週の翻訳授業はもう終わったんじゃない？　なんでまだ日本語のニュースを読んでるの？」

「そりゃあ、好きだからだよ」

（指導教師　岩佐和美）

◉**三等賞** テーマ「私を変えた、日本語教師の教え」

心の窓辺にて

揚州大学　甘睿霖

信じてもらえないかもしれない。しかし、あの先生と出逢えた私の人生は大きく変化した。

２０１４年秋、私は大学生になった。英語学科の学生として入学した。普通の新入生と同じく、大学に憧れ、ワクワクした気持ちと不安を抱え、新たな一歩を踏み出す。しかし、その心の底に「嫌」という気持ちも併せ持つ。元々、英語ではなく日本語が大好きな私がいる。親が選んだ英語学科でやっていけるのだろうか。このまま親の選んだ道に従って本当によいのか。自分の人生を自分で選ぼうとしない自分が嫌、そして、人生の目標がない自分はもっと嫌。

一学期を終え、大学で友達ができた。大学生活も穏やかに過ぎていった。だが、成績がどうしても上がらない。親は心配した。成績を見た時、前から自覚していたが改めて、自分に英語の才能がないことを実感した。

努力が必ず報われるわけではない。親に電話したとき、心の奥では叫んでいるのに、言えなかった言葉がある。「悔しい。辛い……」である。

冬休みに帰省した私を、親が心配そうな目で「英語が無理なら、あなたが好きな日本語を勉強してもいい」と言った。親の言葉はとても優しいが、切なく聞こえた。以前は日本語を勉強したい私に反対していた親のその言葉は重い。本気で専門として日本語を勉強するなら、中途半端にはしたくない。しかし、もし本気で日本語を勉強した結果、唯一の好きな科目が嫌いになったら、私に何が残るのか。覚悟ができない私は、ただその未来が怖く、心はまるでガラスのように、割れそうだった。

冬休みが終わる頃、まだ悩み続け、結論を出せなかった。その時、ネットでとある日本語教師と出会った。先生の名前は「ＫＡＳＨＩ」、ネットで日本語教師をなさっている。私達は偶然知り合った。ＫＡＳＨＩ先生は優しく、知識が豊富で、様々な日本語に関する知識を教えてくださった。先生と一緒にネット教室で過ごした結果、私はより一層日本語を好きになった。KASHI先生は私の迷いを見通していたかのように声をかけてくださり、話し合った。

「寝て起きて、ご飯を食べるだけでも生きていられるけれど、それではつまらない。そこに目標や夢、希望がないと生きているとは言えない。あなたにもそれが一つでもあれば、それがあなたを強くする。強いことは美しい。あなたならそうできると思う」

先生の言葉は短くても、私を勇気づけた。目標がなく、弱い自分に、小さな光が見えた。

「本気で日本語を勉強し、日本語に関する仕事をしたいです。いつか後悔するかも知れません。けれども自分で選んだ道ならば、人生の涙も笑いも、自分で味わおうと思います」と私は自分の決意を込めて返信した。間もなくKASHI先生から返信をいただいた。

「自分で決めたことなら、どこまでも頑張れる。頑張ろうって思える。挫けたりへこんだり、立ち止まったりしてもいい。諦めないで歩き続けようね」

先生はご存知ないかもしれない。その言葉が、どれだけ私を励まし、どれだけ私を勇気づけたのか。

感謝の気持ちを込め、私は前に進んだ。大学二年になるとき、親は認めてくれた。私は日本語学科に転入した。希望と未来への思いを胸に、新たなページを開いた。

今、私は日本語を順調に勉強している。後悔は一度もしていない。むしろ毎日楽しく勉強している。もちろん悩みもある。留学や将来の就職問題などである。だが、今の私は確かに前に進んでいる。

この前、KASHI先生にお尋ねした。

「どうして私にあのように言ってくださったのですか？」

すると先生は答えられた。

「自分の気持ちを素直に言葉にすれば、言葉はいつもその言葉に宿る以上のことを伝えてくれると思っている。だから、あなたに素直に自分の気持ちを伝えたかった」

KASHI先生に出会う前、私は一人ぼっちで悩み、自分の気持ちを心の中に隠していた。今、私は心の窓を開いて生きている。

（指導教師　柴田公子）

◉三等賞　テーマ「私を変えた、日本語教師の教え」

心を込めて、日本語教師の教え

南京郵電大学　周彤彦

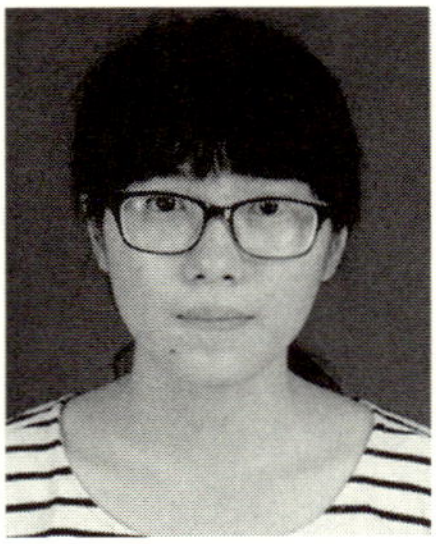

「なんで、たった5点」。書き取りの紙を握って、不満のあまり口を尖らせた私は呟いた。

これは入学して以来、初めての書き取りの点数だった。満点は10点だが、私は半分しか取れなかった。文法は全部正しいし、単語も間違いないのに、いったどうしたわけか、まったく分からなかったので、先生に伺った。すると、「句点を全部点で書いてるよ。これは英語の書き方じゃないか」と先生は言った。私は「そうですよね」といったが、心中不満が残った。席に戻った時、「いつもこのように書いていたもの。入学試験も例外ではなかった。それに、ただの句点に過ぎないし、丸と点も大きな差はないじゃないか」とぶつぶつ言った。初めての書き取りでそんな低い点数を取った私は自信を喪失してしまった。そのため、日本語の先生は厳しすぎると思い、あまり好きではなくなった。やはりあの作文にいくら点を書いても何も言わなかった高校の国語の先生の方が優しいと思った。

しかし、日本語を学ぶにつれて、私の考えは変わった。日本語の先生たちは、実にまじめである。五十音図を習った時、私は「ん」というひらがなを英語の「h」のように書くと、先生は何度も書き直してくれた。そして、ぞんざいに書いた他の字と区別しにくい字も全部書き直しさせられた。小さいところも見逃さないし、更にほかの手抜かりは言うまでもない。高校の時、怠け癖を付けてしまった私なのに、そんなまじめな先生に感心せずにはいられなかった。入学したばかりの時、「作文にいくら点を書いても何も言わなかった高校の先生は優しい」と思っていた私は、「学生の足りないことや間違いを指摘して辛抱強く指導する責任感のある人こそが先生と呼ばれるにふさわしい」と考えを改めた。

そして、先生は授業中いつも情熱を傾けて、皆を笑わせながらいろんなことを教えてくれた。果物や動物などの単語について教える時、先生はよく黒板に絵を描いた。色とりどりで、まるで本物のような絵を目にしながら、その単語をちゃんと覚えた。「靴」と「靴下」を説明するとき、先生は靴を脱いで、靴下を指で指してくれた。先生の面白い言動と皆の笑いが止まらない姿を、今も昨日のことのようにはっきり覚えている。靴と靴下の違いを、その授業に出た学生たちは一生忘れないだろう。

また、ある先生は私たちの聴解の教師として一年務めただけなのに、私に大きな影響をもたらした。授業中、教科書のほかに、よくすばらしい歌を歌って、皆を楽しませてくれた。いつも微笑みながら親切に教えてくれる優しい先生で、みんなに愛されていた。暇な時、先生の寮でよく私たちにお好み焼き、すし、カレーライスといった日本料理の作り方を丁寧に教えてくれた。先生といっしょにおいしい料理を食べながら、おしゃべりすると、ふるさとを離れている私は、愛で胸がいっぱいになった。また、私のルームメイトはその先生に「冬休みはふるさとへ戻らないで、南京でアルバイトをするつもり」と偶然話した。すると、思いがけないことに、先生はあちこちアルバイトを探してくれた。期末試験が終わったその夜、先生から電話を受けた彼女は私に「まるでお母さんのようだ」って目に涙を溢れさせてしみじみ語った。それに、皆と別れるとき、先生はクラスの一人一人に絵葉書をくれた。「ひろいひろい、この世界で、あなたに会えて、ほんとに良かった」という先生の美しい字を見るたび、懐かしい思いが湧いてくる。

日本語の先生から習ったことは知識、学習態度だけでなく、特に生活態度と人との付き合い方を学んだ。物事の大小を問わず真剣に応対し、出会った人々と誠心誠意付き合う。こうしてまじめに毎日を過ごし、出会いを人生の宝物として大切にすると、生活は充実し、感動に満ちたものになることを発見した。このような先生であれば、私たち学生も必ず優れた人になれるであろう。

（指導教師　阿部誠）

◉**三等賞**　テーマ「私を変えた、日本語教師の教え」

笑顔は幸せを呼ぶ

瀋陽師範大学　李氷

于先生の笑顔は世界一美しいと思います。どんな時でも、于先生は笑顔を見せています。先生のその笑顔に感染して、授業も活気付いていいます。しかし、私が初めて于先生に出会った時、そのこぼれんばかりの笑みが決して好きではなかったのです。むしろ、その笑顔が嫌だと思いました。

男尊女卑の古い考えの家庭で生まれた私は、幼いころからずっと劣等感を抱いていました。そして、七歳の時に高熱を出して、右耳の聴力をほとんど失うところでした。自尊心が強い私は、自分の欠陥を隠すために誰とも交流せず、いつも自分の殻に閉じ籠っていました。いつしか笑顔も消えてしまいました。

大学に入って于先生に出会いました。先生は毎日微笑んでいました。ある日、先生は「笑顔は人生に対する姿勢です。笑顔で人生に立ち向かいましょう。きっと幸せになりますよ。」と言いました。笑顔？　幸せ？　この言葉はとっくに私とは縁のない言葉でした。両親からの愛ももらえず、友達もいない私は、その時自分が哀れでならなかったのです。手に入らないものだから、いつの間にか心に幸せな人に対する憎しみの念まで萌してきました。先生の幸せな顔を見て、私は恨みを感じました。なぜか自分の幸せが奪われてしまったような、先生の幸せを自分にひけらかしているように思いました。幸せな人が幸せを論ずる資格がないとも思いました。腹が立って結局、教室から逃げ出しました。

私の気持ちは先生のその笑顔に押しつぶされて、まるで地獄に落ちたようでした。実は、先生の笑顔を憎むというより羨むと言った方がいいです。笑顔と幸せは私には高嶺の花だから、先生のような笑顔が羨ましく、先生のような幸せが欲しかっただけなのです。

しばらくして、先生が追いかけてきて「李さん、大丈夫なの。随分心配してたよ」とほっとした表情で私に聞きました。

私は目を逸らして、黙っていました。

「何か先生が失礼な話でもしたの」

先生の声が聴力の弱い右耳に入ったが、先生の表情と気持ちは想像できました。私は顔を先生の方に振り向けました。先生は依然として優しい笑顔をして、私を見ていました。しかし、先生のその顔を無視してわざと皮肉っぽく「そうですよ。私は先生のこと大嫌いです。毎日ハハハ笑って、人にその幸せをひけらかすなんて、最悪じゃないですか」と言いました。

先生はしばらく黙ってからこう言いました。「李さんを傷付けたなら、謝る。でもね、世の中に悩みなどない人は一人もいないよ。幸せだから笑うんだけど、私は笑うから幸せになると思うよ」

その時、私は先生の話の意味がどうしても理解できませんでした。「不幸な人がなぜ笑えるの。たとえ笑ったとしても、絶対作り笑いよ」。私のそんな気持ちに気がついた先生は「じゃ、信じないのなら、試してみようじゃない」と言いました。

意地っ張りな私はそのあと毎日微笑を作って見せました。その微笑でも、数日後周りから微笑をもらい始めました。その時から私の考えは少しずつ変わりました。人の笑顔は、真夏に涼しい泉を思わせるようなさわやかさ、人をリラックスさせる魅力的なもののようでした。これが「幸せの感じ」なのかと思うようになりました。それからは、クラスメートに自分から話しかけたりして、今は心を打ち明けられる親友が三人もできました。知らず知らず自分の劣等感も完全になくなりました。

私は于先生に感謝の気持ちで一杯です。先生の仕事はただ学問を教えることだけではなく、まず人間を作ることだと思います。その人間が幸せでなければ、勉強も人生も楽しくないでしょう。于先生は自らその手本を学生に見せた素晴らしい先生だと思います。先生のその「笑顔」の教えは私にとっては何よりのものです。そして私の人生をも暗闇の中から救ってくれました。先生の教えを一生忘れずに銘記したいです。そして、その教えをもっと多くの人に伝えたいです。

（指導教師　禹永愛）

◉三等賞　テーマ「私を変えた、日本語教師の教え」

先生からの教え

遼寧師範大学海華学院　彭俊

大学三年生になったばかりの頃だった。私は大学院に進むことを決めた。まだ学生の私にとって、それは何よりも重要な決定の一つであった。その日から、私の生活は一変した。平日の授業と受験勉強で、日本語言語学と日本文学や歴史に関する基本知識をちゃんと少しずつ覚えていたが、その他にも、宿題や作文や卒業論文のことですごく忙しい毎日を過ごしていた。ますます自分の自由を奪った気がする。週末、祝日、授業のない日々はいつも勉強して、友達との約束まで破ってしまった。その日以来、友達からの誘いは、その誘いの内容に関わらず、断らなくてはいけないことが一番耐え難かった。

受験勉強が始まって半年も立たない十一月のことだった。生活費のピンチに追い込まれて、私はアルバイトをせざるを得なかった。日本語の授業と日本語の受験勉強と日本語に関するアルバイト、毎日毎日、日本語に囲まれて日本語ばかりだった。それから、遊ぶ暇が更に少なくなって、時の立つにつれて日本語に対して嫌気がさしてきた。クラスメートや先生の言われるままに日本語の大学院に進むことを決めたが、だんだんそんな自分に疑問を抱くようになった。

「自分の生活はもう日本語ばかりで、なんで日本語を勉強しなきゃいけないいんだろう」。私は自分にそう聞いた。

そういう考えがいつも付きまとうようになり、勉強をやめたいと思ったこともあった。

問題の解答が見つからないまま、期末を迎えた。ある日、先生に呼ばれた。先生の事務室へ向かう途中、雪が降ってきた。雪の中で先生に呼ばれた理由を考えながら、いつの間にか事務室に着いた。ぼーっとして頭を上げなかったら、ドアにぶつかるほど、大きな不安と疑問を胸に抱いたまま、事務室のドアをノックした。許可を得てから、事務室に入って、先生の顔も見ず、椅子に腰かけた。今までいろいろな方面で不器用な私を助けてくれた先生、一体何の話なのだろう。この間に起こったことと自分が最近犯したミスを考え始め、不意に眉をひそめた。「そんなに緊張しなくていいよ。大したことないから」。先生は私のいびつな表情を見つめて笑いながら、私に声をかけた。顔が真っ赤になった私は先生の言いつけるタスクを聞くと同時に、ほっとした。タスクが出来上がった後、伸びをしていると、「最近、どうしたの?」と、先生はパソコンの画面を見ながらそう言った。いきなりの質問だが、私は全く意外とは感じていなかった。むしろ、それを待っていたのだ。面目ない話だが、誰かにそう問われたかったのかもしれなかった。私は僅かな沈黙の後、窓の向こうを凝視し、今まで胸に抱いた悩みや愚痴や思い苦しみなど全部口に出した。その瞬間は爽快ですっきりしたが、その愚痴の量は驚くほどで、「この人、どうかしたのか」と言われてもおかしくないぐらいだった。

「先生はね、日本語の教師になってから、この数年間、ずっと日本語に囲まれて疲れ切ったことも時々あるんだ。でもね、一度もやめたいと思ったこともないよ。日本語の教師という職業、そして、何よりも学生の皆が大好きだから」と、先生は微笑んで言った。「何をしたいかを考えずに、何をすべきかだけで動くようになったらね。そんなのはただの機械、ただの現象だ。人の生き方とは程遠い。彭さんは日本語が好きだろう。これでいい」。先生が話していると急にドアの隙間に冬の風が吹き込んだ。先生の言葉を聞いて私の胸を塞いでいた憂いも吹き飛んだ。今まで見つからなかった答えが出たような気がした。

今は依然として毎日、日本語に囲まれていて、毎日相変わらず日本語の勉強をしているが、もう迷わない。大学院に進めるか進めないかまだ分からないが、この間一生懸命に努力したことはいい経験になるのではないか。いつか年を重ねた時、今の自分を顧みて懐かしく笑えるように頑張っていきたいと思う。

(指導教師　呉楠)

◉三等賞　テーマ「私を変えた、日本語教師の教え」

私を変えた、日本語教師の教え

天津科技大学　陳麗

日本人の先生と一緒にエレベーターに乗る機会があった。私たちがエレベーターに乗るまでボタンを押して待っていてくれた方に、先生は「すみません」と言って感謝した。どうして「すみません」なのかと不思議に思った。おそらく、先生は中国に来たばかりなので日本の習慣が抜けておらず、無意識に「すみません」が口から出たのだろう。このような場面で、日本人はどうして「すみません」と言うのだろうか。感謝の気持ちなら「ありがとう」というべきではないか。

その後、インターネットで調べてみると、「すみません」という言葉の裏に感謝の気持ちがあることがわかった。しかし、なぜ「ごめんなさい」という謝罪の意味の言葉で感謝の気持ちが表せるのだろうか。

先生に質問をしてみると、先生は「すみません、と言うのはあたり前でしょう。中国人もそうじゃないの」とおっしゃった。当然、あの場面では、中国人でも日本人でも相手に対する感謝の気持ちは同じだ。しかし、中国では決して「すみません」とは言わないのだ。今まで、外国語は文法と単語の意味を学びさえすれば、その国の人達に自分の気持ちを伝えることができると思っていた。「すみません」という言葉はもう完全に理解したつもりだったが、あんな場面で「すみません」が使われるなんて思いもしなかった。私が不思議そうにしていると、先生も私の疑問に興味を持ったのか、一緒になって考えてくれた。分かったことは、日本人はなるべく他人に迷惑をかけないようにするという教育方針のもとで育つということだった。そうすると、あの場面でエレベーターのボタンを押してくれた方に、「ありがとう」という感謝の気持ちよりも、「迷惑をかけたことにお詫びをする」という申し訳ない気持ちのほうが強く表現されたのだと理解できる。「ありがとう」

では、遠慮もせずに相手の好意を受けいれているように思われてしまうので「すみません」となったのだろう。

しかし、中国で育った私は、日本人の「他人に迷惑をかけないようにする」はなんだか水臭い感じがする。中国は、助け合いの精神を重視する。誰かに助けてもらうことは迷惑をかけることだが、人生はお互いに迷惑をかけあい生きて行くものだと考えている。そして重要なのは、この様にすることでお互いの関係が密になるということだ。この中国の考え方を先生に言うと、先生は「発想の違いですね」とおっしゃった。「発想ですか！」と私は思わず声をあげた。先生とエレベーターに乗る前は、このような両国の発想の違いについて考えたことはなかった。発想の違いによって、物事の捉え方が異なり、同じ意味内容でも言語が異なれば表現方法もまた異なる。先生の一言によって、私の疑問は一気に氷解し、少しだけ日本を理解できたような感じがした。

以前の私は、中日両国は意味を載せる言葉そのものこそ違えども、物事に対する考え方はほとんど同じであろうと思っていた。しかし、先生とエレベーターに乗ったことで、両国の発想の仕方に違いがあることがわかった。中国は良い事も悪い事も相手と分かち合うことでお互いの関係を密にすることが好まれるが、日本はなるべく他人に迷惑をかけないことが優先される。これは決してどちらの発想が良いとか、悪いとかということではなく、ただその国々の習慣が異なるだけの話だ。そして、この両国の発想の違いを理解することこそが、外国語を学習する上で文法や単語を覚えるのと同様に重要であり、また相手の国を理解する上でも大切なのではないかと思った。

先生、物事に対する発想が違うということを教えてくださって、ありがとうございました。いや、今まで理解できなくて「すみません」というべきかもしれない。

（指導教師　趙俊槐、佐藤寿）

◉**三等賞**　テーマ「私を変えた、日本語教師の教え」

日本人教師から学んだ生活の規範

南京師範大学　羅夢晨

日本語を学びはじめてから、もう三年近くが過ぎた。この間日本語教師は、私の日本語学習に大きな役割を果たしてくれた。中国人教師の指導の下、単語、文法、会話など、基本的な知識を身につけ、日本語は上達してきた。

今学年は、三澤先生という日本人教師の授業を受けている。先生の日本人らしい真面目な態度や細かい授業内容などを観察して感心した。それ以来私は、自分の行動を反省し、改めることに努めている。

三澤先生は中国人の笑顔が好きで、退職後、大学の先生として中国での生活を始めた。今学期に、うちのクラスだけでも二科目を担当しているので、準備が大変だろう。毎回教案や資料を用意するだけではなく、細かいところにも入念に配慮していることがわかる。

最も印象深かったことは、社会人の名刺交換の仕方である。先生は自分の名刺を取り出して、注意事項などを解説した。例えば、名刺の左上の一端を折り込んでおく場合があり、それは、自分の名刺が他人に悪用されないようにするためとのことであった。

今学年の初めに「論文の書き方」の授業を受けた。4年生の先輩と一緒だった。教科書を見たとき、その厚さに驚いた。このような盛りだくさんの内容が、全て論文の書き方だと知り、論文の難しさが容易に想像できた。論文体を使いこなせなければ、文章は手際よく書けないことも学んだ。

作文の授業は、毎週宿題がある。私は宿題を一週間かけて完成させ、先生は全員分の添削指導を行う。宿題は作文ノートに全て手書きである。

「インターネットに溺れる中国の若者たちは漢字が下手」「中国伝統の漢字を守るのは君たちだよ！」といつも述べている。作文ノートの各ページには小さな字で評や注釈が書き込まれて返されてくる。その指導方法は、とても勉強になる。

ある日のこと。中国語コラム記事の和訳が宿題だった。実は、先生はあまり中国語を理解できない。学生たちの宿題でまず大意を掴み、和訳の内容を点検する。私たちは、先生のこのような対応に感心した。

先生の態度には、「やるからには最善を尽くし、最後までやり遂げる」という信念が感じられる。このような日本人の仕事ぶりに感心するばかりだ。

実は私は、「日々無難に暮らしていければそれでよい」とずっと考えてきた。深く考えず、変化を求めず、特別な欲もなく、のんびりと過ごして来た。

その結果、しばしばまちがいを引き起こし、周囲の人々に迷惑をかけたことを悩んだ。

先生の授業を受けてから、私は自分の態度を反省した。自分の行動の身近なことや細かいところから考え直す決意をした。

例えば、電子メールである。私たちの日常生活上のインフラとして、電子メールは欠かせない。誰とでも気楽に連絡を行う。相手の状況や時間帯を考えずに送信し、迷惑をかけたことがあったと思う。件名を短く、本文を簡潔にし、内容が長文になる場合は、箇条書きの形式がよいだろうと考えるようになった。このような心構えは、円滑な人間関係の維持にも役立つだろう。

私は幼少の頃、後片付けの意識はほとんどなかった。「女の子なんだから、自分のものをちゃんと片付けなさい！」と母からよく叱られた。家の道具などを使った後、所定の場所に戻すという習慣がなかった私は、いつもそのまま放置していた。その結果、不便を感じるのは、常に自分自身であった。

また、外出準備をする時に時間が足りなくなって、必要なものをどうしても捜し出せずに、困ったこともあった。

最近は、外出前に日程や必要なことをメモ用紙に書くようになった。例えば、買い物に行くとき、まず必要な商品名をよく考えてメモ書きする。これだけでも、買い物にかかる時間を短縮できることがわかった。

このように、先生の授業から学ぶことは、学問の分野だけに止まらない。先生の教えは私の行動の規範でもある。


（指導教師　林敏潔、三澤健一）

◉三等賞　テーマ「私を変えた、日本語教師の教え」

難しい方を選ぶ

瀋陽工業大学　劉雨佳

「セント・オブ・ウーマン／夢の香り」という映画の中で、こんなセリフがあった。「僕はよく分かっている。人生の岐路に立った時、どの道に進むのが正しいのかを。しかし、一度もその道に進んだことがない。なぜか？それはあまりにも大変だから」。このセリフは私の生き方を長い間、代弁しているような言葉だった。

大学2年生の時、新しい日本語の読解の先生を迎えた。黒くて長い髪に、黒のダウンジャケットを着ていて、真面目な表情の人だった。十年あまり日本に留学して、日本語学の博士学位を取得したと言う。厳しい先生に違いないと思った。しかし予想と違って、物腰の柔らかい先生だった。

先生の自己紹介で印象に残った言葉がある。「人生で重要な選択をする時に、難しい方を選ぶことにしている。その方が後悔しないから」。この言葉は、冒頭の映画のセリフと逆の内容だった。「大変だろうに」と私は思わず先生に同情の気持ちを抱いてしまった。しかし先生は、授業の時でも授業以外の時でも、「難しい方を選ぶ」ことを実践していた。

先生の授業のやり方は、それまで私たちが受けていた授業とは変わっていた。詰め込み教育ではなく、啓発式の教育だった。

例えば日本語の読解の授業では、事前に新しい授業内容について、グループ毎に必ず2つ以上の質問を提出させた。そして、提出させた質問についてディスカッションと発表を行い、クラス全体で答えを考えさせるようにした。また発表の評価は、先生一人ではなく、評価シートをグループ毎に配布してグループ内で話し合って評価点をつけるようにした。

先生のコメントには、よく事前の文献調査を通して整理してきた、質問内容に関連する研究成果の紹介も加わった。許先生の授業は、何も考えず聞くだけの授業より、頭を働かせなければいけない大変な授業だった。しかし、新たな知識がたくさん増えたような気がした。

先生は、よく研究室で夜遅くまで仕事をしていた。私達が、毎日の自習を終え、寮に帰る夜10時頃にも、研究室の明かりはついていることが殆どだった。先生の研究室には、日本語のテキストや研究書が数多く置いてあり、さすが学者だなと思った。

ある日、先生と世間話をしていたら「20年以上日本語について学んでも分からないことはたくさん。毎日勉強しないと。極めるにはそうするしかない。仮に、商売を始めるようになったとしても、同じく一生懸命勉強して、最高の商売人になりたい」と話した。研究室の電気が遅くまで消えない原因が分かった気がした。「極める」ということを実践するのは難しい。先生は、黙々とただ行動に移しているだけだった。

許先生に出会って二年が経ち、知らないうちに私の中でも変化が起こった。まず、勉強の面では、それまで一番楽な「60点万歳」の気持ちでやっていた。しかし、許先生に出会ってから、大変でも、真剣に取り組み、ベストを尽くす気持ちでやるようになった。また、学校のイベントに参加する時も積極的にチャレンジできるようになった。

学校の合唱コンテストに参加する時、普通の合唱メンバーではなく、指揮者として参加することを選んだ。指揮者に応募するために、一生懸命練習し、また、指揮者に選ばれた後も、インターネットで指揮の映像を探して練習の参考にしたり、自分の指揮の様子をビデオにとって研究したりした。その結果二位の成績を収め、とても嬉しかった。大変だったが、楽しかったし、後悔しない選択をしたと思った。

「難しい方を選ぶ」というのは、実は許先生もご自身の先生から教わったそうだ。その先生は、許先生が日本の大学で日本語学を学んだ時の先生だったと言う。留学で経済的に困って就職するか博士課程に進むか迷った時に、先生から「迷ったら、難しい方を選びなさい」と教えてもらったと言う。今、この教えが、日本と中国の国境を超えて受け継がれ、迷っている人に一つ勇気ある行動を選ばせている。

（指導教師　許永蘭、吉田一将）

◉三等賞　テーマ「私を変えた、日本語教師の教え」

あの時　初めて出会った日本語教師に感謝！

常州大学　許楚翹

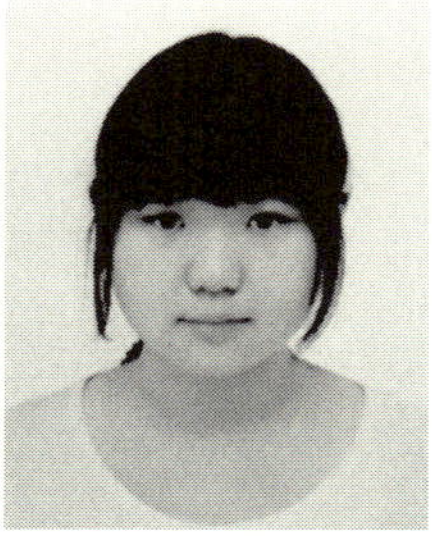

私と人生初めての日本語教師との出会いは、中学三年生の時の夏休みだった。

あの時、私はただ新しい言語を学びたいだけ、でも具体的にどの言語を学びたいか自分でも分からなかった。そして母のお蔭で語学学校に入った。この学校は非専門学生に対して、１週間に一回の特別授業を行う学校だった。学習も段階を追って進められていた。最初はフランス語の授業を試したが、なかなか私の興味は深くならなかった。フランス語の授業が終わった日、私の母は学校の責任者に、私がフランス語に興味をもてないと相談していた。その時、偶然資料を取りに来た先生が、まっすぐに私のところに来てこういった。「じゃ日本語を試したらどうですか」。母の話が、偶然聞こえたらしい。

その先生は、背が低くて浅黒く日焼けした肌の男性であった。年齢も若く、なんだか私の年齢と変わらないように見えた。彼のものすごく優しい雰囲気に私は、つい「はい」と答えてしまった。

私と日本語の縁は、この瞬間から始まった。先生自身も学生で、近くにある大学の日本語学科の大学院生だった。彼は中国人だが、東京で生まれた。そして中国で小学校や中学校を卒業して、日本で大学を卒業した後、中国の大学で大学院生となった。私は彼の生きてきた道を想像するだけで胸が苦しくなった。

第一回目の授業の時、彼は私たちに「日本に対してどのような印象があるかな」と尋ねた。その時、私だけでなく、五人のクラスメート全員もあまりいい印象がないと答えた。私も彼らも個人的には日本との接点もトラブルもなかったが、小さい頃からの教育の中で、日本と言う国に対してあまりいい印象が残っていない。

あの時の先生はこう言った。「確かに昔の戦争は悲しいと思う。私たちは子どもの時からずっと歴史を忘れまいという教育を受けてきた。確かに歴史は大事だ。しかし、ずっと後ろを見て、前に進まないのはもっと酷いことは思わないか。多くの国や民族が集まって、互いに知識を分ち合い、相手のいいところを学ぶことこそ人類社会の進歩の鍵だ。だから私は教師として、あなたたちに伝えたい。一つの国や民族に対しての認識は多方面から証明しなければならない。短所も長所も認識する必要がある」

中3の私にはこの言葉の意味は深く理解できなかった。正直に言えば、私たちが日本語を真剣に学ぶための詭弁だとも思えた。しかし日本語に対しての理解が深くなるに連れて、私は自分の考えがどれだけ浅薄だったかと認識した。

大学に進学するときに、私は迷わずに日本語学科を選んだ。母はまたもや私の意志を尊重してくれた。しかし、保守的な父は、物凄く怒っていた。しばらくは口もきいてくれなかった。中国で日本語を学ぶ学生の状況は本当に厳しい。母が父を宥めてくれたお蔭で、私は今この文章を日本語で書く事ができている。

確かに私が大学に入学してからも、日中関係は厳しいことばかり起こった。しかし私は、歴史を振り返るばかりではよくないと思う。昔を気にして、前を向かないのはかなり愚昧な行為だ。ある物事を認識するのは多方面から理性的に理解せねばならない、これは人に対しても、国に対しても同じだ。と、私は日本語を学んで理解できた。

現在、私は日本の様々な物事に深く興味を感じている。日本語の美への表現は一言や二言では述べられない。例えば私は日本の伝統色と言うサイトの中で色の伝統的な呼び方を知った。露草は空のような青色で、千歳緑は普通の緑と違って、更に穏やかな感じがする色だ。物凄く綺麗な呼び方に私は夢中になっている。今の私にとって日本文化は、学べば学ぶほど面白い感じがある。

紛れもなく、私の視野をこのように広げた人は私の初めての日本語の先生だ。残念ながら今は先生の連絡先も失ったが、きっといつかどこかで会える、私はそう信じている。

（指導教師　古田島和美）

◉**三等賞** テーマ「あの受賞者は今——先輩に学び、そして超えるには?」

私の手本

東華理工大学　廖珊珊

図書館から寮に戻ってメモをチェックしようとしていたら、先輩からの「日本語能力試験一級の準備、順調?」というメッセージが目に入った。私はその人を常に先輩と呼んでいた。だからここでもただ先輩と書くだけで本名は打ち明けない。これは遠慮というよりも、その方が私にとって自然だから。メッセージを見ると、昔のことがぽかっと泡みたいに浮かんできた。先輩と知り合ったのは新入生の交流会だ。その時、先生は私たち一年生を励ますために、三年生の先輩たちを誘って交流会を開いてくれた。その交流会をきっかけに先輩は私の手本になった。

正直に言えば、最初私は日本語にはあまり興味を持っていなかった。日本語を専門にしたのは、家族が日本語科の卒業生の就職率が高いと言っていたからだ。高校時代、クラスメートの影響で宮崎駿のアニメを何回か見たことがあったが、日本語を学ぶことなんて一度も考えたことがなかった。先輩に会ってからというもの、私は真剣に日本語を勉強したくなったのだ。先輩は演壇に立って日本語で挨拶をしてくれた。意味は全然わからなかったが、先輩の流暢に日本語を話す姿にすっかり引かれた。その時、私は心の中に問いかけた「私もこの先輩のように人前で日本語をぺらぺら話せるようになれるか?」

そのあと先輩は中国語で日本語の勉強法を紹介してくれた。先輩が言った通り、語学を上達させるために秘訣というものはない。日々の練習と努力を重ねているうちに次第に上達するものだという先輩の言葉が一番印象に残った。

それ以来、何か質問すると、先輩はいつも親切に教えてくれた。実は、日本語を勉強し始めた時、なかなかうまくいかなかった。落ち込んだ私を見た先輩は放課後にわざわざ、寮まで指導に来てくれた。

しばらく日本語を勉強して、アニメを見るのが好きになった。それから、今まで知らなかった世界をのぞくことができるようになった。「ちはやふる」というアニメを見たのは日本の伝統文化に触れるきっかけになった。少し難しそうなものは、アニメを見ることでカルタのルールなどがすんなりと把握できる。しかも、昔からある伝統文化の良さもしみじみ感じられた。

二年生の時、先生と先輩に励まされて二級の日本語能力試験に挑戦した。試験に受かるように、毎日図書館で勉強していた。それを知った先輩は親切に参考書をすすめて、まとめたノートも送ってくれた。表紙にはもう少し頑張ろうという字が書いてあった。勉強に疲れるたびに、あの素敵な字を見て、また元気を出した。努力は人を裏切らないというように、二級試験に合格した。だが会話力はまだまだ低かった。さんざん悩んでいた私は先輩に相談に乗ってもらおうと訪ねた。私の悩みを聞いたら、先輩は彼女の会話力をアップさせるポイントを教えてくれた。もともと照れ屋の彼女も人前で話す勇気がなかった。みんなの前で立つと、顔は真っ赤になって足も震えてとまらなかった。話す勇気を身につけるために、彼女はあらゆる機会を掴んで人前で発表したり、いろんな活動に参加したりしていた。そうしているうちに、会話力はだんだんアップしてきた。先輩のその話を聞いて私も積極的にいろんな活動に参加し始めた。勉強になったうえに、性格もだんだん明るくなった。

私はもう三年生になって、先輩も卒業してから一年たった。先輩は今、ある有名な日系企業で働いている。仕事はちょっとつらいが、毎日充実していて楽しいと先輩はそう言った。この頃、日本語能力試験一級の準備で忙しくて疲れてやる気が出ないときがある。そんな時、先輩からもらったノートを見ると、またやる気満々になる。「いつか先輩を超えること」なんか一度も考えたことがなかった。ただ、いつの間にか私も先輩のように自分が持っている知識を活かして、やりたいことはやればいいと思っている。そう信じていて、未来への希望に燃えている。

（指導教師　方敏、千葉雄一郎）

◉三等賞　テーマ「私を変えた、日本語教師の教え」

私を変えた、日本語教師の教え

青島職業技術学院　譚翔

担任の先生は、母親のような愛情を持った人だと思います。毎朝7時には教室に来て、夜は6時から8時まで、私たちの自習に付き合ってくれます。先生は「子どもが大きくなり手間がかからなくなったから大丈夫」と言いますが、毎日の事ですし、先生にも生活や次の授業の準備などもあり、大変なはずです。他のクラスの担任の先生はそんなことはしません。入学当初から今まで朝晩自習時間には必ず来てくれ一緒に勉強します。勉強の事以外にも、悩みの相談など何でも先生に話します。ですから、私達は先生のことを「お母さん」と呼びます。

お母さんには、50音から教えてもらいました。私が子どもの頃、本当のお母さんに中国のピンインを習うのと同じように、一文字一文字丁寧にゆっくり50音を習ったのです。小学生がピンインを習うノートを使い、子どもの時のように地道に学んでいくのです。最初、小学生のピンインのノートを渡された時にはびっくりしましたし、嫌でした。大学生にもなってまた、ピンインのような勉強をするなんて。でも、お母さんは、私に「基本をしっかり学ばなければ、応用はできないの。今は嫌だろうけど、1か月後すぐに、この大切さを実感できるからがんばりましょう」というのです。いままで、努力や我慢強く何かに取り組むことは苦手でした。でも、お母さんは本当のお母さんのように愛情深く教えてくれるのです。ですから、私も次第に毎日毎日、授業中も朝晩の自習時間も、寮に帰ってからも、50音を練習しました。が、お母さんに毎日「譚さん、この字は何の字ですか？　平仮名ですか、片仮名ですか？」や「もっと上手に書いてください」などと怒られます。それでもめげずに一生懸命練習をしました。ビデオを見ながら、発音練習と50音を覚えるのです。本当に子どもの時と同じです。1か月の50音と発音の練習が終わり、日本人の先生の授業が始まりました。日本人の先生に「譚さんの字や発音はきれいですね」と褒められたとき、お母さんの言うことを真面目に聞いてよかったと本当に思いました。お母さんの言いつけを真面目に聞かなかった学生は、2年生の今でも日本人の先生に発音や字の矯正をされています。

生活面でも、お母さんは本当のお母さんと同じです。1年生の時ある男性に告白されました。付き合うべきか、付き合わないべきか、悩んでいました。お母さんは、私の小さな変化も見逃さず、相談に乗ってくれました。そして、「その人と付き合うのに不安を感じるのなら、その人はふさわしくない人だと思う」というのです。でも、私は男性の積極的なアプローチに負け付き合うことにしたのですが、あっという間に破局してしまいました。やはりお母さんの言うことは正しかったのです。別れる時も彼氏と揉めて大変でしたが、それを陰から支えてくれたのも、お母さんです。

高校時代の私を知っている人は、今の私の話を聞いたら信じられないと思うでしょう。現実に、休みに故郷に帰り、両親も高校の同級生もみんな一様に私の変化に驚きます。遅刻もしなくなれば、連絡もちゃんと早めにする。事前準備も怠らない。何事においても三日坊主だった私でしたから、友達は、日本語もすぐにあきらめて帰ってくると陰口をたたいていたそうです。でも、2年近くも毎日毎日、日本語漬けの生活を楽しんでいるのです。これはすべて、お母さんのおかげです。基礎の大切さ、根気よく辛抱強くすることの大切さをお母さんは私に教え体現させたのです。私はお母さんに出会ったことにより、人生が変わったと言ってもいいでしょう。今の私にとても満足しています。お母さんに言ったら、悲しい目で怒られました。「人生は始まったばかりでしょ。現状に満足しないで、より高いレベルをめざして頑張ってください」と。お母さんの言いつけを守り、より高いレベルをめざし頑張っていきたいと思っています。

（指導教師　坪井弘文、邵紅）

◉三等賞　テーマ「訪日中国人、『爆買い』以外にできること」

訪日中国人、「爆買い」以外にできること

広東省外国語芸術職業学院　李家輝

２０１５年に日本では、ユーキャン新語にも選ばれた「爆買い」という言葉が誕生した。それは中国人が日本へ大量に商品を購入しに行くということを表す言葉だ。確かに、「今度日本へ化粧品や赤ちゃん用のおむつなどを買いに行こう」と親戚が誘われるとか、「新しいバンダイのゲームが出た。日本へ買いに行かない?」と身近で友達がよく話すなど、日本といったら、必ず買い物の話だ。

　でも、本当に爆買いしかないのだろうか。日本の東京から帰国したばかりの友達は「街にはゴミ箱があまりないが、綺麗で驚いた」とそう言っていた。速いスピードで発展してきた中国に暮らす人にとっては、せっかく日本へ行くなら、爆買いよりも優れた環境意識に驚き、それを学ぶのがいいのではないか。

　私が日本語を勉強し始めて、もう二年が経った。日本語だけでなく、日本の生活や文化なども少しずつ分かってきた。ある授業で、日本では人間と自然の調和の尊重ということで、ゴミの分け方とか森林保全などに真剣に取り組んでいることを知った。その時、心から小学生の時習った「賢人を見て自分もそのように賢くなりたいと思う（見賢思斉）」という『論語』の言葉が浮かんで、環境に優しいやり方を日本から学ぶべきだと初めて思った。

　中国はまるで目覚めたばかりの龍で、経済も国力も世界的な地位も急速に上昇したが、環境意識がまだ足りないと思っている。今年の清明節、バイクで故郷肇慶市へ帰る途中で、景色が変わったことに気づいて、大変ショックを受けた。植物が見えると思っていたが見えなくなり、泥道がアスファルトになって、所々家畜の糞とゴミが散乱している。道の左右に昔立っていた大木もなくなって、代わりに工場や商店が築かれている。畑と川も砂

で埋められて平地になった。それだけではなく、緑に覆われた小高い丘も削られて土壌が見えるようになり、遠くから見ると赤い土壌と樹がわずかに残った丘は、血を流しているみたいだった。長時間、痛ましい風景を眺め続けるうちに、愕然とし、恐ろしくなった。

それに対して、日本語スピーチ大会で最優秀賞を取ったのがきっかけで、日本へ行った先輩が、話してくれた日本は全く違う姿だった。「日本には全くゴミなんかない。あっちこっちにある環境スローガンが例え日本語が分からなくても、可愛い漫画で説明してくれたので、分かりやすい。だから、軽率にゴミを捨ててはダメだ。躾がなってない人だと思われる」と先輩の話は止まることなく続いた。私にとって印象深かった話は、先輩がゴミをリサイクルに出したときの経験だ。「リサイクル用の回収箱はあまりないが、僕が回収箱を見つけたとき、ちょっとびっくりした。ゴミの分別は難しくて、どうしようかと思っていると地元のおじいちゃんに出会って助けてくれた」と先輩は机の上に置いていた牛乳の紙箱を取り上げて、私に実演して見せながら話し続けた。「まず、ミルクを全部流す。それで、水を入れて少し振った後、水を捨てる。そしてハサミで紙箱を切ってから乾かす。最後に、紙の部分は紙専用の回収箱に捨てて、プラスチックの分はプラスチック専用の回収箱に捨てる。そしたら終了だ」。先輩の一言に私は感動した。「最初は面倒だと思ったが、綺麗な道を見ると気分が良くなって、環境保全に、自分の力で貢献できると思ったら、満足した気がした」

環境保全はお金で一朝一夕にはできないからこそ、日本に爆買いに行くより、環境保全のやり方を学んだほうがいいのではないだろうか。もし､私が日本を訪ねたら、もっともっと環境に優しい方法を先輩のように学びたいと思う。それは故郷のためだけでなく、国や世界のために、みんなに日本のことを話して環境意識をもてるようにと訴えたい。いつか人間と自然が共生していけるように、微力な力でも自ら貢献できたらと願っている。

（指導教師　崔文博、福田学）

◉**三等賞** テーマ「私を変えた、日本語教師の教え」

私を変えた、日本語の先生の教え

四川外国語大学 王沁怡

「雨ニモマケズ　風ニモマケズ　雪ニモ夏ノ暑サニモマケヌ……」

これは先生が教えてくれた初めての日本語である。

大学入試で、惜しくも一点差でドイツ語学部の選考から落ち、不本意にも日本語学部に入ってしまった。日本語に強い興味を持つ周囲の人たちと比べて、五十音図さえ覚えられない私は比べ物にならないと感じたので、一年生の頃は一番後ろの席に座るほど、全くやる気がなかった。二年生の大学生活もきっと何の変わりもないだろうと思っている時に、新しい先生が来た。

なまりのない日本語で話すかっこいい先生である。

「宮沢賢治さんが『雨ニモマケズ』で強調したかったのは人を思いやって生きていく素晴らしさですが、私がこの詩を通じて一番皆さんに伝えたいのは努力することの大切さです。外国語の勉強とは、努力の積み重ねです。雨や風のような困難に直面することが多々あるでしょうが、恐れず乗り越えていけば、いずれ日が差します」。それが、最初の授業で先生が語った言葉だった。

その話に心が動かされた。毎日落ち込んで自己否定するよりも、腹をくくって頑張ってみるのがいいのではないかと自分の生き方を考え直した。次の日、私は最前席に座っていた。

スマホもアプリもなかった大学時代、自然な日本語を身に付けるために、毎朝ラジオでニュースを聴いたり、鏡に向かって発音を直したりしていた。「できない」というのは怠け者の言い訳に過ぎないと、先生が自分のことを話した時、私は目に輝きを取り戻していた。

思い返すと、もし先生と出会っていなければ、頑張ってこの作文を書いている私もいないだろう。あの時の先生の言葉に励まされて以来、ずっと先生を手本にして、努力を積み重ねてきた。気が付けば、以前なら脳味噌を振り絞っても表現できなかったことが流暢に日本語で表現できるようになっていたのだ。二年生の最後、先生に「よく頑張ったね」と褒められた時、正直、私は涙が出る程感動した。この涙は、努力が与えてくれた証だった。

去年、初心者に日本語を教えるボランティアをした。人に教えた経験のない私は不安だったが、ここは試練に耐える時だと、自分に強く言い聞かせた。参考書で勉強したり、プリントを作ったりする作業は予想以上に大変だったが、学生達が徐々に話せるようになる姿を見て、私は達成感を味わった。2015年の大晦日、ある学生から一通のメールが届いた。「必死に頑張っているあなたを見ていると、私もやる気が出た」と。メールを読みながら、私は涙をこぼしていた。真冬であったが、暖かい太陽の光が心にまで届いているように感じられた。努力が与えてくれた感動だった。

三月、学校のスピーチコンテストに参加した。必死に準備したものの、結果は準優勝だった。悔しさからなかなか立ち直れない私は思い切って先生に相談した。「そんなに結果に拘らないで。努力を評価できるのは、自分だけなのだから」という返事に、励まされた。確かに、あの時はつらかった。しかし、今振り返ってみると、記憶にあるのは、深夜、腿を抓って必死に眠気と戦いながら、スピーチを練っていた自分の姿だけだ。

努力が必ず、結果に結びつくとは限らない。しかしいつか、努力は必ず報われると思う。重要なのは結果よりも、ゴールインするためのたゆまぬ努力ではないかという先生の教えが、これらの体験を通して、より一層深く理解された。

日本人が「頑張って」と口にするのを、よく耳にする。正直、聞き飽きたと思っていたが、誰かが「頑張って」と言ってくれたからこそ、その言葉に支えられて、私は最後まで走り抜けることができるのだと、あらためて認識した。

「励ましてくれて、ありがとう」と先生に感謝の気持ちを伝えたい。先生の教えがなければ、私は今頃、ただ雨か風かに打たれるままだったかもしれない。いつも前向きに頑張っている――そういう人に私はなりたい。

（指導教師　村瀬隆之）

◉**三等賞**　テーマ「訪日中国人、『爆買い』以外にできること」

未来へのガイドブック

遼寧対外経貿学院　曹伊狄

日本語の勉強を始めて3年が過ぎました。大学入学試験の結果が出た時、私は家族全員の前で「大学の専門は日本語に決めた」と報告しました。すると傍にいた祖父が突然「おはようございます」と私に向かって日本語で言ったのです。その変なアクセントは、家族を和ませました。私も日本語で「おはようございます」と真似して言ってみました。これは祖父が彼なりの考えで私の選択に支持を示し、祝福してくれたもので、今思えば有難いものです。

このように私の祖父母の世代は、今も簡単な挨拶ぐらいなら日本語で話せます。しかし日本語の勉強を始めてから、私が日本語を選んだことは、普通ではないということが徐々にわかってきました。私のクラスメートの一人は河南省の出身ですが、彼女の故郷では今も日本に関することを強く否定しているそうで、もし彼女の専門が日本語だということが周りに知れたら、もっと冷たい視線を浴び、陰で悪口を言われてしまうのだそうです。

この彼女の話によって、歴史という傷口をまだ治せない人たちが、広い中国にはたくさんいる事が証明されたような気がします。そして、これを聞いた時から中日関係という言葉は、私を悩ませるようになり、心を痛めました。しかし「爆買い」に行く中国人が増えて、この関係も温かいものに変わったように思い、ホッとしていました。ところが4月に熊本県を襲った地震を聞いた中国人の一部が、「地震が起きて良かった」「熊本の平安を祈る人は国賊だ」という意見をネットに載せました。これを見た私は目を疑いました。「なぜ人の不幸を願うのか、なぜこんな恐ろしい話をするのか、人間の生命こそ一番大事なものではないのか。理解できない、理解できない」と心の中で何回も繰り返しました。私を支えてくれる家族がいるように、被害に遭った人たちにも家族がいる生身の人間です。しかも彼らは新しい時代に生まれ、中国人に対して何も悪いことをしたことがない人達です。それなのに、なぜ戦争の恨みを彼らにぶつけるのでしょうか。過去をずっと引きずっていたら、未来への光が見えなくなります。幸い大方の中国人は熊本へ励ましの言葉を送りました。ある中国人はこのようなイラストを描きました。それは中国の象徴であるパンダが薬箱を持って、「みんな熊だから、みんな命だから」とくまモンを抱いている絵でした。最初にこれを見た瞬間、私は思わず涙が溢れました。この絵には大切なものが込められています。それは「愛」です。もともと人間は誰もが持っているはずですが、傷つけられた時、怒りがこみ上げた時に、この愛がどこにあるのか分からなくなってしまうのかもしれません。愛は人との絆であり、未来へ導く細い糸のように思います。この糸を中日両国は絶対に切ってはならないのです。

ともあれ2015年「爆買い」という言葉によって、中国と日本はまた繋がったように見えます。これも中日交流の一種と言ってよいかもしれませんが、このブームが冷めた時、中日はどうなるでしょうか。私は形のある物を求めるのではなく、日本の良いところをもっと見つけて、学ぶべきだと思います。

私は、ある本の中で、日本には自分のすべてを一つのことに捧げる「職人」と呼ばれる人がいることを知りました。私はこのような人を尊敬します。ある人は一生刀を作り、ある人は一生茶碗を作り続けています。彼らは常に完璧を追及し、熱い愛情を注ぎ、努力しています。このような人たちこそ、日本を支えてきた原点ではないでしょうか。彼らは生まれた物を通して、品物への愛着を人々に伝えているように思います。だからこそ彼らの声はお客さんに届くのです。今の中国の企業は消費者のことは考えず、利益のみ追及していますが、これでは激しい競争に勝ち残ることはできません。

私が読みたい「未来へのガイドブック」に書いてあることは、過去の恨みや憎しみではなく、愛することを学ぼうとする志以外は何もないのです。

（指導教師　松本裕子）

◉三等賞　テーマ「訪日中国人、『爆買い』以外にできること」

私には夢がある

南京工業大学　李偉浜

　私には夢がある。日本に行くという些細な夢。私のみならず、それは日本語を学ぶ人なら、必ず叶えたい夢だと信じている。その中で、夢がすでに叶った人もあれば、夢を叶えんがために日々努力している人もある。

　しかし、人がいかに頑張っても、すぐ叶えられる夢などは存在しない。そして、時が経ち、焦りが募ってきて、やがて焦燥感に駆られ、叶えたい、叶えられない夢が頭を痛める悪夢となってしまった。それゆえ、「爆買い」という言葉が私の目に入った時、「いいな、私も行きたい」という羨望だけでなく、「どうして私じゃないのか」という嫉妬も感じて、他のことが考えられなくなってしまったのだろう。

　落ち着いて、改めて考えてみると、「爆買い」をした人はそれ以外にも、観光地を回るなり日本料理を味わうなりして、日本旅行を楽しんでいたはずだ。それに対して、観光地や料理といった旅行に欠かせないものに興味のない私は、もしも夢を叶えて日本に行ったら、一体何をしたいか。

　最初に思いついたのは、やはり先に言った「爆買い」だ。しかし、私が買いたいのは、家電製品でも、日用品でもなく、ただどこで買っても同じ小説だ。「それなら、わざと日本に行く必要もないじゃないか」という質問が出てくるかもしれないが、「人によってそれぞれ」としか答えられない。

　書籍を読むなら印刷物、書籍を買うなら本屋というこだわりを持つ私は自らそれを捨てた。なぜなら、それはこだわりより日本語小説を読みたい気持ちが勝り、日本語小説を売っている本屋も少ないからだ。そういうわけで、私は本屋の代わりにアマゾンで、十数冊買ったが、結果として本屋で買うほど楽しくなかった。

　探る必要もないほど原因は明らかだ。私にとっては、本は読むだけでいいものではない。限られた金を持って、本屋に行ってみたら、どれも読みたくてたまらないが、買えるのは数冊だけで、本棚の前を行ったり来たりして、沢山の子と出会い、別れ、そして、悩みに悩みを重ねて選んだ子の主人となる。本を読み終えてから、自慢の息子のように他人に紹介する。それこそ、真なる本の取扱い方だと私は思っている。

そのため、もしも日本に行って、本屋もしくは『ビブリア古書堂の事件手帖』に出てくるような古本屋で、キノと美しくない世界で旅をして、太宰治の人生を歩んで、加賀さんと一緒に事件を解決することができたら、どれほど嬉しいだろう。

人間は欲張りな生き物で、一つの願いが叶ったら、また一つの願いが生まれてくる。夢の中では尚更だ。小説の「爆買い」以外にも、日本人の友達を作るなりなんなり、できるものなら何でもやりたい私には、一つだけ日本に行ってやらなければならないことがある。それは、落語を見に行くことだ。

日本語の小説を売る本屋を探すことや日本人の友達を作ることなど中国で頑張ればできることに対して、落語を生で楽しむには日本に行くしかない。

落語にはまったのは、『昭和元禄落語心中』というアニメを見たからだ。アニメに出てくる落語が一部だけでも、私は完全にその素晴らしさに魅了された。ネットで検索すると、意外といくつかの動画が出てきた。それは立川志の輔師匠が演じた、「死神」と「緑の窓口」と「親の顔が見たい」の三つの動画だ。

立川志の輔師匠の凄さに感心し、一層落語に夢中になり、毎日のように動画を流して、時々自分も呟いてみる。しかし、画面越しは到底現場に敵わない。そして、現場で十分楽しむために、暇のある時、落語の台本を繰り返して読むようにしている。

今の私には、市民文化ホールか寄席に行って落語を聞くのはただの夢にすぎないが、夢を夢のままで終わらせないように、今日も引き続き勉学に励む。何せ、夢は叶えるものだからだ。

（指導教師　新村奈津希）

◉三等賞　テーマ「訪日中国人、『爆買い』以外にできること」

宗谷岬の大晦日

西安財経学院　楊茹願

「もったいない」

私はいつもそう思います。なぜなら、親戚や友達に「日本に行く機会があれば、何がしたいですか」と質問すると、帰ってくる答えは「買い物」だからです。

せっかく日本に行けるのに、ただ買い物のためだけに行くなんて！　私には行きたいところやしたいことがたくさんあるのに！　私は心の中で叫びます。

「じゃあ、あなたはどこに行きたいの？　何がしたいの？」

友達や親戚からは当然この質問が出ます。そしていつも私が話すのは「宗谷岬の大晦日」の話です。

北海道には札幌や富良野など有名な場所がたくさんありますが、私はあえて北海道の最北端、宗谷岬に行きたいのです。

私がなぜそんな変なことを考えたのかというと、私の大好きなNHKの「ドキュメント72時間」という番組の影響があったからです。この番組の中で大晦日からお正月にかけて、宗谷岬の取材をしていたのです。オホーツク海から吹く強烈な風、それにもまして凍てつく寒さ。宗谷岬の冬は過酷です。冬に観光に来る人などほとんどいません。それにも関わらず、何かに駆られるように人が大晦日の夜に続々と集まるのです。とても不思議な光景でした。途中下車し、30キロも歩いた人、故郷から普通列車を乗り継ぎ、6日間かけてたどりついた人。みな、年を越し、日の出を迎えようとしているのです。

その岬にはどんな魅力があるのだろう。私はどんどん番組に引き込まれました。

集まってきた人の中には、恋人にふられた男の人もいれば、仕事がうまくいかなかった新入社員もいました。そしてこれから社会に出る高校生の姿もありました。彼らは皆、特に理由があるわけではなく、吸い寄せられるように、宗谷岬を訪れているのです。

実際日本に行ったことがない私はこの番組を見ただけで、行きたいという気持ちが沸き上がってきました。うまく言葉では言えないけれど、そう、うまく言葉では言えない魅力を宗谷岬に感じたのです。おそらく、ここに集まった人たちもそうなのでしょう。

「ドキュメント72時間」の中で、もう一つ印象深い場面があります。ある一人の男性が「カニ鍋」を作って、宗谷岬のバス停にやってきました。彼は地元の教師で、毎年大晦日に「カニ鍋」を宗谷岬で振舞っているそうなのです。すると、近くにいた人達が皆、バス停の中に集まり、鍋を囲んで、和気あいあいとし始めました。

それを見た私は驚きました。日本人といえば人見知りで、表面的なコミュニケーションしか取らない、そんなイメージがありました。打ち解けるのは難しい人たちだと思っていました。しかし、画面の中にいる人たちは初対面にも関わらず、みんな心から打ち解けているように見えました。立場も世代も違う人々が寄り集まって楽しそうに話しているのです。私は不思議でなりませんでした。でも、ここは特別な場所、きっとこれも宗谷岬の力なのかなと私は感じました。

私が大晦日の宗谷岬に行きたい理由は、もうわかっていただけたのではないでしょうか。宗谷岬の持つ不思議な魅力。一般的なイメージの日本とは違う、特別な経験や景色を味わえる場所だと思うのです。

そこで、私は一つ提言をします。せっかく遠い中国からやってきたのだから、中国人は特別な「日本」を感じるべきです。買い物や定番どころの観光だけでは感じることができないものが宗谷岬にはあるように思いました。私は日本に行けないので映像で見ることしかできないけれど、自分の目で、肌で特別な「日本」を感じることができたら、どんなに幸せだろう。

旅は人を開放的にします。そこには立場、世代、国籍、国家といったことに縛られることのない、飾らないお付き合いができると私は思うのです。私はこれからも特別な日本である宗谷岬の魅力を伝えていきたいし、いつか必ず、私も宗谷岬に行ってみたいのです。

この作文を読んで、宗谷岬に魅力を感じてくれた人、どうか一緒に行きませんか？

（指導教師　馬聡麗、奥野昂人）

◉三等賞　テーマ「私を変えた、日本語教師の教え」

夢守り人

嘉興学院　朱杭珈

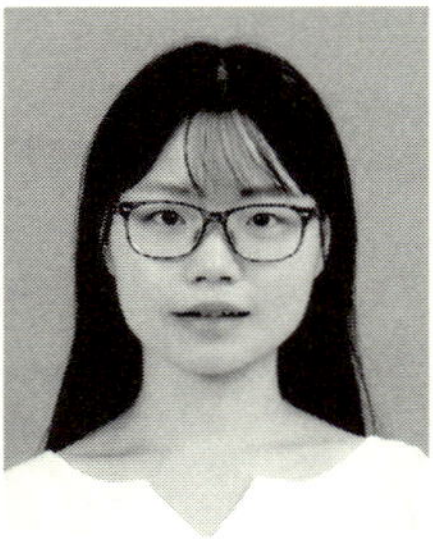

2016年4月3日　雨

菜の花が畑を黄色に染め、万物が希望に溢れる四月になった。先生は元気かな？

照屋先生と一緒におにぎりを作ったり、野菜を買ったりしている場面はまるで昨日のことのようだ。いつの間にか、私も卒業生になって、先生も転勤の時期になった。そろそろお別れの時だ。

先生といつ仲良くなったっけ？　先生の第一印象は悪かったよ。太めの変なお婆さんが日本人の先生なんて信じられなかった。でも、今の私は先生と会えて本当に良かったと思う。

昨日、先生の夢を見た。私は日本で、教壇に立って日本人の学生に中国語を教えている。先生は後ろに座って、ニコニコ笑っている。もしそれが現実になったら先生はきっと喜ぶだろう。先生は二年かけて、私の日本に対する誤解を解消し、日本を好きにさせたのに、結局私は日本へ留学する約束を守れなくて本当にごめんね。

留学することは三年生の時に決めたことだ。その前、年寄りなのに、中国で仕事をしている先生のことはずっと変だと思っていた。日本人に中国語を教えたことがきっかけで、やっと先生のことが理解できるようになった。日中両国は微妙な関係で、両国民はお互いに誤解している。先生のおかげで、私は日本を好きになった。私の影響で日本人の学生は中国を好きになった。先生はその誤解を解消するため、中国に来たのだろう！　私も先生のように日中交流の架け橋になりたい。日本で日本人に中国語を教えたい。ただ、親の健康を考えると、日本に行く勇気はなくなった。

先生は覚えている？　私が先生に自分の夢を語ったあの日のことを。

「いいです。私の後が継げます。日中交流に役に立ちます」と先生は大喜びで私に御馳走したよね。「親が一番望んでいるのは子どもの成功です」という一言で私を目覚めさせたよね。親の夢は子どもが自分の夢を実現し、成功することだ。それを聞き、私は夢を実現する道に戻った。先生のアドバイスで、日中両言語の対照について論文を書いた。日本へ留学することも決めて、親からも認めてもらった。

でも、運命は再び私をからかった。馬鹿な父は友達に騙されて、一夜で、うちに多額の負債ができてしまった。留学はもうできないと思い、私は狂ったように先生に父への恨みを伝えたよね。慰めるのではなく、先生は「許してあげましょう」と言った。

二度目の「許してあげましょう」だ。一度目は去年、先生が交通事故に遭った時だった。普通の中国人なら、その運転手を責め、賠償とかを要求するが、先生は何もしなかった。「人は誰でもミスをします。許してあげましょう」とその運転手を許した。

今回も同じだ。「その人も誰かに騙されたのでしょう。絶対理由があるはずです。お父さんも馬鹿じゃないです。友達の死を望んではいないでしょう」

確かにそうだね。私の夢はいつか実現できるが、もし父の友達がお金が原因で死んだら父は苦しむだろう！先生のおかげで、恨みをゆっくりゆっくり小さくしていった。実は先生と会う前、私は自分の夢の殺し屋だった。自信がなくて英語の先生になる夢を殺した。臆病で医者になる夢を殺した。今度も夢を殺そうとした。でも、この考えは先生に見抜かれたようだね。「朱さん、何があっても夢を捨てることはダメだよ」と先生は何度も私に話したよね。若い時、貧乏でたくさんの夢が実現できなかった自分の人生を私に話して、私を励ました。

先生のおかげで、私は夢を実現する道に戻った。遅くても大丈夫だ。まずは自立して、親と一緒に少しずつ借金を返す。それから、日本に行き、夢を実現する。

先生は私の夢の守り人のように、私の夢を守っている。勇気がない時は私を励まし、夢を実現する道から離れようとする時は私を呼んで、道に戻らせた。私だけじゃなくて、沢山の夢を守っている。先生、今度は安心してね。先生と別れても自分で夢を守っていく。いつか先生のように学生の夢守り人になる。

（指導教師　照屋慶子）

◉三等賞　テーマ「訪日中国人、『爆買い』以外にできること」

あなた、本当に日本へ行ったの？

東華理工大学　陳子航

２０１５年流行語大賞において、中国に関係する、とある単語が注目された。いわゆる「爆買い」である。近年訪日中国人が大量に買い物をすることは「爆買い」と呼ばれ、今日本で社会現象の1つとして、昨年末には、この言葉が日本の「流行語大賞」に選ばれたほどだ。私は、去年の夏休みに大阪へ行った時、初めて爆買いをしている同胞の様子を自分の目で見て驚いた。心斎橋を歩いても周りはほとんど中国人で、聞こえてくるのは中国語ばかりであった。みんな旅行しているというより、ただ買い物しに来たような感じがした。今本当に日本にいるのかと疑い、そして何だかモヤモヤしてきた。訪日中国人の目的は爆買いのほかにはないのか。日本でできることはいろいろあるはずだと思う。

旅行は買い物だけじゃない。「今まで生きてきたところと違う場所に来たのだから、少しでもこの国のありのままの部分を感じて、見て、楽しみたい」。そう思った私は観光客ばかりの街に行かず、自転車を借りて静かな日本らしい街を見て回った。朝、日本人がお互いに「おはよう」と挨拶する元気な声が耳に入った瞬間、今まさに私は日本にいるんだという実感が湧いてきた。夜、自転車で近くのスーパーへ行き、食べ物を買った時、日本のスーパーは閉店前の夜8時頃から値引きすることがわかった。初めて日本のバスに乗って、中国のバスとこんなに違うのかとびっくりした。花火大会の時、若者たちが浴衣を着てワイワイ騒いでいる様子を見てなんだか幸せな匂いを感じたような気がした。目立たない小さな料理店で本場の日本料理を食べ、日本人の日常生活を感じて、なんだか気分が良くなった。居酒屋で日本人の先生と食事しながら大声で笑って、ストレスが解消できる場所というイメージができた。多分こういう些細なことは日本人にとって非常に普通の、何でもないことかもしれないが、外国人の私にとってとても新鮮で、深い印象を残した。それに、外国人の視点からこの国を見て、いくつかの違いに自ら気づいていくことが一番楽しかった。そして帰国してから友達と情報をシェアして、彼らの「へぇ～知らなかった！　なるほどなぁ」という顔を見たとき、「ね、私だって中日友好の架け橋になったよ」と思いつつ、こういう気持ちは爆買いからは得られないでしょう、とも思った。

爆買いが話題になった時、日本のウェブサイトを見ると、訪日中国人にマナーを改善して欲しいというコメントがあふれていた。やはり複雑な気持ちになる。でもこういうコメントから学ぶことがあると思う。国によってマナーも違う。郷に入っては郷に従え。マナーと習慣が異なることをよく理解し、相手のことを尊重することが大切だと思う。それも我々訪日中国人にとって大切なことではないか。別に難しいことではないし、やれば誰でもできる。やっているうちにお互いの文化や生活習慣など相互理解の大切さも感じられる。私だって、日本に行って、ずっと前から抱いていた日本のイメージが実際には随分違うことに気づいた。そして考え方も少し柔軟になって、心境も良い意味で変化した気がする。もう一つ気になったコメントは、日本の地方の魅力も知って欲しいというものだ。そういう気持ちはよく分かる。中国人でもきっと外国人観光客には上海や北京のような大都市ばかりだけではなく、中国の風格を十分体験できる地方にも来てほしい。本当に違う文化を味わいたいなら、地方に行って地元の人と交流したりするのは有意義なことではないか。我々も日本の地方に行ってもっとありのままの部分を感じたらどうだろう。

私は日本旅行で、お金で買えないものをいっぱい手に入れた気がする。もし誰かに日本について聞かれたら、私は話したいことがたくさんある。あなたはどうだろう。「あなたは本当に日本に行ったの」と言われたくないと思ったら、爆買い以外にできることはもうすでにあなたの心の中にあふれているはずだ。

（指導教師　方敏、千葉雄一郎）

◉三等賞　テーマ「訪日中国人、『爆買い』以外にできること」

中国との違いを探そう

東華大学　戴俊男

「そうそう。『食べすぎると、殺されるわよ』って台詞があるよね」

「ああ、中国語で『吃太多会被殺掉的』という意味だよね」

「違う違う。『吃太多』じゃなくて、それは神様から貰った物という意味で……」。上條さんは空へ手を伸ばしながら話してくれました。

「食べすぎるって食べる量が多すぎることじゃないの？　神様と何の関係があるの？　彼は一体何を言いたいの？」。上條さんの話を聞いた私はあまり納得できませんでした。

話好きで、自分の考えをしっかり持っている上條さんと出会ったきっかけは、今年の四月に同済大学で行われた中日迎春交流会でした。普段、日本人と交流する機会が少なく、滅多にない機会だと思い、期待に胸を躍らせながら会場に向かいました。私達は四人一組のチームで交流しました。上條さんは私のチームメンバーの一人でした。

私達は日本のアニメの話に花を咲かせました。すると、「千と千尋の神隠し」という映画の話題になりました。「あんまり太っちゃだめだよ。食べられちゃうからね」。これは中国で非常に人気がある千尋の台詞ですが、中国人である私は、多く食べると太り、太っていると豚のようにおいしい肉として食べられてしまうと解釈しました。

「なんと論理的で正しい解釈なんだろう」と私は思いました。

しかし上條さんはそうは思っていないようでした。「神様から貰った……」「神様から貰った……」「神様から貰った……」。彼は何回もこう繰り返していました。「そうか」。日本では食べ物は神様からの頂き物だという考え方が定着していることをふと思い出しました。周知のように、日本の伝統的な家庭では、食事の前と後に「いただきます」「御馳走さま」と言って神様に感謝の気持ちを伝えます。少し調べてみると、食材である生き物の命を絶ち、自分の栄養として取り入れられることへの感謝を表しているという解釈もあるようです。

一方、中国人は食事の前にも後にも「いただきます」のような言葉は言いません。食べ物を大切にする気持ちがないわけではありませんが、理由を考えてみたところ、私達に食べ物を与えてくれる人々への感謝の意識がないからかもしれないという考えに至りました。日本の習慣や文化と中国のそれとの間には隔たりがあることは分かっていたつもりですが、このギャップの深さを改めてしみじみと感じました。

この交流会を通じ、私達は好きなアニメやアニメソングのみならず、ある台詞や登場人物の行為からも日中両国間の違いに気づきました。アニメから両国間の違いを探し出すことと同じように、訪日中国人も日本で中国と完全に異なる景色を楽しむことができます。中国で川の水面がびっしり藻に覆われた「抹茶河」を見た後、日本で川の水面が数えきれない桜の花びらでピンクに染まっている「桜河」を見に行き、緑とピンクのそれぞれの魅力を感じながら、中国の環境保護について我々は何をすればいいのか今一度考えてみましょう。また、中国の霊隠寺などを訪ねた後、日本の東大寺や法隆寺を訪れてみて、建築様式や参拝方法の違いを見つけてみましょう。

無論、目に見えるもの以外の目に見えない差異もあります。「いただきます」という言葉に隠れている神様へのお礼、思想や文化を反映した様々な特徴が人の好奇心をそそります。「同じ人間なのに、どうして考え方がこんなに違うの？　日本では生徒でも恋ができるって、なんで？　ああ、羨ましい。あ、学園祭面白そう、私も行きたい……」。勉強すればするほど不思議なことが増えていきます。

訪日中国人ができるのは爆買いだけではありません。異なる環境や文化の中に身を置くと、心身をリフレッシュさせることができます。自分の目で、耳で、心でその違いを感じ取れば、大きな収穫が得られるはずです。

「あのね、日本では神様への感謝の気持ちを表すために、食事の前に『いただきます』と言うんだよ」。私は空へ手を伸ばしながら友人に言いました。

（指導教師　岩佐和美）

◉**三等賞**　テーマ「訪日中国人、『爆買い』以外にできること」

日本の人情社会―人情に国境はない―

同済大学　呉佩遙

2015年から、訪日中国人観光客が急増し、日本で「爆買い」することで人々の関心を引いた。「爆買い」という行為の背後には、さまざまな原因があるが、「爆買い」するつもりだけで、日本に訪れるのはもったいないのではないだろうか。私に言わせれば、「爆買い」以外に、訪日中国人ができることは、旅行中に日本独特の人情を実感するということである。

私は夜の人情社会を体験しようと思った。なぜかというと、『深夜食堂』という日本のドラマから感銘を受けたからだ。「一日が終わり、人々が家路へ急ぐころ、俺の一日が始まる」というセリフは、いかにも温かみが感じられる言葉だと思われた。目の前に一日の仕事を終えた人々が、お酒を酌み交わし、楽しく語らう光景が広がった。このセリフに引きつけられた私は、日本の夜の人情を実際に体験するために、福岡への旅に出た。屋台や居酒屋、商店街などで人々との出会いの中から、「一期一会」の真の意味を実感することができた。

一番印象に残ったのはある居酒屋でのことである。靴を脱ぎ、丁寧に揃えている時、ちらりと見ると、奥の席でお年寄り三人が話をしていた。和やかな雰囲気だった。チーズをのせたお好み焼きを味わいながら、店員さんと話しているところに、一人のお年寄りがやってきて、私に話しかけた。「そっか。中国の学生さんですか。長旅、大変だったね」と、まるで隣に住んでいるおばあさんのような口調で、都会の人によく見られるよそよそしさとは正反対だ。私は最初、こんな親切な態度に馴れていないせいか、びっくりして話し方もぎこちなかった。だが、だんだんその緊張感も失せ、おばあさんと楽しく話せるようになった。おばあさんは私を自分の席まで誘い、福岡の方言や名物、そして、急に話題を変え、自分の若い頃のことをいろいろ教えてくれた。11時近くになると、

「お会いできて、嬉しいです」と言い、私にお辞儀をして帰っていった。それっきりで、このおばあさんと二度と会うことはなかった。この忘れがたい出会いの中で、私は自分なりに日本での旅行を満喫した。

サービス業での礼儀作法を通して世界中に認められた日本では、ごく普通の商店街も、温かい人情で魅力に溢れていることがわかったのは、おばあさんと出会ってから三日後のことであった。名も知らぬ商店街をぶらぶら散歩していた時、「田中時計屋」（正式名称は「タナカ時計店」）というお店に気づいた。ウインドウ越しに見て、色彩の鮮やかな折り紙人形があちこち並べられていた。中に入ると、「いらっしゃいませ」と言いながら、一人のおじいさんがにこにこして椅子から立ち上がった。足が不便そうで、そのまま立って私に話しかけた。時計屋をやっているが、折り紙のほうに興味を持っており、息子もいま、「折り紙の芸術家」という身分で、世界を舞台にして活躍しているという。二十分ぐらい話すと、ふと何かを思い出したように、「折り紙、教えようか」と、田中さんは言った。それから、五、六枚の色紙を引き出しの中から取り出した。服からズボン、それに、船や傘など、覚えやすいものの折り方を口で説明しつつ、ゆっくりと折って見せた。おかげで、さすがに手先が不器用な私でも、本物っぽいものを折ることができた。帰り際に、田中さんは「かぶと」と「蝶々結び」の折り紙をくれた。そして、「人に喜んでもらうのは折り紙の一番の楽しさだ」と言わんばかりに、満足そうに笑った。

中国人もよく「親切」と言われているが、私に言わせれば、中国人の親切さは「相手を家のお客さんとして扱う」というものであり、日本人のそれとは異なり、「相手を隣人として扱う」、そよ風のようなものである。「爆買い」以外に、日本への旅でこんな親切さを感じることもできる。これによって、中日間に横たわる「壁」も少しずつ取り払われていくのではないだろうか。人と人との関係に国境はない。「人情」にも国境はない。

（指導教師　池嶋多津江、李宇玲）

◉三等賞　テーマ「私を変えた、日本語教師の教え」

日本に行ってみよう

遼寧大学外国語学院　時瑤

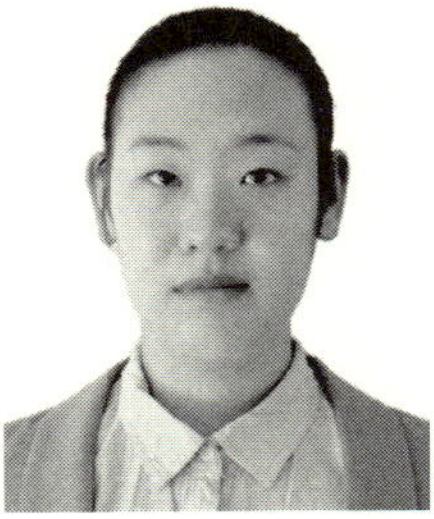

昔、「日本のことがこんなに好きだから、将来きっと日本へ行くでしょう」と聞かれる度、私はいつも笑って何も答えませんでした。あの時、私はまだ高校生で、単に日本語の歌が好きで、日本に行くつもりはまったくありませんでした。そして、大学で日本語を専攻しているとしても、その考えは全然変わっていませんでした。少なくとも高先生に出逢うまではそうでした。

それはある風のない冬の午後のことでした。教室で会話授業の担当の先生が突然変更になったという知らせを聞きました。うちの学校は中年の先生が多く、私は担当の先生が変わっても中年に決まっていて、授業もつまらないと思い込んでいました。しばらくして、若くてきれいな女性が教室に入り、柔らかい声で、「皆さん、こんにちは。今日から会話授業の担当になった高です。どうぞよろしくお願いします」と挨拶しました。なんとなく私はその先生に引かれました。あんな素敵な人が新しい先生になったことがちょっと信じられず、どんな授業をしてくれるかを楽しみにしていました。先生の授業は期待した以上に面白くて私の心をすぐに掴みました。先生は教科書に書いてあるものだけでなく、ほかにもいろいろ教えてくれました。そして、先生は日本の大学院を出て帰国したばかりだと知りました。

先生との会話を通して、先生は性格が爽やかで明るい人だと知りました。それからは時間があったら、先生の所に遊びに行くようになり、先生と仲良くなりました。ある日、先生とおしゃべりをしている時、先生に日本に行く予定あるのと聞かれ、私はいつもの通り、行くつもりはありませんと答えました。先生は驚いた顔で、「えっ、嘘でしょう。あんなに日本の歌やアニメが好きなのに、どうしてなの」と聞きました。「特に理由はありません。今は情報が溢れていて、ネットを通じて日本のことを十分知ることができます。それに、テレビなどで見た日本人はみんな怖くて、本当に行ったらあっちこっちそのような人が一杯いることを想像するだけで嫌になります」と答えたら、先生はちょっとほっとした表情で「そう思ってるの」と聞き、私は「はい、そうです」と答えました。先生は「その考え、ちょっと甘いよ。今のあなたはまだ成長中で、いろいろなこともよく知らないかも」と言い、自分の経験を語りました。

先生は大学を出た直後、ある会社に勤めました。毎日疲れても充実した日々を送っていました。しかし、その一年後、せっかく日本語を学んだのに、ちょっともったいないと思って、先生は日本に行くことにしました。日本の独特の文化や社会生活などに触れて、日本に行きたいという気持ちが抑えられなくなりました。いろいろと考えた末、先生は留学することにしました。日本で留学している間、いろいろな所へ行き、多くの日本人と交流し、日本に対する理解が深まり、知れば知るほど日本がもっと知りたくなったそうです。「この目で見たものと写真などで見たものとは桁違いだったよ。実際に日本人は優しいわ。だから、行ってみないと、多くのことが確かめられないはずよ。いつでもいいから、将来必ず一度、行ってみてね」と私に勧めてくれました。

先生の話を聞いて、自分の考えは本当に甘かったと思います。私は日本に行かなくてもテレビなどで日本のことを知ることができると思い込んでいましたが、実は日本がどんな国かぜんぜん知らなかったのです。自分の考えが間違っていたとはじめて知りました。以前の私は、ただ日本語の歌詞の意味を理解するために日本語を学ぼうとしたのですが、その時から私は日本という国を知るために日本語を学ぶことにしました。また、先生は授業で日本各地の風俗も沢山教えてくれて、私は日本に憧れを持つようになりました。

先生の教えのおかげで、私は自分のやるべきことを知りました。先生への感謝の気持ちをこめて、私はいつか日本に行きたいと思っています。

（指導教師　芮真慧）

◉三等賞　テーマ「私を変えた、日本語教師の教え」

私を変えた言葉

大連工業大学　董鳳懿

「董さん、すごい！　今度の試験は一番になるよ」「先週はスピーチコンテストも受賞したし、進歩の秘訣を教えてくれない？」。友だちは掲示板に張り出された成績表を見ながら、私に尋ねた。「秘訣なんかない。ただ前向きな気持ちで努力しているだけ……」。私はそう答えながら、大学に入ったばかりの頃を思い出した。

当時、私は日本語の勉強に興味が持てず、授業中もとなりのクラスメートと囁いたり、サボったりして、成績も下がっていく一方だった。特に、「基礎日本語」という最も大切な科目が苦手で、成績も悪かった。そのことで、ひどく落ち込んでいたとき、「基礎日本語」を担当している軒先生からメールが届いた。そのメールには、こう書かれていた。

「どんな難しいことがあっても、やめてはいけない。粘りに粘ってやり続ければ、なんでもできる。来年、再来年、またその次の年も、ずっとずっと前向きに努力してください。董さんのような前向きな人は必ず素晴らしい未来が待っている。来学期は、董さんたちを教えないが、日本語が上手になるのを待っているよ」

私はこれを読んで、ほんの一瞬で心を大きく動かされた。てっきりサボったことや授業中うるさいことを注意されるかと思ったら、そのことに全く触れず、慰めて励ましてくれる言葉であった。私はとても感激した。

先生は「もうサボってはいけない」「授業中うるさい」と書いていいはずなのに、「ずっとずっと前向きに努力して……」と書いてくれたので、私はもう二度とサボらない、授業中もっと真剣に聞こうと思った。先生が書いてくれた簡単なメッセージが、私の心に突き刺さり、一生懸命に勉強しようという気持ちが起こった。それから、私も先生が書いているとおり、ずっと前向きに努力している。

また、こんなこともあった。これも一年生の時のことである。初めてスピーチコンテストに参加したので、発表している最中、緊張し過ぎて、頭の中が真っ白になって、原稿の内容を忘れてしまった。とぎれとぎれに発表したあと、ふらふらと演壇を降りた。観衆のクラスメートの眼が私に注がれていることが分かった。穴があれば入りたいほど恥ずかしかった。その時、二度とコンテストに参加しないと思った。しかし、コンテストが終わった後、軒先生に事務室に呼ばれた。

「董さん、誰でも失敗したことがある。でも、それを乗り越えてこそ、新しい自分になれる。一回ダメでも、もう一回やる。このようにすれば成長した自分が得られる。ずっとずっと前向きに努力してね。来年も再来年も、ここで董さんの素晴らしい発表を楽しみしているよ」

私は、その一言で、不思議なほど曇った心がぱっと晴れたようになった。もともと困難にぶつかると諦めやすい私に勇気と力をもたらしてくれた。スピーチが上手になるように、絶対に全力を尽くすと決意した。

光陰矢の如しで、今は三年生になった。この二年間、以前の自分と比べたら、すっかり変わった。以前の怠け者や臆病者が消えて、働き者や勇者になった。毎朝早く起きて一時間ぐらいスピーチを練習している。また、真剣に授業を受けて、休み時間も図書館で一生懸命勉強している。だから、自信が生まれている。期末試験は何回も一番になって、スピーチコンテストも受賞した。

私は今ちゃんと勉強もできるし、いろいろチャレンジする意欲もある。それも、私を励まし勇気づけてくれた先生の言葉や教えがあってのことだ。私もこの温かい言葉をみんなに伝えたい。何をするにも自信がない人、いつも悩んでいる人たちに力や勇気をもたらすことができれば、どんなに素敵なことだろう。私はこれから、軒先生がされたように、自分がずっと前向きに努力しながら、ほかの人に温かさや力をもたらすようにしたいと思う。

（指導教師　単麗）

◉三等賞　テーマ「訪日中国人、『爆買い』以外にできること」

訪日中国人、「爆買い」以外にできること

五邑大学　黄潔貞

　この前、親友が一人で日本へ旅行に行った。帰った後すぐ私に見聞を分かち合ってくれた。「ねえねえ～貞ちゃん、聞いてね。日本は本当に人間味に溢れた国だよ。私は迷子になっちゃって、コンビニの店員さんに英語で道を聞いたら、あのお姉さんは英語ができないけれど、まさかコンビニにいたスタッフ全員に『誰か英語ができるか』って聞いて、英語のできるスタッフを連れてきた。またね、居酒屋で清酒を頼んだよ、オーナーに『清酒、大丈夫？』と何度も心配そうに聞かれた。せっかく日本に来たから、どうしても飲んでみたいと思っていたから、思い切って頼んだ。一口飲んで、苦手でやりきれなかった。オーナーは私の表情を見て、ハハと笑ったよ。ちょっと恥ずかしかったけど、本当に居酒屋の雰囲気が好きだわ。またね、懐石料理も食べたよ。おもてなしは最高だった。あとね……」。親友の経験を聞きながら、「あれ、私の経験と全く違うじゃん」と思った。二年前、ツアーで日本へ旅行に行ったことがある。日本に関する記憶はただ隅に置かれた寂しいアルバムとあの爆買いの現場だった。

　日本の旅三日目、ガイドさんについて秋葉原にある免税店に行った。店に入る前に、なんか客が多いような気がした。入ってみると、一階の電気売り場はすでに中国のおばさん達で埋め尽くされていた光景に驚いた。店の中に「お得です。総計2万円以上、免税可能です」という大きなポスターが張ってあった。「お得」という言葉は損をするわけにはいかない中国人にとって一番たまらない言葉だ。おばさん達は商品をチェックしながら、中国語が通じる店員さんをつかまえて、値引き交渉に頑張っていた。大勢の人々、騒がしい店内、まるでお祭りのようだ。結局、雰囲気にのみ込まれて、私もおばさんチームの一員になってしまった。

「日本の旅はどう」と聞かれるたび、「東京、大阪、京都へ行ったよ。いっぱい写真を撮った」とこれしきのことしか答えられない人は私以外にもまだ沢山いるだろう。単にガイドについて、あちこち行って、写真を撮って、最後に免税店へ行き買い物するなんて。それで日本の旅が終わってしまう。そのような旅は爆買いの衝動以外、心に何か残るだろうか？　爆買い以外に私たちができることは何だろう？　私の親友みたいに、足を運んで日本の街を歩いて、日本という国、日本に住んでいる人々、そして悠々たる日本文化を肌で感じて、心に記憶を刻むことではないか。ゆっくり散策して、ひたすらにカメラのシャッターを押すことを止め、目で心で、日本の隅々にあるまだ他の人の見つけていない日本の温かさ、面白さを記録して、中国に帰った後、自分の本当の気持ち、自分の見聞を周りのまだ日本を知らない人、また日本に対してずれたイメージを持つ人と分かち合って、少しでも中日交流の壁をなくして行くことではないかと思っている。

「爆買いって、日本人から見ると、よい言葉なのかなぁ？　悪い言葉なのかなぁ」という疑念をずっと抱いている。日本人の先生に聞いてみたら、疑念をようやく晴らした。日本人は別に中国人の爆買いが嫌いなわけじゃない。むしろ日本の経済を助けたことに対してありがたいと思う一方、中国人が日本の日常生活の秩序とマナーを守らないことに困っているそうだ。最近、中国人の目的はだんだん爆買いという消費行動から、日本の文化、サービスを体験してもっと日本を知りたいという精神的なものへと変化している。日本の街を歩いているとき、乗り物に乗っているとき、食事をするとき、そして温泉に入るときにも日本のマナーを守って、相手の習慣を尊重することは、はじめて相手を理解しはじめることだ。今こそ、われわれは爆買いの旅から理解、交流の旅を求めつつある。

（指導教師　葉飛）

◉三等賞　テーマ「私を変えた、日本語教師の教え」

荒井先生からの印象深い一言

大連東軟情報学院　施静雅

実は、私たちの学校にこういう先生がいます。彼はもう63歳の年配の方ですが、いつも元気で活発に生徒たちと交流されています。まさに私の本当のおじいさんという感じがします。彼にどうしてここで働いていますかと聞くと、「僕は日本の伝統と文化を中国人に伝えたいんだ」とお話されました。

私はこの先生の授業を受けたことがありませんが、スピーチの指導や、朗読の指導など、いろいろお世話になっています。ですから、交流の機会も多いです。他の先生の話によると、この先生は中国に来る前、日本である小学校の校長の職に就かれていたということです。それが原因だなと思いました。この先生の話はいつもおもしろくて味わい深いのです。

ある日、校内の日本語コーナーで、その日のテーマが「日本文化について」でした。この先生と茶道の話題になり、その時「一期一会」という言葉が耳に入りました。最初はそれがどういう意味なのかも知りませんでしたが、先生の話によって、それは茶道に由来する諺だということが分かりました。「あなたとこうして出会っているこの時間は、二度と巡っては来ないたった一度きりのものです。ですから、この一瞬を大切に思い、今出来る最高のおもてなしをしましょう」という意味の、千利休の茶道の筆頭の心得です。平たく言えば、これからも何度でも会うことはあるだろうが、もしかしたら二度とは会えないかもしれないという覚悟で人には接しなさい、ということです。あの時、私は感動したと同時に、心がぽっと明るくなりました。

先生のその一言で、私は『1リットルの涙』という日記を思い出しました。その日記の作者は木藤亜也さんという女性で、体を動かす働きをする小脳の細胞が減退してゆく難病に見まわれました。高校に入学する頃から病状が現われ出し、病気と闘いながら通学します。しかし、病勢は止まらず、途中で養護学校に転校を余儀なくされました。遂にはベッドで寝たきりの生活の中でその日記を書き綴ったのです。彼女は歯ぎしりしても、眉をしかめて踏ん張っても、もう歩けないのです。何となく無気力に生きている若者達の多い昨今、動けなくても、人の役に立たなくても、一度の人生を精一杯生き抜く彼女の生き方は、感動せずにはおれません。彼女も一期一会の心の分かった人だと思います。

今まで、私も様々な人に出会いました。しかし、私は彼女のように、一期一会の心を持って、彼らと接していませんでした。今振り返ってみると、もし以前、私が心を込めて、彼らと接したなら、きっとたくさんのいい思い出ができたと思います、もしかしたら、もっと人生に欠かせないほどの親友まで作れたかもしれません。

先生の一言は、私に多くのことを深く考えさせました。今は私達の生活は確かにだんだん豊かになってきましたが、その生活のために、みんな一生懸命働いています。そのため、いろいろなことに忙しくて、人たちの心の交流が少しずつ失われてしまった感じがします。ですから、その一期一会の心を持っている人はほとんどいないと思うのです。今、大学生の私は、その一期一会の心を持って生きていきたいと思っています。大学時代は人生に一度だけの時期であり、その中で、様々な人に出会うことができます。先生たち、級友たち、ルームメートたちなど、もし心を込めて彼らと接したなら、きっとたくさんのいい思い出ができると思います。大学時代だけではなく、これからの人生も、一期一会の連続です。戻っては来ません。だからこそ、私は木藤亜也さんのように、一期一会の心を持って、この一瞬を大切に過ごしていきたいです。

「一期一会」、私の人生に対する態度を変えた先生のこの一言。まさに「私の人生の宝物」といっても過言ではないと思います。先生と出会ったことも私の幸運です。

（指導教師　近藤千文）

◉三等賞　テーマ「私を変えた、日本語教師の教え」

先生のおかげで、私が変わった

安陽師範学院　馮倩倩

あれ？　変なところ。肉より果物のほうが高いと先生が言ったのである。そんな不思議な話を初めて聞いてびっくりした。なぜかというと、その時の私は日本のことをぜんぜん知らなかったのだから。

高校の理科生としての私は外国語を習うのが苦手だったから、大学に入ったばかりの時、日本語が好きではなかった。日本語を専攻として勉強しなければならないことはぜんぜん想像できなかった。心が苦しかった。私は家族の支援ももらえなかったし、高校時代の友達にも笑われるし、夜も良く眠れなかった。さんざん悩んだあげく、専攻を変更することにした。しかし、外国語学部の担任の先生は「まず勉強してみて、そのあと、まだ好きではなかったら、専攻を変更したほうがいい」と勧めてくださった。私は先生の意見を受けて、しばらく勉強してから改めて専攻を変更するかどうか、考えることにした。

正直に言えば、私は以前日本人が好きではなかった。日本人は怖いとも思っていた。しかし、授業で日本人の高松先生に出会った。見た目から言えば、先生は中国人と区別できないので、私はちょっと安心した。それから、先生と付き合っているうちに、だんだん先生のことを心から受け入れた。先生はいつも笑顔で親切に授業してくださって、皆にいい先生だと言われた。

その時になって、私は日本人と日本語をよく見直して、好きになったと言っても過言ではない。

先生と付き合っているうちに日本のことが一層分かってきた。例えば、日本人は遅刻することは少なく、時間を守り、早めに約束の場所に到着したり、非常に曖昧で、YESかNOかをはっきり言わなかったりすることに気が付いた。それだけでなく、授業においても、先生は日本語そのもののほかに、日本の風習も教えてくださった。

皆の耳を楽しませ、私たちもいろいろ分かってきた。

それに、日本はそんなに嫌な国ではなく、おもしろい国だと思い始めた。同時に日本語に対する興味が深まってきて、専攻を変更したいという気持ちも下火になってきた。そのかわり、日本語を専攻として勉強していこうと決心した。

高松先生のことがだんだん好きになるとともに、先生の仕事に対する真面目な態度に感動させられた。例えば、先生は病気でも、授業は欠席しないで、丁寧で真剣に教えてくださる。それに先生は先輩の会話力を高めるために、毎日夜12時まで携帯電話で会話練習をしているそうだ。そういうことを聞いて、私たちは本当に感心した。

今の私はよく日本の映画を見たり、日本についての本を読んだり、日本についての記事に気を配ったりして、積極的に日本語を習うようになってきた。それから、家族や友達と出会ったとき、日本語を勉強しているうちに、自分の目で見た日本人はどんな人かと彼らに説明するようにしている。私の努力を通して、家族も友達も日本語と日本人がそんなに嫌いではなくなってきた。それだけでなく、私自身も日常生活において細かいところに気を配るようになってきて、どんなことをしても完璧にしたいと思うようになった。

今学期、学校には日本人の先生がいないが、日本語の啓蒙先生としての高松先生は忘れがたい。先生がいなかったら、日本語が好きにならなかったかもしれない。先生のおかげで、私の日本に対する見方は変わってきて、見聞も広められるようになってきた。もし、いつの日か、先生にもう一度会えるなら、私はぜひ心からお礼を申し上げようと思っている。

これから、私は引き続き、一生懸命日本語と日本文化を勉強していくつもりだ。もしできれば、もっと多くの中国人に今の日本のことを説明してあげたいと思う。もっと中日交流が順調に進むように努力しようと思う。

（指導教師　張振会）

◉三等賞　テーマ「私を変えた、日本語教師の教え」

先生、「ごめんね」をいわないでください

山東科技大学　付子梅

「ほらほら、あの男の人は私の日本語の先生だよ」「えっ、どれ」「あの、痩せていて、ハンサムな人。まだ見たことないの、緑のスウェットを着ている人」「ああ、あの人ね。ハンサムって……五十歳ぐらいに見えるけど」「まあ、若い時、若い時よ、きっとカッコよかった」「あのねえ……」

そうだ。若いころはきっとハンサムだったろうと思う人が私の日本語の先生―森下昌治である。どうして森下先生のことを書いているのか。初めてこのタイトルを見た時、森下先生の名前がすぐ私の頭に浮かんだからだ。あなたはたぶん「彼の講義は面白いの？　教えてくれた時間は長くないでしょう。あなたとよくコミュニケーションしているの？」とこのように聞くかもしれない。実は、先生の講義をあまり面白いと感じていないし、彼の教える時間はまだ一年にも満たないし、そして、授業以外の時間で会話することもなかったのだが。

もう日本語を二年半も勉強した。私に日本語を教えてくれた先生は多いが、私にとってはそれらの先生の中で特別なのは森下先生だ。何故かというと、彼の教えは私を変えたからだ。それは日本語についての教えではなくて、いつも「ごめんね」と言う前にする、授業とは関係のない話のことだ。

彼は前学期ビジネス会話を教えてくれた。

むかし日本のある企業で働いていたそうだ。「ビジネスマンか、きっと厳しい先生だろう」と思っていた時に先生は「ティッシュ、ある」と聞きながら歩いてきた。

私はすごく緊張して、急いでカバンから一袋のティッシュを取り出した。そして「先生、どうぞ」といいながら彼に渡してあげた。でも先生は「いや、多すぎる」といいながら一枚だけ引き出した。それから、その一枚を広げて、半分に引き裂いた。

「半分だけでいい。鼻がそんな大きくないから。ごめ

んね、面白くない話だね」と言いながら残りのティッシュを返してくれた。

日本人が節約するという習慣があるのを知っていたが、これほど節約するのには驚かされた。それで今私はできるだけ紙を節約するようになっている。天然資源を節約することに自分が貢献しているなんてことはあまり感じていないけれども、紙を買うお金が本当に節約できているのをはっきり感じている。先生は自分の一挙一動がどれほど学生に影響を与えているか、おそらく先生自身もわかっていないだろう。

先生の教えはこんなささやかなことだけではなく、私の根本的な考えにさえも大きく影響を与えた。

ある時先生は「皆さんはなんのために日本語を習うのか」と聞いた。

「日本語を話せるようになるため」「日本語という言語を身に付けるため」「アニメが好きだから……」

先生は「じゃ、日本語を習った後、なにをしたいの」と問い続けた。

「ぼくは翻訳をしたいです」「日本企業で働きたいです」「大学院にはいりたいです」など、皆はさまざまな考えを言った。

私も確かに皆と同じように日本語を身につけていい仕事を見つけるために日本語を習っているのだが、その時はなにも言わなかった。

「みなさん、ちゃんと考えてほしい。あなたたちが勉強しているのは一国の言語で、国と国の交流の道具だろう。今、中日両国の交流が少なくなっている。この状況がずっと続くなら絶対に悲しいことになる。両国の理解が進むように、なにかしたくないの？　未来はあなたたちのものだ、中日両国の未来もみなさんの手にあると思う。だから、自分のことだけ考えるのではなく、もっと広い見方を持ってほしい。ごめんね、授業と関係のない別の話だったね」

先生の話を聞いた後、私は自分の未来を考え直し、おかげでいろいろな可能性を見つけた。

先生はいつもこのように授業の途中で別の話を差し込んで、話が終わった後、「ごめんね」という。しかし、先生が「別の話」をしてくれた心遣いを心の底から感謝している。だから、先生、「ごめんね」をいわないでください。

（指導教師　尾崎寛幸）

◉**三等賞**　テーマ「訪日中国人、『爆買い』以外にできること」

日本で特別な旅をしよう

武漢理工大学　鄭玉蓮

　近年、日本に行く中国人はますます多くなっています。ニュースによると、訪日中国人の日本における強い消費行動は統計からもわかります。「爆買い」という言葉はこの際立った現象を良く説明しています。確かに、爆買いが起こる理由は日本の製造業が発達しているからです。しかし、日本は、世界でも製造業だけではなく、文化、歴史、あるいは日本人ならではの魅力的なところも輝いていると思います。そこで、日本で旅をする上で、訪日中国人が爆買い以外にできることは何でしょうか。

　わたしは人と人、特に違った国の人たちがコミュニケーションによって素晴らしい共有感を生み出せると信じています。訪日中国人が日本人の家庭にお邪魔して日本人と暮らせば、どんな奇妙な反応が出てくるのかを考えてみましょう。つまりホームステイです。

　日本に行く中国人は一般的には、宿泊地としてホテルを一番に選択します。ホテルは整備されており、サービスも立派です。しかし、そんなホテルは新しさしかなくてつまらないのではないかと思います。日本の家庭に住むとなったら、この国に居る毎日は可能性に満ちています。すべては未定なので、明日何が起こるかを期待させてくれます。もしかしたら奥さんが何か美味しいものを作ってくれるかもとか、食事をするとき彼らはどんな話をするのかとか、親子の日常は中国と似ているのかどうか、とにかくツアーでは見られないものを見ることができます。

　地方ごとに特別な風習や様々な文化的現象もあります。それらのものこそ、人間の生活が深く染み通ったものです。日常生活からは常に意外な収穫があるものです。だから、日本人と暮らすことを通じて、この地方のライフスタイル、風潮などを深く体験することができます。一年の中には様々な祝祭日があって、面白いところもそれぞれ違います。幸い祭りに出逢えれば、日本の家族と祭りのために準備をして一緒に祭日の雰囲気が感じられます。これは何よりも楽しいことではないでしょうか。それに、日本の家庭と付き合った時、中国の文化や不思議な風習を日本人にも伝えられます。中国をもっと理解できれば、彼らも中国に旅行したくなるかもしれません。そうすれば、中国と日本の交流も次第に増えていきます。

近年、「貧乏旅行」という言葉がインターネットやニュースでよく見られます。ヨーロッパでは早くからバックパッカー、カウチサーフィンといった貧乏旅行を表す言葉が登場しています。貧乏旅行とは少ない資金で旅行に行くことです。どうして日本へ貧乏旅行をしに行ってみないのでしょうか。あるいは「節約旅行」も素敵です。これは風景をゆっくり楽しめるだけではなく、自分を鍛える、いいやり方でもあるでしょう。いつ安い飛行機のチケットを買えるのか。どうやって質が良くて、値段も安い宿泊地を探せるのか。このような問題を解決していけば、より生活力のついた自分を見つけられます。

時間に余裕があるなら、アルバイトをしながら、旅をしてみるのはどうでしょうか。これは旅行の出費を抑えられるのみならず、仕事に対する日本人の真面目な態度や緻密さも学べるのです。旅の本来の意味は観光地の風景を楽しむと同時に、その旅の中から何かを学ぶことにあるのではないでしょうか。これは単純なショッピングより手に入れるものも多くなると思います。

この旅の途中で、もしかしたら様々な面白い人、世の中のことに詳しい人と出会って、彼らの物語を聴いたり、新しい物語が生み出されたりするでしょう。人は色々と経験するからこそ、心の中から外見まで魅力的になれるのです。

日本へ旅をするなら、この旅をきっかけに、慣れた暮らしから抜け出し、ちょっと変わった生活を体験してみたいものです。とにかく、日本人の家庭生活にしろ、貧乏旅行にしろ、ここからきっと心を動かす何かが見つかるはずです。日本へ特別な旅に行きましょう！

（指導教師　王雪松、神田英敬）

◉三等賞　テーマ「訪日中国人、『爆買い』以外にできること」

日本での旅

寧波工程学院　施金暁

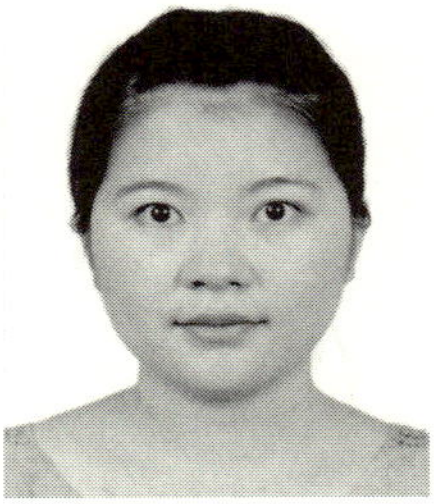

今年の2月、私は仲間たちと広島大学での2週間の研修の旅に出た。この間、色んな日本人の仲間ができたと同時に、教科書に載っていないものをたくさん目にできた。

ある日曜のこと、私達一行が市内で買い物をした時のことである。親類に頼まれたこともあり、買い物好きな私は、1日で14万円ぐらい費やしてしまった。2袋のズシリと重い買い物袋を持ち帰った私は広島大学の加藤君に「爆買い」と言われた。私は「ええ～」といい、さっぱりわからなかった。「外国でたくさんの買い物を勢いよくする中国人のことですね～」と加藤君が解釈してくれた。私はまた「へぇ」とペロリと舌を出して笑った。それから、「爆買い」という言葉が私の頭にこびりつくようになってしまった。多くの日本人が抱く中国人への第一印象は爆買いにほかならないだろう。私は中国人の観光客として、情けなく思いながら、何となく惜しい気がして、いささか悲しい感じすらした。何故かというと、確かに、私は爆買いの例に違いない。金遣いが荒いようなイメージを周りの人に覚えさせたのはきまりが悪い。惜しいのは中国文化や中国人の美しさを日本に多く残せず、逆にマイナスな姿を一杯焼き付けててしまったことだ。何と残念なことだろうか。

実は、爆買いがこんなに日本人の心に深く入り込んできた原因は、中国人の購入力にびっくりしたことよりも、むしろ中国の観光客の非文明な行為が一際目立ったからはないだろうか。所構わずに大声でしゃべったり、むやみにゴミを捨てたりする、ちゃんとルールを守れない人が少なくないらしい。それらが原因で、私たち中国人の親切さや率直さを見過ごされかねないとは思わないか。

では、中国人にとって、外国で旅行する時に爆買いを除いて、するべきこと、本当に意義のあることはないのだろうか。いや、それは間違った考え方だ。信じられないかもしれないが、この2週間、ゴミの分類方法を勉強した私たちにとって、実はゴミを捨てる時はいつも心細かった。ゴミを処理しようとする度に、必ず先生か友達かに確認してからでないと、安心して捨てられなかった。難しいというより、やはり慣れていないからだ。「郷に入っては郷に従う」。これは人間社会の習わし、きまりだとされることだから、国の代表として、他人に迷惑をかけないように、外国の人々に良い印象を与えるには、旅立つ前に、予めその国のルールをちゃんと調べるべきだとは思わないか。

そして、ある夜のこと、私が友達と寮で雑談していた時に、周りの誰かに丁寧に注意されたことがあった。22時を過ぎたら、気遣わなければならないことを教えてくれた。もちろん私は礼儀正しく謝ったが、やはり周りの人に迷惑をかけたのは心苦しい気持ちにならずにはいられなかった。そして寝苦しい夜を迎えた。幸いなことに、翌日の朝、相手から笑顔の顔文字をもらった。「良かった」と漸く私は胸を撫で下ろした。もし、この日本人が私の相応しくない行為をずっと黙って懸命に我慢していたら、知らないうちに、私は大変なことをし続けたかもしれない。要するに、ルールがわからないとしたら、いつの間にか、ルールを破っている可能性が高いのは明らかだ。だから、今でも欠点を改めるチャンスを与えてくれたことに心から感謝の気持ちを持ち続けている。

だから、私が言いたいことは、「交流が大事だ」ということだ。双方とも建て前ではなく、心を込めて本音を打ちあけてほしい。自分の温かさと優しさを相手に見せて、以心伝心して、互いに異なった文化を理解し合うことはそう難しくないだろう。そうすると、もし、本当に間違えても、自分の誠意ある謝罪の気持ちを相手に伝えることができたら、相手は必ず大目に見てくれるに違いない。そうすると、両国の友好関係にもささやかながら役に立つことができるかもしれない。私はそう考えている。

（指導教師　不破明日香）

◉**三等賞**　テーマ「私を変えた、日本語教師の教え」

日本語は「トマト」

長春理工大学　丁明

「希望の大学に受かった。お母さん、大学に受かった」「本当におめでとう」「ありがとうお母さん。でも、専門は日本語で興味が全然ありません。どうしよう」「日本語はトマトだよ」「えっ」「昔の人間はトマトが食べられないと言われていたの。トマトの色は真っ赤だから、毒があると信じられていたの。ある日、画家がトマトの絵を描いていたところ、非常にお腹が空いたので、一個食べた。それから、トマトの普及は著しくなってきたの。日本語は今のトマト。美味しいか美味しくないか、自分で体験をして分かるようになるよ」。私はそんな気持ちを持って入学しました。

朝、廊下で先輩たちが会話の授業の先生に挨拶をしながらお辞儀をしていました。初めての日本人との出会いです。「ええ、彼らは何をしていますか」という疑問が私の脳裏に焼き付いて離れません。入学後の初めての授業で精読の先生にはどこでも何をしても、礼儀は一番大事なことだと教えられました。日本には先生に会う時必ず挨拶をする習慣があります。「おはようございます」「こんにちは」「こんばんは」などが日常の挨拶です。授業が終わった時に学生と一緒に先生に「ありがとうございました」というようにも教えてもらいました。

ある土曜日にクラスメートの四人と一緒に会話授業の先生の部屋にお邪魔しました。十時頃になったので、昼ご飯の用意を始めました。材料は鶏肉とレタス、豚肉とニラなどがあります。材料は豊富で、四つの料理を作ることに決めました。カレーライスはその1つです。「先生、四人ですから、この鍋では小さいです。ご飯は足りないかもしれないです。どうしますか」「じゃ、この鍋で四回作りましょう」「他の大きい鍋がありますか」「これは一番大きい鍋です」「一番大きいのですか。この鍋は二人分しか作れません。今中国ではこんな小さい鍋はもう見られないです」。日本は国土面積が狭いのに、人口が多いです。全国が海に囲まれてお米などの食糧が少ない。それは日本人が食べ物を大切にする習慣が徐々に生じたからだと思われます。

食堂で食事をする時いつもご飯が多すぎるため、結局、たくさんの食糧が捨てられます。現在中国はこの問題がますます深刻になってきました。私としてはこれから、ご飯を大切にすべきだという気持ちを持っています。自分の食量によって適当なご飯を注文します。

二年生になって日本文化を勉強するようになりました。「いただきます」は食べ物を大切にするという気持ちを表しています。いつもテレビの番組の中で、食事の前に「いただきます」と言う姿がよく見られます。それをいうのは食事の用意をしてくれた人に対する感謝、あるいはこれから口に入れる食べ物に対する感謝の気持ちが強いのです。世界中でそれを言うのは日本だけかもしれません。先生に従って日本語を学ぶとともに面白い日本文化を身につけました。

一人で食事をする時「いただきます」を大きい声で口に出すことにしました。高校時代のクラス会が開かれた時、私たちが集まって食事をしようとしていたところ、つい「いただきます」と口に出してしまいました。戸惑った表情が彼らの顔に浮かび上がりました。それから、日本では食事の前にそれを言う習慣があることを教えて、箸を持つ姿を表しました。友達が「すごい。素晴らしい」と言いました。なんだか得意になってしまいました。

そろそろ五月になって、長春は気温が暖かくなって鮮やかな花が順々に咲きます。と同時に、大学卒業も近づいていきます。先輩たちは自分の進路についての活動で毎日忙しくしています。会社の面接や卒業論文、社会の実習などがあります。日本語に関する仕事があって、日本語に全然関係がない仕事もあります。しかし、先生から教えてもらうことは日本語だけじゃなくて礼儀も、会話能力もあると思います。そのおかげで、改めて日本語の意味を考えています。

日本語は「トマト」であり、面白くて栄養があるのです。

（指導教師　大田拓実、任麗）

特別収録

現場の日本語教師の体験手記

私の日本語作文指導法

藤田炎二　山東政法学院

半場憲二　武昌理工学院

池嶋多津江　同済大学

特別寄稿

審査員のあとがき

瀬口誠　運城学院

特別収録

私の作文指導法
――この難しい作文をどう書くか

山東政法学院　藤田炎二

このコンクールの作文は難しい。日本と中国という、明らかにうまくいっていない隣国同士の関係を前提にして、文化への興味や個人への信頼といった、まるで蜘蛛の糸のような細い可能性をのぼっていく必要がある。歴代の日本のどの首相も、歴代の中国のどの主席も思いつかなかった両国の明るい未来への答えを、日本語の勉強を始めて数年の若者に求めるのは、荷が重すぎるようにも思われる。

日本文化や日本人の魅力をほめれば、場合によっては「売国奴」のそしりを受けかねない。では、日本の悪口なら、どうか。これはそもそも、日本語の作文として書く意味がない。

指導する側の悩みも深い。学生の文章に登場する、私から言わせれば、明白に誤っている事実や社会、歴史など様々な認識をそのままにして、文法と表現だけを直すわけにはいかない。直すべきは、まず、認識のほうだ。しかし、学生が自らの国の教育の中で培った認識を、外国人が一方的に触ることはできない。

では、一体、何を書けばいいのか。

私の学校の学生の半数近くは、「調剤」の制度で、希望ではなかった日本語科に振り分けられ、日本語の勉強を始めた。しかし、二年、三年経った今では、日本語の勉強や日本が好きという学生のほうがはるかに多い。

そんな彼らには、日本語がペラペラになって、こんなことがやりたい、あんなこともやりたいという夢がある。だったら、「日本語を勉強してやりたいこと」を書いてもらえばいい。

「日本語を勉強してやりたいこと」を徹底的に書いてみる

このテーマは初級の作文参考書にもよく出てくるが、最も入口のテーマのように見えて、コンクールであれ、企業の面接であれ、日本語を勉強する人にとっての最終的なテーマなのである。

以前、私のいた新聞社の入社試験でも、面接するほうは、「なぜ、この仕事を選んだか」「あなたが本当にやりたいこと」を一番知りたがる。なぜ、それをやろうと思ったのか？　きっかけは？　背景は？　始めてから具体的に何をした？　面白いことは？　困ったことは？　今、自分はどの段階？　次は何を目指す？　最終的な目標は……。

何も事情を知らない面接官がわかるように、質問に答えるのはなかなか難しい。まして、書くとなると、いっそう難しい。

多くの学生からはこんな作文が返ってきた。「私は日本文化が好きだから、日本語科に進み、毎日、一生懸命勉強している。将来は日本に行って、もっと日本社会を知りたい」。日本文化って何？　一生懸命ってどのくらい？　日本社会の何を勉強するの？　これでは、作文にならない。

なぜ、自分は日本語を勉強しているのか、徹底的にそれを見つめてもらうことなしに、この作文は書き出せもしなければ、完成もしない。

そこで、私は「中国語を勉強してやりたいこと」という作文を書いて生徒に読んでもらうことにした。私の作文は、亡くなった父が中学時代を旧満州の新京（長春）で過ごしたこと、私が子供の頃、父が北京から飛んでくるラジオ放送を聞いていたこと、中国語の美しい響きが私も好きだったこと、経済発展前の中国では生活のできる仕事はなく新聞記者の道を選んだこと、三十年勤めた新聞社を辞め、中国語の勉強を始めて中国で教師の道を選んだこと……、を綴った。

多くの学生は、私が求めている作文がどんなものか、イメージをつかんでくれたようだった。しかし、だからと言って『本気』の作文に挑戦しようということには、なかなかならない。心や考え方の襞に触れるような話を書くには、日本語の能力もさることながら、それをさらけ出す決心が必要だからだ。

信頼されなければ、本気の作文は書いてもらえない

初めて作文コンクールに応募した昨年、日本語クラスの3年生は16人。「先生、作文書いてみました」と言ってきたのは2人だけだった。私が勤める学校は、作文コ

ンクールへの応募で学校の成績が加点されることもないし、学生の側のインセンティブはほとんどなく、今の日中情勢にあっては、自らの心をさらけ出すのは躊躇するに違いない。

さらに、大きな問題は、最初の読者となる私が、みんなの心の襞や考えをさらけ出せる信頼を得ているかどうかだ。信頼を得ていなければ、決して、私に心の中を披露してはくれないだろう。

私は日本経済新聞で記者をやった時間よりも、記者の原稿を判断し書き直すデスクをやっていた時間のほうが長い。経済記事は、他の記事よりも客観的に見えるが、実際はその経済記事の軽重の判断は一般の記事よりも人によるブレが大きい。信用できるデスクのもとにばかり特ダネが集まってくる。信用の薄いデスクには記者は皆、原稿を出したがらない。

新聞社であれ、学校であれ、これは同じだろう。その意味で、昨年、私は16分の2の信用を得ただけだったということだ。二年目の今年の3年生は22人。今年は7人が応募を決心してくれた。

まだ一行も書いていなくても、自分をさらけ出して書いてみようと決意した時点で、もう、この作文は半分は出来上がったと言えるかもしれない。一番の困難はもう越えた。後は、どう書くかだ。

学生が持ってきた作文を見ると、心に引っかかっているところが、あれもこれもと並んでいる。表現や文法的な間違いを直しても、せっかくの、思いが伝わらない。学生には、この作文を誰に向けて書くのかをはっきりさせるよう求めた。「日本留学に反対する両親に向けて」「日本を嫌っている祖父に」「まだ見ぬ、日本人に」「日本へ行きたい自分に」……。

誰に向けて書くかをはっきり認識する

誰に向けて書くかをはっきりさせることで、自分が一体、何に引っかかっていて、何のために誰に何を伝えればいいのかが、一気にはっきりする。ほとんどの学生が、最初の作文のテーマを自分で見直し、書き直してきた。誰に向けて書いたかがはっきりすると、かえって、テーマは普遍性を持つようになる。

ある学生は、姉が日本人と結婚することになった話、別の学生は、家に古くからあった祖父の日本製自転車の話、また、ある学生のは、教室の前に咲いた桜がモチーフだった。7人全員がそれぞれのモチーフを提示してくれた。

文法や、より正確に気持ちや事実を表現する言葉遣いなどは、中国語も日本語も使って、徹底的に話し合った。ほとんどが一対一で、一回は3～4時間。終わると一緒に、美味しいものを食べに出る。多くの学生はこれを10回、少ない学生でも5回はこんな機会を持った。学生も私も校内の寮に住んでいるからこその指導法だろうが、学生以上に、私が中国の学生の考え方を知る貴重な機会ともなった。

書く前に懸念していた、認識の違いが問題になることはなかった。よく考えると、足元を見つめ、未来を見つめている人たちの間に、そんな大きな認識の違いが生まれるはずはないのだ。

三十数年前、入社してすぐの新聞記者研修で、先輩記者が「犬が人を噛んでもニュースにならないが、人が犬を噛んだらニュースになる」という英国の新聞王アルフレッド・ハームズワースの言葉を紹介したことを覚えている。当時、「なるほど」と思ったが、今は全然、そうは思わない。人は犬を噛んだりしない。もし、そんなニュースがあったら、それは嘘に過ぎない。

今回の応募を終えて、彼らがそろって投げてくれた言葉が嬉しかった。「先生、入賞するとか、しないとか、もう、どうでもいいんです。私は、自分を見つめて、自分の中に私なりの答えを見つけることができました。これで十分です」

作文の授業の締めくくりに、私は今、3年生22人に向けて、この指導法の拙文を書いている。応募した学生にも、応募しなかった学生にも読んでもらおうと思っている。役になど立たなくても、目の前にいる日本人はこんなことを考えているんだと感じてもらえれば、中国二年目の私の作文授業は終了だ。

［略歴］　藤田　炎二（ふじた　えんじ）

1958年生まれ。早稲田大学法学部卒。流通経済部記者、消費産業部次長、山口支局長、電子報道編成委員などを経て、2014年より山東政法学院外国語学院教師。

私の日本語作文指導法（2）

武昌理工学院　半場憲二

月日の経過は早いものです。今回は、昨年の「中国人のための作文コンクール」に初参加した理由に触れながら、この一年、どのように学生と向き合い、作文を指導してきたか。その思いの一端を述べたいと思います。

1．学風を考慮する。

当学院の日本語学科では年2回、各学期に1回の学生活動を行っています。例えば5月末に「日本語アフレコ大会」、12月初めに「日本語カラオケ大会」を実施します。3年ほど前、（1）学生活動の mannerism の防止、（2）学生活動の多元化を図る、（3）日本語教師の交流目的などから、周辺大学と協同で開催し、今では域内8～9校の日本語学科や日本語協会に所属する学生が中心となって活動しています。

しかし、あるとき、ふと気がついてしまったのです。学生活動の企画書を読んでみると、「日本文化の理解と実践」「日本語学習者及び日本文化愛好者による展示」等、至極もっともなことが書いてありますが、趣旨がずれ、「一体、これは何だ」といった催し物になってしまう場合があります。

芸術を鑑賞する際は、その独自性や独創性を求め、歌詞、台詞、視線、身振り手振り、拍と拍の間の取り方などにも十分気を配る必要があると思うのですが、ものごとの表面にしか目が向かない者には、単なる自己顕示欲の発散と仮装舞踏会の場と化します。

ネット上には、「初音ミク」（注1）なるものが存在しますが、登場するキャラクターの発話は、「音声合成技術ボーカロイド」が担っており、現実の世界と大きくかけ離れた平坦な「声」です。YouTube でも同じような音声言語です。日本語学科の大学生は専門知識や日本文化を学んでいるはずです。モノマネに終始するのではなく、モノマネにすらなっていないものがありますが、技能、技術、技量など「技」とつくものを競い合ってほしいものです。

学生活動とはいえ「お遊び」で終わらせたくありません。日本語学科すべての学生が等しく参加でき、日本語能力を高め、かつ大学時代の「古き苦き思い出」として残せるものはないか？　こうして学風づくりの観点から作文コンクールに参加するように決意しました。

2. 地域性を考慮する。

湖北省・武漢市は「中国三大かまど」（注2）と言われ、重慶や南京と並び、暑さが一段と厳しい地域です。一日の最高気温が30度を超える日が連続70日以上、時に40度を超す日が続くこともあります。よく学生が「武漢には春と秋がない」と言いますが、言い得て妙です。寒い冬がやわらいだかと思えば、あっという間に夏日が訪れるのです。

寒暖の差が非常に激しい地域ですから、学生たちは生活リズムを崩します。多くの学生は昼寝をするそうですが、午後の授業がはじまっても、睡魔を引きずる者がおり、季節の変わり目は学習態度が乱れやすくなります。

さて、一般的にコミュニケーションの種類には聞くこと（音声）、話すこと（音声）、読むこと（文字）、書くこと（文字）の四つの技能があり、前者がINPUT、後者がOUTPUTに分類されますが、これらの技能のほか、私は「伝えること」（音声・文字）の重要性を指導しています。

これは就職難を乗り越えた、教え子が書いてくれた作文の一節です。（注3）

「因为工作压力大，所以下班之后有闲暇看一下公交外的街景都觉得很开心，所以更加珍惜生活，想想如果工作压力不够大，也不会像现在这般珍惜回到生活的状态」。簡訳すると、「仕事のストレスは大きい。だからこそ仕事がおわって暇になるとバスから街中の景色をみるのも楽しく、生活が大切に思えてくる。もしストレスがそれほど大きくなければ、この生活を大切に思うことがあるだろうか」と述べています。相手（聞き手・読み手）に伝えようと努力し伝わって初めてコミュニケーションは成立するといえ、大きな意義を持つのです。

作文コンクールの告知は3月末、学生たちが重い腰を上げるのは4月初め、一人の学生に複数本書かせ、3本目を書く頃は、気怠い季節が始まっています。しかし、社会人となれば暑いだの寒いだの言っている暇はありません。こういう地域だからこそ、敢えて重荷を背負わせる。これも日本語教師の役割だと思います。

3．一人一人を考慮する。

日常生活の大半は「聞くこと」で占められているといいます。しかし、日本人教師の役割は、学生にINPUT作業のほか、学生の固着した文法・用法の誤りを早いうちに改善――それだけに集中しすぎないように配慮しつつ、正しく話したり、正しく書かせたりするOUTPUT作業を強化しなければなりません。

その中でも作文は、「自分の言葉や表現、文章を観察して、自分の癖に気がついたり、正確な言葉を調べたり、より適切な表現に取り替え」「話すことに比べて、自分の理解、考え、意見を体系的に整理してから、相手に伝えることができる手段」と言えます（注4）。作文を書く力、伝える力、更には訴える力が増すことで、会話能力にも弾みがついてくるのは、多くの日本人教師が知るところでしょう。

また作文は、教師が一人一人の個性に目を配ることができ、学生の考え方や性格を知ることができます。日本のアニメや漫画は日本文化を代表するものといえますが、厳しい言い方をすれば、「アニメや漫画が好きだから」という理由で日本語学科の門をくぐってきた学生に、「日本語はそんな簡単なもんじゃない」と理解させるのに最適なツールなのです。

「どのような人間に育てるか？」によって異なりますが、早くから作文の練習を積み重ねておけば、パソコンで日本語を打ち込む練習にもなり、将来、早急なOUTPUT作業が求められた場合、例えば『商務日語実用写作』に登場するようなビジネス文書の作成を指示された場合でも冷静な対応がとれるはずです。

日本語教師は、学生の日本語を使った思考の描出を手助けする存在です。日本人顔負けの作文を書いてくれる日を、いつも期待しています。

終わりに

国際交流基金が１９７９年度から２０１２年度まで行ってきた10回の調査を見ると、過去33年間で機関数、教師数、学習者数ともに増え、学習者は33倍の３９９万人に増え、学習者の３割近くが中国人といいます。一方、

２００９年度との比較では日本語の「学習者不熱心」が23・3％から26・5％へ増加しています。私が1年半兼任した武漢市内の有名中学校の仕事で、この傾向は顕著でした（注5）。

このように日本語学習者の低年齢化、早期外国語学習の導入やインターネット上に濫造される音声言語により、日本語教師は様々な挑戦を受け、その職責は日増しに重くなり、熱意も試されることでしょう。

異国の地で、異なる習慣、文化の中で生きる若者たちと接していれば、おのずと様々な問題が発生することでしょう。そんなときに思うのです。私たちには共通点も多い……。学生たちが苦手とする日本語の作文を通じ、学生には考える葦であり続けるよう、指導していきたいと思うのです。

［注釈］

注1：クリプトンフューチャーメディア社が販売するＤＴＭソフトウエア、およびそのキャラクター。ヤマハの開発した音声合成技術を採用し、音階と歌詞を入力することで女声歌唱パートが作成できる。

注2：中国語の「火炉」は、日本語のストーブや暖炉と訳せますが、日本語の「火炉」ではボイラーとか囲炉裏を類推しやすいため、「かまど」と意訳した。

注3：中国交流サイト「ＱＱ空間」『先輩の声』不定期だが、卒業生の近況報告を現役学生たちに公開するコーナー。http://user.qzone.qq.com/1535846759/blog/1462188320

注4：国際交流基金『日本語教授法シリーズ』第8巻「書くことを教える」２０１０年9月　参照

注5：「中学校の実態」授業に遅刻をする。授業中にポテトチップスをかじる。ヨーグルトをすする、果物をかじる、炭酸飲料を飲む、本や雑誌を読む、音楽を聴く、携帯をいじる、電話に出る、トイレに行くなど、有名外国語学校とは思えない醜態だった。深く考えるのを忌み嫌う傾向を強く感じた。「酷く書けない」と「酷く話せない」という連鎖が起こる。その逆もあり。学生自身がそれを強く自覚し、更にコミュニケーション不足を引き起こす事例が認められた。日本人教師の今後の検討課題であると思われる。

［略歴］　半場　憲二
（はんば　けんじ）
１９７１年、東京都生まれ。
国士舘大学卒。航空自衛官、国会議員秘書、民間企業社長室などを経て、２０１１年より武昌理工学院外国語学院日本語学科教師。

書くことは「考える」こと

同済大学　池嶋多津江

書くことは「考える」ことである――私が作文の授業において、繰り返し、学生たちに説いていることである。ある光景を見て、何かを感じ、そして、考えれば、自ずと心の中から「ことば」が湧き上がり、それを書き留めておきたくなる。社会的な事象を目にし、あるいは耳にし、そのとき考えれば、自ずと社会科学的に分析し、それを文章化したくなる。書き留めた「ことば」はその人の「感性や人生観」を豊かにし、分析、思考した結果生まれた「文章」はその人の「思想」になっていく。「考える」ことは自ずと人にペンを執らせるのである。

私が作文の授業において、まず、学生に求めることは「自分を知る」ことである。「自己分析」といってもよい。「感じ」「考え」「書く」主体は「自分」である。「自分」を知らずして、文章を書くことはできない。私たちは日々、無意識のうちに、「ことば」で感じ、考え、伝えるという行動をしているが、感じるのも、考えるのも、伝えるのも、その主体は「自分」であり、「ことば」を選ぶのも「自分」である。「書くこと」は「自己表現」そのものと言えよう。

学期初めに必ず書かせるテーマは「自分の名前の由来と私の人生観」である。名前は自分を象徴するものであり、他者と自分とを差別化して、自己認識するのは「名前」によってだからである。学生たちは自分の名前の由来、親がその名前に託した「願い」を再確認し、さらに、自分が名前によって無意識に規定されてきたことに気づき、このテーマで文章を書く過程で、自ずと自己分析をし、自分のそれまでの生き方を振り返り、自分の未来像を描き始める。書き終わる頃には、学生たちは皆、自分や自分の未来に対して「肯定的」になり、表情が輝いてくる。なんとも嬉しく、不思議な時間が経過していくのである。若い学生たちにとって、自分の名前について「考える」ことは「未来を描く」ことにつながっていくようである。

その後、テーマは「私の故郷」「私はどうして日本語を学ぶのか」「私の職業観」と続き、アイデンティティーの基盤となっている「自分が生まれ育った場所」「学問的立脚点」「将来への展望」へと思考を展開させていく。これが私の作文の授業の〈1st Step〉である。〈1st Step〉が終わった段階で学生たちはかなり、「自分について知る」ようになってくる。文章もだんだん自信をもって書くようになってくる。「自分が何者であるか」を知ることにより、「主体性」が自ずと身についてくるのである。

〈2nd Step〉では〈賛否の意見を述べる〉練習をしている。〈1st Step〉で自分の立脚点が確認できたところで、自分を取り巻く社会の様々な事象について社会科学的な視点から「考える習慣」を身につけることがねらいである。賛否の意見を述べるための段落構成（立場の表明→理由→対立する立場への反対理由→結論）を教えたあと、社会科学的に分析して思考し、自分の意見を論理的にまとめ、表明する実践練習をさせている。文系の学生にとって社会科学的なものの見方、分析、考え方は苦手のようであるが、このような学問的姿勢は、これから社会の中で職業人として生きていく際に必要不可欠な姿勢である。この視点が欠けていると、「生き方」の舵取りを間違えることもあるからである。

この時期になると、学生たちは文章を書くことに抵抗がなくなり、というよりも、文章を書くことによって「自己表現をする楽しみ」を知るようになる。教師の側も、添削する苦労よりも、学生たちの視座や自由な発想に驚くことが多く、読むのが実に楽しい。作文はクリエイティブな活動である。特に語学を学んでいる学生は、日々の授業の中で、自分の考えを「発信」する機会が少ないので、作文の授業は貴重な「発信」の機会と言えよう。

〈3rd Step〉の〈小論文を書くための第三ステップ〉の前にいつも取り組んでいるのが、〈パラグラフ・ライティング〉である。TS（設定したトピックについて一番主張したいこと、つまり、結論あるいは要旨を述べる）→SS（結論について根拠を述べ、証明・説明する）→CS（結論の確認）の書き方を習得することによって、論理展開が格段に明確になるからである。

学年の後半で取り組むのが〈3rd Step〉―〈小論文を書くための第三ステップ〉である。〈ある意見について、その理由・原因を考えた上で自分の意見・解決策を述べる〉練習をしている。段落の構成の仕方（①課題についての事実関係の確認と現状分析・その原因→②課題に対する自分の意見・理由→③結論）について学ぶ。実際に取り組んだテーマの一つは「『就職後数年で会社を辞める若者が増えているのは問題だ』という意見がある。なぜこのような意見が出るのか検討した上で、この意見に対するあなたの考えを述べなさい」というものである。テーマを設定する際は、現状分析をして考えることが自分の生き方と密接に関わるものを選択している。「すべての人は勝ち組と負け組の二種類に分けられるという意見がある。なぜこのような意見が出るか検討した上で、この意見に対するあなたの考えを述べなさい」というテーマについて、学生の考え方を書かせたことがあるが、学生たちが優秀で、大学に入学するまで「負け」を経験したことがなかったのが、不安と同時に驚きであった。

最後は〈4th Step〉――〈小論文を書く〉である。小論文の構成を説明した後で、「中国における『情報化社会』の問題点」について小論文を書かせた。時間による制約があるので①序論（事実関係・現状分析）⇒②本論（調査結果の提示／具体例の提示／問題点の明確化／問題点に対する自分の意見・解決策など）⇒③結論（将来への展望を含む）の段落構成で書かせた。〈事実の確認と現状分析→思考→結論〉の習慣が確立されてきているので、説得力のある小論文を書くことができるようになっていた。間もなく卒論を書く時期が来るが、どのような卒論が完成するのか楽しみである。

この一年は、自分についても、社会のさまざまな事象についても、とにかく、「『考える』ことを習慣づける」ことを授業の中心に据えた。同時に、人間は「ことば」で感じ、「ことば」で考え、「ことば」で伝えるので、「ことば」の重要性を訴えた一年でもある。多くの「ことば」を知ることで「感性」が豊かになり、「共感」の幅が広がり、「思考」が深まることを強調した。また、「ことば」は人間の在り方やものの在り方を規定する役割も果たしていることも強調した。同じ光景を見ても、同じ事象に直面しても、それを描写する「ことば」は人によって異なり、その「ことば」によって、その人の人間性や価値観、人生観、世界観が如実に表れる。従って、ことばの選び方には慎重であってほしいということも説いて聞かせた。「世界は言葉でできている」と誰かが語っていたのを聞いたことがあるが、「人間は言葉でできている」とも言えるのではないだろうか。

「文は人なり」——まさに言い得て妙である。作文指導は「日本語教育」の集大成である。

［略歴］ 池嶋　多津江（いけじま　たつえ）
津田塾大学　学芸学部　国際関係学科（国際法）卒
三菱東京ＵＦＪ銀行外国為替課　（在職中は「東京銀行」）
The Bank of New York Mellon　東京支店外国為替課
私立高校英語科教諭（２０１１年定年退職）

［日本語教師指導歴］
Emilio Aguinaldo College（Manila, Philippine）
東京ワールド外語学院
秦皇島市実験中学（別名：河北秦皇島外国語学校）日本語学科　外籍専家
早稲田言語学院
２０１５年～現在　同済大学外国語学院日本語学科外籍専家

特別寄稿

審査員のあとがき

運城学院　瀬口誠

はじめに

審査基準というのは、時として非常に分かりにくい場合があるが、この「中国人の日本語作文コンクール」の選考基準は非常に歴然としていると、私は思う。日本や日本語を学ぶ中国人学生の作文を、様々な肩書の審査員が、日本語としても日中関係を考える作文としても、さらなる高みを目指してほしいと願って選んでいる。審査員たちは、年々増え続ける応募作品に、真夏の暑い最中、汗をかきながら真摯に審査に取り組んだ。応募作は、2015年が4749本であるのに対して、2016年は過去最多となる5190本に達した。これらの作文に、真剣に査読に取り組み対峙した審査員たちの労力は、いかばかりであっただろうか。まずは、審査に携わった方々の労をねぎらいたい。

一

2015年、日本は、中国からの旅行客のインバウンド消費、いわゆる「爆買い」に沸いていた。経済的にも、社会的にも、そして政治的にも、日本は中国からの増え続ける旅行客に依存していた。「2015ユーキャン新語・流行語大賞」といえば、誰もが知る「爆買い」だった。中国人旅行客による「爆買い」は、驚きと奇異と羨望の入り混じった日本国民の複雑な感情を表している。日本メディアは、月に数回程度、中国の祝日や連休のある時は連日報道することが、視聴者の目をくぎ付けにしておく お約束のネタになっていた。

しかし、それは思ったほどは長続きしなかった。2016年には中国人観光客の消費傾向は変化し、より洗練された消費へと変化していることが明らかになった。日本のマスコミや小売店は「爆買い」の変化に戸惑うようになった。メディアでは、「爆買いの終わり」や「変化する爆買い」などの文字が踊るようになった。多くのメディアでは、為替相場の変動や中国経済の減速と関係しているかのようにとらえるのが一般的であった。そのような環境の中で、学生たちは、２０１６年「中国人の日本語作文コンクール」のテーマ「爆買い以外にできること」に取り組んだのである。

今次の応募作文は何よりもまず、中国人自身が「爆買い」に爆進した時代の、日本製品に魅かれつつも自らその現象に戸惑いを感じ始めた世代の、中国人自身の記録である。また各作文は、戸惑いを感じ始めた新しい世代の学生たちが、いかに新しい未来を志向しようとしているかを語ってくれている。一度は「爆買い」に参加したことがあっても、次に行くときは何ができるのか、爆買いの別の側面、日本の魅力再発見など、日本人があらためて考えさせられる物語でもある。そして、そう、この「中国人の日本語作文コンクール」の作文はまさに、新時代の中国を担う若者たちの、中国、日本、そして世界に対する宣言でもある。他のメディアでも日中関係や自国の未来に対する啓蒙を説く言説はいくらでもあるが、しかし、これほど多くの中国人学生たちの生の声を拾い発信する機会は、この「中国人の日本語作文コンクール」以外にはないと断言できる。

この「あとがき」は、自身の審査員としての体験と感想を綴ったものではあるが、読者の方々は、審査員としての感想以上の意味があることに気づかれるだろう。審査の選考基準や感想について述べたいが、まずその前に、第12回「中国人の日本語作文コンクール」のテーマについて触れておきたいと思う。

二

第12回「中国人の日本語作文コンクール」に出されたテーマは3つあった。

「訪日中国人、『爆買い』以外にできること」
「私を変えた、日本語教師の教え」
「あの受賞者は今——先輩に学び、そして超えるには？」

学生の誰もが、「爆買い」は書きやすいテーマだと思ったことだろう。実際、テーマ「爆買い」は応募作品の大半を占めていた。そして、このテーマに応募した多くの作文の内容が、一般的で似たりよったりになってしまっていた。

もし読者の方々が、「爆買い」以外にできることが名所観光や美食体験だけと考えるなら（実際にそのような作文が多かったのだが）、この作文集に収められている受賞作の作風は不思議に思えることだろう。確かに、中国人観光客の爆買い購買力は頂点に達し、日米欧の観光客は、近年、自国の景気後退局面に後ろ髪をひかれつつ、消費抑制型の吟味された観光に変わっている。世界中の家庭やオフィスにはメイド・イン・チャイナが欠かせなくなり、世界中の観光地には中国人観光客があふれ、旺盛な経済力を世界に示している。中国人観光客なくしては、世界の観光地が成り立たないかのようだ。

そして、メディアに登場した中国人の「爆買い」は、単に消費現象に留まらなかった。「爆買い」と共にメディアに登場したのは、中国人観光客のマナー問題だった。エジプトの古代遺跡に落書きしたことや、公共交通機関内での騒ぎやゴミのポイ捨て問題など、程度の差はあれど、枚挙にいとまがないだろう。実は、中国人自身がこれらの問題に憂い辟易している。

国内外の多くのメディアが「爆買い」に付きまとう問題をセンセーショナルに報じているが、それはごく一部の人であり、年々急速に改善されている（人口が多すぎるため、この「一部」が他国に比べて異常に多いのだ）。そして、「爆買い」をしている30~50代の大人と異なり、世界に通用する洗練された感覚を持ちたいと願う新世代の中国人、それが今回の作文を書いた学生たちだという点は、どんなに強調してもし過ぎることはない。作文コンクールのテーマ設定には、そのような新世代の若者を応援するメッセージも込められていよう。

他のテーマはどうだろうか。「日本語教師の教え」も書きやすいと思われたに違いない。このテーマは、第11回のテーマ「わたしの先生はすごい」に引き続き、中国全土で活躍する日本人および中国人の日本語教師たちの日頃の活躍に光を当てるものになっている。日本語教師たちは、日々、学生たち一人一人と真摯に向き合い、時に厳しく、時に冷徹に、時に熱っぽく、時にお釈迦様のようにすべてを包み込み、学生たちの指導にあたられている様子が、すべての応募作文の随所にあふれていた。大学の日本語専攻に進む学生の多くが、大学共通入試の点数が低かったために仕方なく日本語専攻に振り分けられたことは、周知の事実である。多くの学生は、これを失敗や挫折ととらえている。だが、多くの作文に共通していたのは、学生が苦悩や挫折の淵にあるとき、日本語の学習を諦めかけたときに、日本語教師の一言や励ましが救ってくれたという物語だった。とはいえ、挫折から立ち直る感動的な物語が、必ず評価されるというわけでもないが。

それから、もう一つのテーマ「あの受賞者は今」、とりわけこのテーマは書きにくかったようだ。他の二つのテーマに比べて圧倒的に応募本数が少なかった。作文コンクールや各種スピーチコンテストや日本語能力試験や大学院試験など、先輩たちの目に見える結果や噂話は知っているが、日々の努力や意識や目標などは、よほどの知り合いでない限り、なかなか知ることができない。ルームメート以外のクラスメイトのことですら分からないのであるなら、どうして先輩の事を知ることができようか。このテーマを選ぶ学生は少なかったが、それでも果敢に挑戦する学生たちがいた。それらの作文は、行間に苦闘の跡がにじみ出ていた。

実際のところ、作文テーマ選択と審査選考には、関連性はない。傾向としてあるとすれば、人気のあるテーマは、平凡な内容になりがちだし応募数も多くなるということぐらいだろう。佳作賞を超えて入賞し、更に上の賞を狙うなら、まさにその平凡な内容を超えなければならないことは、言うまでもない。審査員が期待する内容は、まさにそこにあると言える。多くの作文が一般的な内容に留まっていたが、前回入賞できなかった学生の中から、前回の選考で佳作にとどまった学生の中から、そして新しく参加した学生の中から、平凡な内容を乗り越える素晴らしい作文が生まれたことは、審査に携わった一人として大変嬉しく思う。

三

中国人の「爆買い」志向が変化しているのだと日本の

人々が気付くまでにさほど時間はかからなかった。日本語を学ぶ学生たちは、その変化の最先端にいると言えるだろう。なぜなら、日本語や日本文化を、中国にいる誰よりも多く深く学び、アニメや映画やアイドルへの愛を表明する彼らは、他の誰よりも日本に行きたがっている。そして、彼らの日本観に多大な影響を与えているのは、他でもない、中国の各学校で日々教壇に立つ日本語教師たちである。

学校の規模や種類や年数の別なく日本語教師たちは、新しい世代の学生たちをより広範囲に、より正確に知る機会がある。しかし、彼らはメディアに登場することも日本政財界の要人たちと接触する機会もないため、その活動は知られずにいる。日本語教師たちは皆、日本人であるとないとにかかわらず、日本発信の最前線に立つ非公式日本大使である。事実、主にインターネットから情報を手に入れる中国人学生たちの認識を修正したり明確にするのは、他でもない、日本語教師その人なのだ。そして学生たちは、日本語教師の日々の姿を見て、日本を理解する。挨拶、時間への厳しさ、食事や生活のマナー、化粧や服装や身だしなみなどのエチケット、どれも日本語教師たちを見て学んでゆく。

テーマ「私を変えた、日本語教師の教え」は、そんな日本語教師たちの日々の活動に光を当てた、秀逸なテーマだと言える。このテーマの作文には、学生と先生の、師弟愛や疑問や葛藤が描かれている。そしてそこには、現代中国の若者が抱える諸問題が垣間見えるだけでなく、教師自身が省みるべきことも見いだされる点で、非常に興味深い。多くの場合、学生たちの境遇に手を差し伸べる教師の姿が描かれ、苦難に陥った学生たちは、再び、夢や希望を見出し歩み続ける。そのような物語が、場所や人物を変え、各地で紡がれている。そんな彼ら日本語教師たちを語る言葉があるとすれば、まさしく、「優しき師のまなざしは、遥かなる神のごとし」である。

なぜ日本語教師はそんなに生徒に寄り添うのであろうか？　その最たる理由は、たぶんM・ヴェーバーが喝破した意味での「天職」が、日本語教師の心底にあるからだろう。安い月給、不安定な身分、不透明な未来、どこからの支援もない、ある人は辺境の地で孤軍奮闘し、尊敬される教師であり続けている。そして、「それでもなお！」と言い続けることができる者だけが日本語教師なのだ。彼らは日本語教師という職業に「天職」を見出した。他の教師たちは、安定した身分と収入に胡坐をかき、授業以外では必要最小限の接触だけ、教壇の上から一方的に教えるだけ、それは理解できないことではない。受賞作だけでなく惜しくも受賞を逃した作文からも、学生たちが教師をよく観察している様子がうかがえる。学生たちは知っている、誰が真の教育者なのかを。

四

私は、今回の作文コンクールの審査において、何千もの作文に目を通し審査する機会を頂いた。同じ作文に二度三度、多いときは一つの作文に十回も目を通すこともあるので、実際に読んだのは、その倍ぐらいになるかもしれない。時にほほえましく、時に首をかしげ、時にうなずき、時に感嘆し、時に目を潤ませながら読ませていただいた。実際に、例年に増して、いい作文は多かった。作文を通じて、自分自身への刺激となったり、学ばされる事も多かった。学生たちの作文一本一本に真剣に向き合い、その思いをくみ取り、「あの先輩を超える」作文を選ばせていただいた。

もちろん、いい話ばかりではない。学生たちの作文に問題がないわけではない。誰よりも多くの応募作文を読んだ者として、いくつかの問題点を指摘しておくことも、学生たちが次回以降の作文コンクールで更に良い作文を作るために、必要なことであろう。問題点は、大きく分けて三つに分類できる。その三つとは、日本語の問題、作文内容の問題、そしてルール・規定の問題である。今後、作文コンクールに応募する際にも重要となる点なので、ぜひ、現場の教師の方々も一緒に考えていただきたい。

受賞作には、各学校の日本語教師たちの修正の手が入っている。それは驚くべきことではない（作文コンクールに新しく参加しようと思っている学生たちは、こんなすごい日本語なんて書けない！といった心配は無用ですぞ！）。彼らの修正を経て、それでもなお残っている問題点がある。中には、ネイティヴの修正が入っていない作文も多くあったが、問題点は共通している。特徴的な日本語の問題点を指摘すると、次のような点である。一つは、「了解する」という言葉の使用である。多くの学生がこの言葉を、「理解する」や「分かる」の代わりに使っていた。中国語の「了解（liao jie）」の意味で使っているのであろう。この語を使う場合は、ぜひとも、ネイティヴ日本人の「了解」を得てほしいものである。つまり何が言いたいかと言えば、学生たちは、是非もう一度、辞書をひく癖をつけて単語の意味を確認してほしい。そして、意味や使用例をよく見て、単語の使い方を学んでほしい、ということである。

次に、「三つがある」という様に、「三つ」と「ある」の間に「が」を置く使い方を多く目にした。また、「どうして〜しますか？」という疑問提示の仕方、そして「私からすれば」の多用である。おそらく、多くの日本語教師が、現場で、日々指摘して直していると思われるが、悲しいことに、この問題はどうしても直らないのである。私が各地各学校の学生と話していて、どこでもこの問題が見受けられる。そう、これは中国で日本語を学ぶ学生の「習慣」なのである。これらを枝葉末節な指摘と思われる向きもあるかもしれない。だが、まさに、これらの細かい点こそが、日本語を日本語らしくネイティヴらしく表現する肝であることも、また事実なのである。

もう一点、日本語作文を書く上での重要な問題を指摘しておきたい。それは、「人称」と「語尾」の統一問題である。これは、外国人にとっては非常に難しい問題であろう。日本語作文の難しさは、作文が、「話し言葉」を避けて書くべき文章でありながらも、筆者の性別・肩書・出身・年齢・演出スタイル等をすべて考慮して、「人称」と「語尾」を統一しなければならない点にある。日本語は、主語の「人称」と「語尾」を見て、書き手の年齢や性別や地位や出身などを想像することができる。読者に対して友達のように語り掛けるのか、それとも先生のように諭すように語り掛けるのか、論文のように「だ」「である」を使って淡々と語るのか。これは、「人称」と「語尾」

の使い方でどのような人物をも表現することができる、日本語の面白い点と言えるだろう。逆に言えば、日本社会では、ある種の人物や肩書や年齢や性別の人は、特定の「人称」と「語尾」で語るステレオタイプが出来上がっているとも言える。例えば、女の人は（一般的に！）「俺が行ってやるぜ」とは言わない。男の人は（一般的に！）「あたいは結婚するのよ」とは言わない。また、「昨年は爆買いがありました。しかし、今年は爆買いは少ないようだ」、このような「語尾」の使い方も、前後の文の「語尾」が不統一となり、ネイティヴは違和感を覚えるであろう。

日本語の問題以上に問題となったのが、作文内容の問題である。まず指摘しなければならないのが、昨今、世界中で横行しているインターネットからのコピペ（コピー&ペースト）の問題である。コピペの多くは、調べれば分かる、読めば分かる、考えれば分かる。では、どこまでがコピーなのか？　審査基準としては単純である。引用として「　」で明示しているもの以外はすべてコピーとして扱う、である。もちろん、語尾を粉飾したり部分中略コピーもある。コピペは、その全て100%を防ぐことはできないし、100%見抜くこともできない。我々審査員や教師は、コピーを見抜く技術や知識や能力を向上させなければならない。それが、結果的に、学生のためになり、作文コンクール自体のレベルアップにもつながるだろう。これについては、もうこれ以上くどくどと言う必要はないと思う。

また、よく見られたのが典型的な四字熟語、ことわざや成句の乱用である。もちろん、上手に使えば、作文のアクセントとなったり、効果的な導入部や締めくくりになったりする。しかし多くの場合、いや、ほとんどの場合、四字熟語やことわざや成句の使い方が、不自然で不必要で唐突であった。それに、皆が同じ成句を使うことで、「またか……」という印象を与えてしまうことになりかねない。例えば、日中関係で必ずと言っていいほどの頻度で登場する語句は、「一衣帯水の隣国」である。この語は、中国の政府高官が公式の場でよく使う語だが、学生が使う必然性はどこにもない。

テーマとして書きやすかった「爆買い」は、多くの作文が同じような内容になったことも否めない。例としていくつかのキーワードを挙げよう。ユーキャン流行語大賞、京都、大阪、富士山、桜、北海道、和食和菓子、ラーメン、日本茶、新幹線、きれいな街、日本人と交流等々。まだ日本に行ったことがない人にとっては、どれも新鮮だし、見たい体験したい何かであろう。しかし、審査する側からすれば、皆が同じことを書くならば、もっと別の事が書かれている作文を探したくなるものである。逆の立場（日本人）で考えてみよう。「中国に行って買い物以外にできること」は何だろうか。北京、上海、広州故宮、長城、パンダ、四川料理、餃子、北京ダック、烏龍茶、寺、東方明珠等々。もしこれだけが中国で買い物以外にできることだとしたら、何か物足りないと思わないだろうか？　多くの作文は、表層的な日本旅行に満足してしまっていた。

それに加えて、「爆買い」とは異なり、日本語教師をテーマとした作文の多くは個人的なエピソードも、思い出話も多くあるにもかかわらず、柔軟性に欠ける作文が多かった。導入部分に教師に関する故事成語や有名な文を提示し、自分は他の専門に行きたかったが日本語専門になった、日本語の勉強をやめようと思った、そんな時に先生の励ましでもう一度頑張ろうと思った（もしくは、スピーチコンテストの参加を迷っていたら背中を押してくれた）、最後にこれからも頑張りますスローガンを掲げる。おそらく、実際にそういうことがあったのだろう。それはそれでいい。だが、多くの作文がこの筋書きに沿って、同じような語り口で作文を書いていたのは、残念であった。

学生および教師の方々は、ぜひ今一度、過去の作文コンクール受賞作文に目を通していただきたい。定番の物語はもう出そろっている。今、更なる高みを目指す新しい語り口の作文が求められている。その意味で、今回の審査において、前回を超える新たな作文を選ぶことが、審査員の念頭にあった。オリジナリティを感じさせ、時にユーモラスに、時にエスプリが効いていて、時に内面をさらけ出し、時に客観的で分析的な作文が選ばれる。それは、一つの到達点であると同時に、次回さらに高みを目指す学生たちの出発点、スタート地点になるのだ。ジャマイカの陸上100メートル選手ウサイン・ボルトが2008年に出した9秒69の記録を、誰もが数年は超えられないと思っていた超人的な記録を、翌年に自ら塗り替え9秒58を打ち立てたように。

「中国人の日本語作文コンクール」は、学生と教師の共同作業の結晶である。このことを、学生と教師双方が、今一度熟考し、腑に落としていただきたい。すなわち、作文応募に関わる作業において、小さなミスが学生のチャンスの芽を摘んでしまう点は、決して大げさでも小さなことでもない。それ故、応募ルールの順守は、どんなに強調してもし過ぎることはない。どんなルールがあったのか、今一度思い出していただき、審査員として気づいた点を記録しておくことも、必要なことだと思う。

最も多かったのは、毎年起こることだが、字数制限を守らない作文が多いことである。本作文コンクールの募集要項にはこうある。

「横書き、全角（漢数字）1500〜1600字（厳守、スペースを含めない）」

「字数は本文のみで計算してください（テーマ、タイトル、出典、スペースは含めない）」

1499字は不可であり、1601字も不可であり、審査対象外になる。各種文字入力ソフトには、スマートフォン用アプリも含めて、文字カウント機能が備わっている。テーマや名前やタイトルや註や出典やスペースを除いた「文字数」を計算することができる。指導教師は、学生自身が計算したものを再度確認して、応募表エクセルデータに入力しなければならない。一字多くても一字少なくても駄目なので、教師は細心の注意を払って正確に入力しなければならない。

日本語を学ぶ以上、細かいことに、枝葉末節の部分に細心の注意を払うことは当然と考えていただきたい。そして、相手のこと、読む人のことを考える心遣いも、また、必要なのである。募集要項の他の部分にはこうある。

「作文の一番上に必ず、氏名、学校名、団体応募票での通し番号、テーマ（①②③のいずれか）、タイトルを記載してください（個人応募の場合、通し番号は不要です）。作文のファイル名は「団体応募票の通し番号―氏名」としてください（個人応募の場合、ファイル名は氏名のみで結構です）」

この文を素直に読めば、作文の一番上に「氏名、学校名、通し番号、テーマ番号、タイトル」の順で記入すると読めるだろう。そして、各作文のファイル名は、「11-王某某.doc」このようになるはずである。さらに、応募票には次のような記載もある。

「作文の最後に指導教師のご芳名を必ず明記ください（1本の作文につき最大2名まで）」

「作文の最後」には指導教師の名前を記入する必要があることを、今気づいた方もいらっしゃるのではないだろうか。さらに、最大2名までという人数制限もある。言うまでもなく、3名は不可である。また、

「すべて日本語漢字、日本語フォントの明朝体で、英数字は半角で記入して下さい」

ともある。作文はゴシック体ではなく明朝体で入力しなければならない。原稿用紙の枡目使用については記載はないが、できれば無いほうがいいだろう。なぜなら、ファイルを開くアプリケーションによって（マイクロソフトワード以外も多い）、文字と枡目のズレが生じたり文字化けが起きてしまい、読みにくくなってしまうからだ。

今回、ルールと作文内容双方に関わる問題も一つあった。それは、テーマ3「あの受賞者は今――先輩に学び、そして超えるには？」に関してである。テーマには「あの受賞者」とある。そう、もうお気づきだと思うが、これは当作文コンクールの過去の受賞者を指している。単なる学校の先輩、日本語科の先輩を指しているのではない。このテーマに取り組んだ作文の多くが、この点を誤解し、大学院に進学した先輩や日本に留学した先輩やスピーチコンテストで入賞した先輩について書いていた。これは、学生よりも読解力のある日本語教師たちが、学生たちに周知させなければならない点であろう。もちろん、テーマを厳格に解釈すれば、更に書き難くなってしまうかもしれない。しかし、募集要項を精読し正確に理解して実践することは、日本語を学ぶ者にとって必須であり、「ルール順守」に比較的厳しい日本社会文化理解へのステップだと考えていただきたい。

以上のルールを厳守し、エクセル応募表を間違い無く

作成することを含めて、当然のことながら、指導する日本語教師たちの責務になる。残念ながら、この一連のパッケージ作業に漏れやミスが多かったのも事実である。日々の授業や課外の作文の指導に加えて、細かい入力チェックをするというのは、非常に骨の折れる作業であることは重々承知している。だからこそ、常日頃から教室内外で、細かい点に気を付け注意を払う重要さを、諦めることなく学生たちに理解させなければならない。あらためて強調するが、募集要項を正確に読んで理解することは、学生と教師の双方ともに、作文コンクール参加の基本中の基本である。

五

私が審査員を始めたのが２０１５年、私も他の審査員も、その後にこんなに多くの作文を査読することになるなど知る由もなかった。自分のバックグラウンドは大衆雑誌編集と学術研究である。私は社会科学を軸にしてはいるが、学生時代のほとんどを教養を広げ深めることに費やしてきた。私の読書習慣の一部は女性ファッション誌や難解な理工学書を含んでいる。

あえて自分のバックグラウンドに触れたのには訳がある。多くの場合、日本語作文を教える教師のほとんどが、学術的な書き方のみを知る大学および大学院教育の論文やレポートの書き方をバックボーンとしている。高等教育機関ではそれで十分と見る向きもあるかもしれない。大学では論文やレポートを書き、会社では報告書を書き、日本に留学するときは研究計画書を書く。確かに、それ以上の文章を書く機会は少ないかもしれない。だが私は、多くの論文やレポートや作文を読みながら、常に何か物足りなさと偏りを感じていた。いったい何が足りなくて、なぜ偏りがあると感じていたのだろうか。ある時、日本の大学

院のゼミに参加し、ある教授の定年記念論集として編まれた冊子に文章を書いた私は、その理由に思い当たった。それは、論集が学術的な方向性を持っていることではない。それは、論集及びその編集者たちが想定する読者についてであった。

学術的な文章は、権威的な学術雑誌であろうとなかろうと、難解で独特の修辞学的な言い回しを得意とする。そして、断定の助動詞「だ」とその連用形「である」という二つの語尾をこよなく愛する。私も、客観的な文章を担保するこの語尾が好きだ。とはいえ、この学術的語法は、分析的で堅苦しくなり、読者と文章の間に距離を作ってしまう。私が「くさびがた文字」と呼んでいる純粋な学術論文は、客観的であればあるほど、読者を限定していればいるほど、良しとされる。それに対して、大衆誌は、雑誌によっては読者層を限定するが、一般的に、老若男女不特定多数の読者を想定し、読者に分かりやすい文章を届けなければならない。読者に買われ読んでもらわなければ、どんなにいい内容の文も意味がない。読者を広く想定しながら書く、それこそ、私が感じていたもの足りなさであり、偏りであった。それは決して、読者の気に入るような狙ったような内容を書くということではない。広く日本人全員を読者として想定する内容と文体を持った作文、そんな作文が求められている。

日本人でさえ難しいのに、外国人に、ましてや日本語を学んで数年の学生になんてできっこないと、多くの方は思われるかもしれない。だが私は「できる！」と高らかに応えたい。しかし、それには教師の側が宿題をしなければならない。まずは教師が多様な文章を書けるようにならなければならない。そのために、自らオープンになり、広く学び、多様性を受け入れる。それは、自分の思考様式に新しい風穴をあける非常に困難な作業である。気を落とさないでほしい。がっかりしないでほしい。学生と一緒に学んでいけばいいのだから。人は、ある意味で、永遠の学生である。そして、教師も学生も、共に学びの宿舎で生活し勉強するクラスメイト（同班同学）でもある。しかし、その第一歩は、まず作文やその日本語のどこが、そしてどのような欠陥や偏りがあったのかを理解することである。

おわりに

今次の作文コンクール受賞作は、過去のどの作文コンクールをも超える内容と多様性を持っていると信じている。だが来年は、それらをさらに超える素晴らしい作文が生まれるに違いない。今回入賞できなかった学生、期日に間に合わなかった学生、コンクールの存在を締め切り後に知った学生、今回は日本語力が十分でなかったが次回こそは参加したいと思っている学生、そして、まだこの作文コンクールの存在を知らない学生、次回に向けた準備はすでに始まっている。

　私には一つのビジョンがある。もしかすると単なる希望かもしれないが。それは、中国で、アジアで、そして世界中で日本語を学ぶ全ての学生がこの作文コンクールに参加することである。日本語を活かしてチャンスをつかみたい、あの先輩を超えたい、私にもできるはず、みんながそう思ったとき、実現できるのかもしれない。まずは、中国で日本語を学ぶ全ての学生が参加する作文コンクールにしなければならない。それがいつ実現できるのか、私には分からない。だが、一つだけ明らかなことがある。それは、この「中国人の日本語作文コンクール」の応募作や受賞作が素晴らしいものになればなるほど、学生の切磋琢磨する意欲は高まり、教師の指導にも熱が入り、応援していただける方々も増え、参加する学生や学校が更に増えるということである。そう、「中国人の日本語作文コンクール」は学生、教師、審査員、後援協力者、主催者、そして読者、全員の共同作業なのである。

　今回、日本僑報社の段躍中氏には、多くの作文を審査する素晴らしい機会を頂いた。深く感謝して、筆をおきたい。

［略歴］瀬口　誠（せぐち　まこと）鹿児島県出身。久留米大学大学院後期博士課程修了。雑誌編集者や高校講師などを経て、2013年より中国山西省運城市の運城学院外国語学部講師。

佳作賞受賞者219名（受付番号順）

江漢大学　周俊峰
蘇州大学　張林璇
蘇州大学文正学院　楊晏睿
対外経済貿易大学　祁麗敏
重慶三峡学院　殷　静
天津財経大学　劉先会
山東農業大学　李睿禕
曲阜師範大学　黄国媛
吉林建築大学城建学院　王建華
華東理工大学　楊夢倩
広東外語外貿大学　何思韻
南京大学金陵学院　黄　晨
長春理工大学　陳静姝

淮陰師範学院　呂　月
淮陰師範学院　史　蕊
淮陰師範学院　張　悦
北京郵電大学　陳維晶
広東省技術師範学院　黄少連
渤海大学　丁　一
重慶師範大学　王一平
貴州大学　陳蓓蓓
貴州大学　柏在傑
貴州大学　樊偉璇
華僑大学　袁静文
華僑大学　李方方
華僑大学　袁冬梅

華僑大学　蔡舒怡
華僑大学　金慧貞
華僑大学　李翔宇
青島大学　任昀娟
青島大学　趙　芮
青島大学　王光紅
青島大学　丁夢雪
青島大学　李　明
青島大学　常暁怡
青島大学　閆　陽
華南理工大学　陳暁雲
海南師範大学　霍雨佳
海南師範大学　劉　曌

四川外国語大学　楼金璐
吉林財経大学　王暁琳
泰山学院　方穎穎
井岡山大学　熊萍萍
浙江万里学院　高何鎧
嘉興学院平湖校区　宋躍林
嘉興学院平湖校区　謝子傑
西南交通大学　張　彤
電子科技大学　鐘　璨
煙台大学　王喩霞
東華理工大学　蔡苗苗
東華理工大学　曾明玉
楽山師範学院　張　琪
楽山師範学院　王　潔
渭南師範学院　蔡　楽
西南民族大学　李天琪
吉林大学　呉夏萍
浙江万里学院　潘衛峰

江西財経大学　陳鋭煒
江西財経大学　劉英迪
江西財経大学　呉明賓
上海交通大学　曾冉芸
大慶師範学院　徐　冲
東北師範大学　李佳鈺
北方工業大学　斉夢一
浙江師範大学　鄭燕燕
浙江師範大学　戴可晨
吉林華僑外国語学院　唐亜潔
吉林華僑外国語学院　湯承晨
菏澤学院　于　蕾
東北大学　王沢洋
集美大学　周艶芳
集美大学　林麗磊
新疆師範大学　甘　瑶
南京理工大学　葉　璇
西南民族大学　張玉蓮

遼寧大学　徐明慧
嘉興学院　張媛媛
西北大学　劉　玉
福州大学至誠学院　陳思伊
中国海洋大学　趙戈頴
中国海洋大学　李祖明
山西大学　王沢源
山西大学　曹　帆
山西大学　陳　周
広東外語外貿大学　鐘宇丹
広東外語外貿大学　陳嘉慧
北京科技大学　王　蕙
大連外国語大学　卜明梁
大連外国語大学　董博文
大連外国語大学　高　明
大連外国語大学　金　菲
大連外国語大学　藍　玉
大連外国語大学　李佳沢

大連外国語大学　劉　迪
大連外国語大学　馬　駸
大連外国語大学　馬　蓉
大連外国語大学　王海晴
大連外国語大学　鄭皓予
山東師範大学　樊翠翠
山東師範大学　盧静陽
山東大学（威海）翻訳学院　王暁暁
山東大学（威海）翻訳学院　王小芳
嘉興学院　厳晨義
遼寧軽工職業学院　于華銀
新疆師範大学　黄媛煕
上海師範大学　顔夢達
広東省外国語芸術職業学院　王若雯
長春外国語学校　徐楽瑤
西安交通大学　王　瑞
西安交通大学　唐　鈺
山東理工大学　張永芳

山東理工大学　徐　文
黒龍江外国語学院　霍暁丹
黒龍江外国語学院　張　淼
黒龍江外国語学院　于暁佳
黒龍江外国語学院　龐　迪
黒龍江外国語学院　李文静
黒龍江外国語学院　金淑敏
黒龍江外国語学院　霍暁丹
東華大学　劉正道
東華大学　張啓帆
東華大学　侯金妮
東華大学　高　寧
東華大学　符詩伊
同済大学　何悦寧
同済大学　陳頴潔
同済大学　于凡迪
魯東大学　毛彩麗
魯東大学　張玉玉

魯東大学　解慧宇
魯東大学　李　浩
魯東大学　苟淑毅
天津外国語大学　陳　錚
天津外国語大学　徐嘉偉
天津外国語大学　高夢露
天津外国語大学　陳　靖
天津外国語大学　朱　珊
天津外国語大学　周姍姍
天津商務職業学院　康為浩
天津商務職業学院　任盛雨
中南大学　張之凡
大連東軟情報学院　凌沢玉
揚州大学　劉智洵
嶺南師範学院　李婉媚
嶺南師範学院　朱藹欣
嶺南師範学院　呉玉儀
南京郵電大学　田海媚

南京郵電大学	沈嘉倩
南京郵電大学	龍学佳
南京郵電大学	謝豊蔚
南京郵電大学	徐永林
ハルビン工業大学	劉　群
浙江大学城市学院	呉璐瑩
南京信息工程大学	李鳳婷
上海師範大学天華学院	韓　丹
天津工業大学	梁一爽
天津工業大学	王雨帆
湖州師範学院	徐文諱
湖州師範学院	馮金娜
湖州師範学院	閔金麗
山東科技大学	王潔宇
山東科技大学	穆小娜
山東科技大学	張仁彦
山東科技大学	劉偉娟
四川外国語大学成都学院	劉姝珺
四川外国語大学成都学院	趙紫涵
武昌理工学院	廖　琦
武昌理工学院	田漢博
武昌理工学院	王沙沙
武昌理工学院	李煜菲
武昌理工学院	劉思敏
武昌理工学院	裴　慶
武昌理工学院	柳宇鳴
武昌理工学院	唐一鳴
武昌理工学院	劉淑嫚
大連大学	雷景堯
運城学院	路志苑
黄岡師範学院	曹海青
北京第二外国語学院	謝沅蓉
北京第二外国語学院	劉　雅
東北財経大学	張芸馨
東北財経大学	沈茜茜
嘉興学院南湖学院	奚丹鳳
嘉興学院南湖学院	田　葉
山東財経大学	張銀玉
安徽師範大学	高　雅
安徽師範大学	王雅婧
天津科技大学	林青霞
天津科技大学	王春蕾
天津科技大学	陳維任
山東大学	于汨鑫
玉林師範学院	李海川
玉林師範学院	李虹慧
大連民族大学	刁金星
寧波工程学院	李笑林
大連理工大学城市学院	王卓琳
大連理工大学城市学院	蒋蘊豊
青島農業大学	趙瑾軒
青島農業大学	許夢琪
中南財経政法大学	周克琴
中南財経政法大学	胡　健

中南財経政法大学	陳馨雷
中南財経政法大学	黄橙紫
武漢理工大学	董知儀
武漢理工大学	魏　甜
武漢理工大学	呉夢思
武漢理工大学	李福琴
武漢理工大学	張夢婧
太原理工大学	孟　晴
浙江農林大学	方沢紅
浙江農林大学	戚夢婷
大連工業大学	李延妮
大連工業大学	于　晨
大連工業大学	王彩雲
北京外国語大学	蘇　翎
青島大学	季孟嬌
常州工学院	張雪倩
瀋陽薬科大学	肖宛璐
瀋陽工業大学	範松梅

第十二回　中国人の日本語作文コンクール

開催報告と謝辞

日本僑報社・日中交流研究所 所長　段　躍中

第12回
中国人の
日本語作文
コンクール
訪日中国人、「爆買い」以外にできること
私を変えた、日本語教師の教え
あの受賞者は今
2016
5/9
5/31
必着
http://duan.jp/jp/

第十二回コンクールのポスター

■概要■

主催：日本僑報社・日中交流研究所

協賛：株式会社ドンキホーテホールディングス、東芝国際交流財団

メディアパートナー：朝日新聞社

後援：在中国日本国大使館、（財）日中友好会館、日中文化交流協会、日中友好議員連盟、（公社）日中友好協会、（社）日中協会、日本国際貿易促進協会、一般財団法人日中経済協会、中国中日関係史学会、中国日本友好協会、中国日本商会、北京日本人会、日本日中関係学会、（一社）アジア調査会

協力：日中文化交流センター、ＮＰＯ日中交流支援機構、（公財）日中国際教育交流協会

■審査の経過■

【第一次審査】

第一次審査は、日本僑報社・日中交流研究所の「中国人の日本語作文コンクール」事務局を中心に、ご協力いただける日本語教師（前任者を含む）などの関係者にお願いして進めました（在中国の現任教師の場合、現任校からの応募作品はその審査から外しました）。

審査の前に、募集要項の規定文字数に満たない、あるいは超過している作品を審査対象外とした上で、各規定をクリアした作品について採点しました。

今回の一次審査の審査員として、左記の方々がご協力くださいました。

岩城拓、岩楯嘉之、石渕賢一、浦野紘一、大上忠幸、北島邦博、桑雅人、小林さゆり、斎藤文男、早乙女尚、坂本正次、佐藤則次、柴田修司、正田雄大、瀬口誠、高橋文行、高柳義美、中山啓子、中山孝蔵、西村祥和、萩野慶子、松嶋忠信、三上正裕、武藤正美、矢野研介の各氏です（50音順）。

ご支援とご協力を賜り、誠にありがとうございました。

【第二次審査】

第二次審査は、公正を期するために応募者の氏名と大学名を伏せ、受付番号のみがついた対象作文を審査員に採点していただく形で実施しました。

今回は、左記の審査員14名が二次審査にご協力くださいました（50音順・敬称略）。この場をお借りして、深く感謝を申し上げます。

赤岡直人　（公財）日中国際教育交流協会 業務執行理事
岩楯嘉之　NPO法人日中交流支援機構 事務局長
折原利男　元埼玉県立高校教員、日中友好8・15の会会員
金子 肇　宮本アジア研究所 代表特別助理
関 史江　技術アドバイザー
瀬野清水　元重慶総領事
高橋文行　日本経済大学教授
谷川栄子　（株）Will National First Academy 代表

塚越　誠　書家、日中文化交流の会 日本代表
藤村幸義　日中関係学会副会長、拓殖大学名誉教授
二井康雄　映画ジャーナリスト、書き文字作家
古谷浩一　朝日新聞中国総局長
吉田弘之　アジア調査会事務局長
和田　宏　NHKグローバルメディアサービス、神奈川県日中友好協会会員

【第三次審査】

第三次審査は、二次審査で得点の高かった学生に対し、直接国際電話をかけて口述審査を行いました。その上で、今年は新たに日本語による短い感想文を即日提出していただき、審査基準に加えました。

【最終審査】

最終審査は、二次審査と三次審査の合計点により選出した最優秀候補者と一等賞候補者計6名の作品を北京の日本大使館あて送付し、大使ご自身による審査で最優秀賞（日本大使賞）を決定していただきました。

■各賞について■

審査員による厳正な審査の結果、過去最多を記録した今回の応募総数5190本の中から、計300本の作者に対して各賞を授与しました。内訳は、最優秀・日本大使賞1名、一等賞5名、二等賞15名、三等賞60名、佳作賞219名です。

今回は、本コンクールの開催史上最多となる5000本を超える作品が寄せられたことから、主催者はこれを熟慮し、三等賞枠を前回の50名（本）から60名に、また佳作賞枠を同193名から219名にそれぞれ拡大しました。これにより佳作賞までの受賞者数は計300名となり、この面でも過去最多を数えた前回（計264名）を大きく上回り、最多記録を更新しました。

■園丁賞について■

学生たちの日本語能力の向上は、担当教師の指導なしてはありえません。そのため主催者は、日中国交正常化35周年にあたる2007年の第3回コンクールから、学生の作文指導に実績のある日本語教師を表彰する「園丁賞」（第3回の「園丁奨」より改称）を創設しました。

対象となるのは、応募校の中から団体応募数が50本を超えた学校です。当該校には賞状を授与しました。また、各校で日本語書籍が不足しているという実情を聞き、その一助になればとの思いから、最も応募作の多かった学校に30万円相当、１００本以上の応募があった学校に10万円相当、50本以上の応募があった学校に5万円相当の書籍をそれぞれ寄贈いたしました。

日本語を学ぶ学生たちに十分に活用していただければ幸いです。

今回の園丁賞受賞校は、過去最多の50校（前回は40校）となりました。受賞校と応募数は次の通り。受賞校の皆さん、誠におめでとうございます。

大連外国語大学（１５２）、華僑大学（１３５）、湖州師範学院（１２６）、大連理工大学城市学院（１２２）、大連工業大学（１２１）、武昌理工学院（１１２）、天津外国語大学（１０４）、山東科技大学（１０２）、中南財経政法大学（１０１）、淮陰師範学院（１００）、青島大学（98）、大連民族大学（96）、南京郵電大学（93）、東華大学（89）、武漢理工大学（87）、浙江万里学院（85）、嘉興学院平湖校区（82）、青島農業大学（81）、嘉興学院（80）、西南交通大学（80）、黒龍江外国語学院（78）、吉林華僑外国語学院（73）、天津工業大学（73）、広東外語外貿大学（70）、同済大学（69）、嶺南師範学院（69）、天津財経大学（66）、南京師範大学（65）、山西大学（60）、長春理工大学（60）、魯東大学（60）、貴州大学（57）、浙江農林大学（57）、大連東軟情報学院（56）、玉林師範学院（55）、北京科技大学（55）、広東省外国語芸術職業学院（54）、天津科技大学（54）、海南師範大学（53）、安陽師範学院（52）、東華理工大学（52）、菏澤学院（52）、山東師範大学（51）、揚州大学（51）、山東交通学院（50）、山東理工大学（50）、四川外国語大学成都学院（50）、常州大学（50）、天津商務職業学院（50）、寧波工程学院（50）。

■優秀指導教師賞について■

従来のコンクールでは、学生を対象とした各賞の授与のほか、団体応募の作文本数が50本を超えた学校に対し、前述の「園丁賞」を授与してきました。前回はこれらの賞のほかに、優れた指導教師個人をたたえる「優秀指導教師賞」と「指導教師努力賞」をそれぞれ創設いたしました。

これは中国で日本語を学ぶ学生たちに、日本語や日本の文化を熱心に教えている中国人教師、ならびに日本人教師の日ごろの努力とその成果をたたえるものです。

本コンクールにおいては「優秀指導教師賞」の授与を継続実施いたしました。対象となるのは、三等賞以上の受賞者を育てた日本語教師で、受賞者には賞状と記念品を授与することとなりました。

今回の優秀指導教師賞の受賞者は、のべ計１０７名です。受賞者と学校名は次の通り（順不同、敬称略）。教師の皆様、誠におめでとうございます。

丹波秀夫、丹波江里佳（蘭州理工大学）、大工原勇人（中国人民大学）、汪彩鳳、水野晴哉（合肥優享学外語培訓学校）、森田拓馬、中村紀子（中南財経政法大学）、石原美和（南京農業大学）。

後藤裕人（雲南民族大学）、桐田知樹（湖南文理学院）、中山一彦（長安大学）、駒澤千鶴（国際関係学院）平野満寿美（黒龍江外国語学院）、土肥誠（東莞理工学院）、松下和幸（北京科技大学）、坪井弘文、邵紅（青島職業技術学院）、水口友代（恵州学院）、喜田栄次郎、喜田恵子、関承（大連外国語大学）、藤田炎二（山東政法学院）、黄雪蓮（大連大学）、堀川英嗣（山西大学）。

久津間英次（大連外国語大大学）、岩佐和美（東華大学）、宮山昌治、李宇玲（同済大学）、佐藤敦信、朴京玉（青島農業大学）、石原美和（南京農業大学）、松下和幸（北京科技大学）、藤島優実（長江大学）、磯部香（大連外国語大学）、池嶋多津江、李宇玲（同済大学）、楊本明（上海理工大学）、林敏潔、三澤健一（南京師範大学）、鈴木穂高（浙江農林大学）、大滝成一（青海民族大学）、田中弘美（菏澤学院）、森本卓也（江西農業大学南昌商学院）、岩川司、鈴木昭吾（外交学院）、汪瑋嘉、渋谷征典（合肥学院）、西澤真奈未（吉林華橋外国語学院）、古田島和美（常州大学）、加藤浩介（楽山師範学院）、柴田公子（揚州大学）、瀬口誠（運城学院）、金花（煙台大学）、鈴木穂高、遠藤明生（浙江農林大学）、濱田亮輔、張璇（東北大学秦皇島分校）、中上徹也（南京理工大学）、暢宝仁、小林新（嘉興学院）、永嶋洋一、関承（大連外国語大学）、岩佐和美（東華大学）、柴田公子（揚州大学）、阿部誠（南京郵電大学）、禹永愛（瀋陽師範大学）、呉楠（遼寧師範大学海華学院）、趙俊槐、佐藤寿（天津科技大学）、林敏潔、三澤健一（南京師範大学）、許永蘭、吉田一将（瀋陽工業大学）、古田島和美（常州大学）、方敏、千葉雄一郎（東華理工大学）、坪井弘文、卲紅（青島職業技術学院）、崔文博、福田学（広東省外国語芸術職業学院）、村瀬隆之（四川外国語大学）、松本裕子（遼寧対外経貿学院）、新村奈津希（南京工業大学）、馬聡麗、奥野昂人（西安財経学院）、照屋慶子（嘉興学院）、方敏、千葉雄一郎（東華理工大学）、岩佐和美（東華大学）、池嶋多津江、李宇玲（同済大学）、芮真慧（遼寧大学外国語学院）、単麗（大連工業大学）、葉飛（五邑大学）、近藤千文（大連東軟情報学院）、張振会（安陽師範学院）、尾崎寛幸（山東科技大学）、王雪松、神田英敬（武漢理工大学）、不破明日香（寧波工程学院）、大田拓実、任麗（長春理工大学）。

■本書の刊行経過■

日中交流研究所の母体である日本僑報社は、第１回の作文コンクールから受賞作品集を刊行しており、本書で12作目となります。第１回からのタイトルは順に、『日中友好への提言』『壁を取り除きたい』『国という枠を越えて』『私の知っている日本人』『中国への日本人の貢献』『メイドインジャパンと中国人の生活』『蘇る日本！今こそ示す日本の底力』『中国人がいつも大声で喋るのはなんでなのか？』『中国人の心を動かした「日本力」』『「御宅」と呼ばれても』『なんでそうなるの？ 中国の若者は日本のココが理解できない』で、これら11作の作品集は多くの方々からご好評を賜り、各地の図書館、研究室などにも収蔵されております。

なお、本書掲載の作文はいずれも文法や表記、修辞法などについて、明らかな誤りや不統一が見られた箇所について、編集部が最低限の修正を加えさせていただきました。その他は、日本語として一部誤りや不自然な箇所があったとしても「学生の努力の跡や成長の過程が見られるもの」と受け止め、そのまま掲載いたしました。どうか、ご了承いただけましたら幸いです。

今回のテーマは（１）「訪日中国人、『爆買い』以外にできること」（２）「私を変えた、日本語教師の教え」（３）「あの受賞者は今――先輩に学び、そして超えるには?」の3つとしました（本書収録（1）36本、（2）43本、（3）2本）。

（1）の「訪日中国人、『爆買い』以外にできること」は、今回の作文コンクールのメインテーマともいえるものです。本書のメインタイトルとしても使用しました。

このテーマでは、2015年の日本の「流行語大賞」にも選ばれた「爆買い」というユニークな言葉に注目した上で、これからの日中関係発展の一助にもなり得る、日本観光についての具体的な体験談や提言をまとめてもらいました。それはとりもなおさず「観光立国」を目指し、外国人観光客に「おもてなしの心」を伝えたい日本にとっても、貴重な提言になったことと思います。

上位に選ばれた作品には、「爆買い」だけでは得られない体験――日本人と心の交流をしたり、未知の日本を深く味わったりすることなど、若者ならではの新しい感性や、独創的なアイデアが多く綴られていたように思います。

一方、「日本旅行をしたら楽しみたいこと」といった視点で書かれたものの中には、「茶道や華道をしたり、温泉や日本料理を楽しんだり、着物を着て歩きたい」といったように、内容が羅列的で盛りだくさんであるため、かえってメリハリのない作文になったものがありました。そうであると、どうしても似たような内容や結論になりがちとなり、結果的にこうした作文が上位に選ばれるのは難しくなったようです。やはり審査過程においては、その学生さんならではの視点や観点、主張のオリジナリティーの有無が重要視されたようです。

（2）の「私を変えた、日本語教師の教え」は、前回のテーマ「わたしの先生はすごい」に続くものです。日ごろ指導を受けている日本語の先生から学んだこと、とくに自分の生活や学習態度、考え方などを大きく変えた先生の教えを、具体的に綴ってもらいました。

応募作品の中には、これまでに影響を受けた先生について多数列挙したものがありましたが、1500〜1600字という短い作文の場合、かえってそのテーマ性やメッセージ性が伝わりにくくなるようです。もちろん何人もの先生の教えを大事にし蓄積している、そのこと自体を否定するものではありませんが、より主張の明らかなアピール性の強い作品にするためには、1人の先生に絞って、その先生の教えを具体的に綴ったほうが読み手にはわかりやすくなるようです。

（3）のテーマは「あの受賞者は今——先輩に学び、そして超えるには？」。今年第12回を迎えた日本語作文コンクールの受賞経験者も中国各地に広がり、佳作賞までの各賞受賞者は前回（11回）までにのべ1200人を超えています。その受賞経験者である先輩から学んだこと、そして先輩を超えるにはどうしたらいいか、などを独自の視点・観点でまとめてもらいました。「先輩」とは、受賞者であれば抽象的な概念としての「先輩」でも構わないとしました。

これはテーマになり得る対象が限られたせいか、作文を書くのが難しかったと見えて、応募作品が思いのほか集まりませんでした。

それでも中には、「『好きなら絶対にできる』という（先輩の）言葉は私を何度も励ましてくれた」「語学を上達させるために秘訣というものはない。日々の練習と努力を重ねているうちに次第に上達するものだという先輩の言葉が一番印象に残った」など、あこがれの先輩の姿に学び、その上でこれから自分がどうしていくかをストレートに綴った作文がありました。そうした若者らしい積極性や素直な心情が丁寧に描かれたものが、最終的に上位に入賞したようです。

総じていえば、今回の応募作品はこれまでにも増して甲乙つけがたい力作が多く、各審査員を大いに悩ませました。

審査を終えたある審査員からは「（いずれも）素晴らしい作文の中で、全てを読み終わった後に、すぐ思い出すことができる印象深い内容の作文に、高い点を付けました」「内容も、文法も、ともに素晴らしく高いレベルであることを大変うれしく思い、同時に応募者の皆さんの挑戦する気持ちを誇らしく思いました」という高い評価が寄せられました。

また、第一次審査に多大なご協力をいただいた運城学院（中国山西省）の日本語教師、瀬口誠先生からは特別寄稿「審査員のあとがき」をまとめていただき、本書に併せて掲載しました（現任校の応募作品はその審査から外しました）。

瀬口先生は、この日本語作文コンクールと応募作品について「まさに、新時代の中国を担う若者たちの、中国、日本、そして世界に対する宣言でもある。他のメディアでも日中関係や自国の未来に対する啓蒙を説く言説はいくらでもあるが、しかし、これほど多くの中国人学生たちの生の声を拾い発信する機会は、この『中国人の日本語作文コンクール』以外にはないと断言できる」と強調されています。

その上で「学生たちが次回以降の作文コンクールで更に良い作文を作るために」として問題点を三つ挙げられ、「その三つとは、**日本語の問題、作文内容の問題、そしてルール・規定の問題である。**今後、作文コンクールに応募する際にも重要となる点なので、ぜひ、現場の教師の方々も一緒に考えていただきたい」と問題点を詳しく分析、それぞれ克明に記されています。それは、現場をよく知るベテラン日本語教師による「審査講評」であると同時に、次回以降の作文コンクール応募に役立つ「アドバイス」であり、さらにはより良い日本語作文を書くためのヒントを惜しげもなく伝授した「作文指南」であるともいえるでしょう。

次回以降の作文コンクールにぜひチャレンジしたいと思う学生の皆さん、現場の先生方、そして本書読者の皆様にはぜひ瀬口先生の「審査講評」を参考にしていただけたら幸いです。

入賞作品は最終的にこのような結果となりましたが、順位はあくまでも一つの目安でしかありません。最優秀賞から佳作賞まで入賞した作品は、どの作品が上位に選ばれてもおかしくない優秀なできばえであったことを申し添えたいと思います。

いずれの作品にも、**普段なかなか知り得ない中国の若者たちの「本音」がギッシリと詰まっていました。中には、日本人がハッとさせられるような新鮮な視点やユニークな提言もありました。そうした彼ら彼女らの素直な「心の声」、まっすぐなメッセージは、一般の日本人読者にもきっと届くであろうと思います。**

日本の読者の皆様には、本書を通じて中国の若者たちの「心の声」に耳を傾けることで、これからの日本と中国の関係を考えるほか、立場や視点を変えることで見えてくる日本の不思議さ、おかしさ、素晴らしさを再認識するキッカケにしていただければ幸いです。

なお、本書の掲載順は、一等賞から三等賞までが総合得点の順、佳作賞が登録番号順となっております。何とぞご了承ください。

■謝辞■

日本僑報社・日中交流研究所は、２００５年から日中作文コンクールを主催しており、今年は第12回目を迎えました。この12年間、皆様のご指導とご協力のもと多くの難関を乗り越えることができ、本コンクールはいまや中国国内でも高い知名度と権威性のあるコンクールへと大きな成長を遂げています。

コンクールは日本に半年以上の留学経験のない中国人学生を対象として、今年は5月9日から31日までの約３週間にわたり作品を募集しました。

厳密な集計の結果、今年は中国の30省市自治区（前回は28）の１８９校（大学、大学院、専門学校。前回は１８０校）から、前回の総数４７４９本を大幅に上回り過去最多となる５１９０本もの作品が寄せられたことが明らかとなりました。

またそれに伴い、主催者側はこれを熟慮し、受賞者枠を3等賞と佳作賞において拡大。佳作賞までの受賞者数を計３００名（作品）とし、受賞者数も過去最多を更新しました。

最近の日中関係が「改善の勢いがみられるものの、まだ弱い」といわれる依然難しい時期にある中、過去最多の応募総数を記録したことで、中国の若者たちの日本への関心がますます高まっていることがうかがえる結果となりました。

在中国日本大使館には第1回からご後援をいただいております。第4回からはさらに最優秀賞に当たる「日本大使賞」を設け、歴代大使の宮本雄二、丹羽宇一郎、木寺昌人、および現任大使の横井裕の各氏には、ご多忙の中、直々に大使賞の審査をしていただきました。

ここで改めて、歴代大使と横井大使をはじめ大使館関係者の皆様に、心より御礼を申し上げます。

また、第2回から第6回までご支援いただきました日本財団の笹川陽平会長、尾形武寿理事長の本コンクールへのご理解と変わらぬご厚誼にも深く感謝を申し上げます。

そして第7回よりご協賛をいただいている株式会社ドンキホーテホールディングスの創業会長兼最高顧問、公益財団法人安田奨学財団理事長の安田隆夫氏からは日本留学生向けの奨学金制度設立などの面でも多大なご支援を賜りました。これは中国で日本語を学ぶ学生たちにとって大きな励みと目標になるものです。ここに心より感謝を申し上げます。

第9回からは、東芝国際交流財団にもご協賛をいただいております。改めて御礼を申し上げます。

朝日新聞社には、坂尻信義氏（元中国総局長）のおかげで第7回からご協賛をいただき、第10回からはメディアパートナーとしてご協力いただいております。現任の古谷浩一総局長をはじめ記者の皆さんが毎年、表彰式や受賞者について積極的に取材され、その模様を生き生きと日本に伝えてくださいました。それは日中関係が難しい状況にある中でも、日本人が中国をより客観的にとらえ、中国により親近感を持つことのできる一助になったことでしょう。同社のご協力に心より敬意と感謝の意を表します。

谷野作太郎元中国大使、作家の石川好氏、国際交流研究所の大森和夫・弘子ご夫妻、さらにこれまで多大なご協力をいただきながら、ここにお名前を挙げることができなかった各団体、支援者の皆様にも感謝を申し上げます。誠にありがとうございました。

また、マスコミ各社の皆様には、それぞれのメディアを通じて本コンクールの模様や作品集の内容を丁寧にご紹介いただきました。そして日中〝草の根交流〟の重要性や、日中関係の改善と発展のためにも意義深い中国の若者の声を、広く伝えていただきました。改めて御礼を申し上げます。

中国各地で日本語教育に従事されている先生方に対しましても、その温かなご支援とご協力に感謝を申し上げます。

これまでに中国各地の３００以上の学校から応募がありましたが、このように全国展開できた上、今回の応募数が第1回（１８９０本）の2・7倍超に増加するなど、本コンクールがこれほどまでに知名度と信頼を得られたのは、教師の皆様のご尽力のおかげです。

最後になりますが、応募者の皆さんにも改めて御礼を申し上げます。まず、皆さんの作文は力作ぞろいであり、主催者はこれまで出版した作文集をたびたび読み返してきました。そしてその都度、皆さんのような若者ならではのパワーとエネルギーに刺激を受けて、現在の日中関係を、民間人の立場からより良いものにしていくための勇気と希望を抱くことができました。

さらにこの12年間、本コンクールは先輩から後輩へと受け継がれてきたおかげで、いまや中国の日本語学習者の間で、大きな影響力を持つまでになりました。現在、過去の応募者、受賞者の少なからぬ人たちが、日中両国の各分野の第一線で活躍しています。

皆さんが学生時代に本コンクールに参加して「日本語を勉強してよかった」と思えること、また日本への関心をより深め、日本語専攻に対する誇りをより高めていると聞き及び、私は主催者として非常に励まされています。

中国古代の兵法書『孫子の兵法』に、「彼を知り己を知れば百戦して殆《あや》うからず」とあります。日本語を身につけ、日本をよく理解する若者が中国に存在していることは、日本にとっても大きな財産であり、必ずや彼らは両国のウインウインの関係に寄与してくれるに違いありません。

毎年、作文コンクールはさまざまな試練に立ち向かっています。それを乗り越え、本活動を通じて、日中両国の相互理解を促進し、ウインウインの関係を築き、アジアひいては世界の安定と発展に寄与する一助となることを願い、私どもは12年目の歩みを着実に進めてまいります。

引き続き、ご支援、ご協力のほどよろしくお願い申し上げます。

２０１６年12月吉日

特別掲載

第十一回中国人の日本語作文コンクール

授賞式開催報告

日本僑報社・日中交流研究所主催の「第11回中国人の日本語作文コンクール」の表彰式と日本語スピーチ大会が２０１５年12月12日（土）午後、北京の在中国日本大使館で、木寺昌人大使をはじめ上位入賞者ら関係者約２００人が出席して開かれた。（表彰式共催：日本大使館、コンクール協賛：株式会社ドンキホーテホールディングス、東芝国際交流財団、メディアパートナー：朝日新聞社）

来賓として、日本大使館の山本恭司公使、（株）ドンキホーテホールディングスの髙橋光夫専務取締役兼ＣＦＯ、東芝国際交流財団の代表で東芝中国有限公司の宮崎雄行副総裁、朝日新聞社の古谷浩一中国総局長、丸紅常務執行役員中国総代表で中国日本商会の田中一紹会長、日中文化交流センターの李欣立代表、中国人の日本語作文コンクール推進大使で日本語教師の笈川幸司氏らが出席した。

中国で日本語を学ぶ学生を対象として２００５年にスタート、今年11年目を迎えたこのコンクールには、中国各地の大学や専門学校など１８０校から４７４９本に及ぶ過去最多の応募作が寄せられた。

日中関係の改善が待たれる難しい時期であったにもかかわらず、応募作が過去最多を記録したことにより、中国の若者たちの日本への関心と日本語学習への意欲の高さが示された形となった。

挨拶をする（株）ドンキホーテホールディングス・髙橋光夫氏

今回のテーマは、（１）日中青年交流について―戦後70年目に両国の青年交流を考える（２）「なんでそうなるの？」―中国の若者は日本のここが理解できない（３）わたしの先生はすごい―第１回 日本語教師〝総選挙〟in 中国―の３つ。

数次にわたる厳正な審査の結果、最優秀賞の日本大使賞など計２６４人（作品）が入選を果たし、山東政法学院（現在４年）の張晨雨（ちょう・しんう）さんの「なんでそうなるの？ 好きやねん、大阪」がみごと最優秀賞に輝いた。

「好きやねん、大阪」は、大阪に住む中国の叔母さんを通じて大阪独特の不思議でおもしろい魅力に引かれ、いつか自分の目で本物の大阪を見たいという若者らしいフレッシュな思いにあふれた作品。

表彰式で木寺大使は、今年第11回を数えるこのコンクールに対し「コンクールは今や日本語を学ぶ中国人学生にとって、参加することが大きな目標になるほどの大会に発展した」と高く評価。

その上で、「将来にわたり安定した日中関係を築くために大切なのは、若い世代がさまざまな交流を通じて〝感動の共有〟を積み重ねること。感動を共有した者同士は、親近感がわいて簡単に争うことはない。日本と中国の未来を担う若者たちで、一緒に感動する機会を増やしてほしい」などと、日本語を学ぶ中国の学生たちにエールを送った。

日本大使賞の授与式では、木寺大使から張晨雨さんに賞状が贈られたほか、「日本１週間招待」の副賞が与えられた。

続いて上位入賞の１等賞（５人）、２等賞（15人）、３等賞（50人）受賞者がそれぞれ発表され、この日のために中国各地から駆けつけた受賞者たちに賞状と賞品が授与された。

受賞者代表のスピーチ

では、日本大使賞受賞の張晨雨さんをはじめ、1等賞受賞の雷雲恵さん（東北大学秦皇島分校）、莫泊因さん（華南理工大学）、張戈裕さん（嶺南師範学院）、翁暁暁さん（江西農業大学南昌商学院）、陳静璐さん（常州大学）の６人が登壇。

大阪に住む叔母さんを通して、大阪人の温かな人情や大阪弁・漫才のおもしろさを知り、大阪へいつか行きたいという熱い希望を語った張晨雨さん、また「私は折り鶴になりたい――平和な世界のために」と題し、ふるさと南京での慰霊祭に日本から伝わった折り鶴を供え、複雑な思いをした小学生時代を振り返りながら、日中の若者は交流を通して互いの真の姿を見つめるべきだと訴えた陳静璐さんら、それぞれが流暢な日本語で受賞作などを発表した。

来賓挨拶に続いて、日本僑報社の段躍中編集長（日中交流研究所所長）がコンクール11年の歩みを、これまでの記録写真をスクリーンに映し出しながら報告。

コンクールは「中国の日本ファンをもっと応援しよう」との方針のもと、（1）「日本ファンを育てること」（2）「日中の絆」「アジアの絆」「世界の絆」の礎を作ること（3）それらが最終的には日本の安全保障や日中友好につながる――という思いを目的に２００５年にスタート。この11年で約３００の大学から延べ２万７９８１人の応募があり、うち受賞者が延べ１２２２人に上った。

こうした実績により、コンクールは「中国で日本語を学

ぶ学生の間で、最も権威のある日本語作文コンクール」「日中交流の貴重なプラットフォーム」として定着してきた。

さらに、コンクールの入選作品をまとめた「受賞作品集」をこれまでに11冊刊行（いずれも日本僑報社刊）。合わせて約６７０点に上る優れた作文を掲載し、多くのマスメディアやウェブメディアにさまざまな形で報道されているほか、「中国の若者の声」として各界から注目されていることなどが紹介された。

段躍中編集長は11年にわたる各界からの支援に感謝の意を述べるとともに、「日本語学習を通じて日本への理解を深めた学生たちを、これからも応援していただきたい」と、コンクールへの一層の理解と支援を呼びかけた。

司会の小林さゆり氏

続いて、来年の第12回コンクールのテーマが発表された。テーマは３つあり、（１）訪日中国人、「爆買い」以外にできること（２）私を変えた、日本語教師の教え（３）あの受賞者は今——先輩に学び、そして超えるには。

応募期間は２０１６年5月9日から5月31日。主催者側から「引き続き、多くの皆さんに参加いただきたい」との呼びかけがあった。

表彰式第１部の「学生の部」に続く第２部は「先生の部」として、今年より創設された「優秀指導教師賞」と「指導教師努力賞」の受賞者をそれぞれ発表。

「優秀指導教師賞」は、コンクール３等賞以上の受賞者を育てた教師に対して、その日ごろの努力と成果をたたえる賞、また「指導教師努力賞」は、団体応募の作文本数が30本以上に上った教師をたたえる賞として、該当者にそれぞれ授与された。

また、その中でもとくに「優秀指導教師賞」受賞者である山東政法学院の藤田炎二先生、東北大学秦皇島分校の濱田亮輔先生、華南理工大学の金華先生、江西農業大学南昌商学院の森本卓也先生、常州大学の古田島和美先生の５人に対し、段躍中編集長から「日本語作文コンクール推進大使」を任命し、辞令を交付。

５人の教師からはそれぞれ、貴重なコンクールへの参加体験や「作文の書き方指導」などに関する報告があった。

この後、受賞者と来賓、主催者らが全員そろっての記念撮影が行われた。

受賞者たちはにこやかな笑顔を見せるとともに「受賞を励みに、さらに日本語学習に励みたい」「来年も応募します」などと語り、新たな一歩を踏み出していた。

（2015年12月）

木寺大使ご挨拶

第11回中国人の日本語作文コンクールに入賞された皆様、本当におめでとうございます。

このコンクールは今や日本語を学ぶ中国人学生にとって、参加することが大きな目標になるほどの大会に発展し、今年は過去最高となる180校、4749名から応募があったと段躍中さんがおっしゃっています。

日中関係がどのような時期であっても、一貫して開催し続けてこられた段躍中さん、そしてその活動を一貫して支援されてきた関係者の皆様に、この場をお借りして心からの敬意と感謝の意を表したいと思います。

昨年もこの場で申し上げましたが、今の日中関係、とりわけ日中両国の未来を担う若者たちの間で必要なこと、それは「感動の共有」です。一緒に感動することです。私の妻は、1984年の「日中3000人交流」に参加した経験があります。また私自身も1986年に中華全国青年連合会（全青連）の招聘で中国を初めて訪問し、その際に中国側の関係者と感動を共有したことが、私と家内の中国とのつながりの原点になっています。

感動を共有した者同士は、親近感が湧きます。そのことはもちろんですが、簡単に争ったりすることはありません。私は将来にわたって安定した日中関係を築くために、何よりも大切なことは、皆さんのような若い方が、若い世代が、さまざまな交流を通じて感動の共有を積み重ねていただくことだと確信しています。

この度、日本大使賞を受賞されました山東政法学院の張晨雨さん、作文のタイトルは「好きやねん、大阪」です。北京と上海、東京と大阪の間にあるお互いのけなし合い、そういった事例から始まって、大阪人の大阪弁への愛着の様子や、プロの漫才師でなくても相手を笑わせようとする大阪人の行動特性が大変じょうずに描写されています。

実は私のルーツは大阪です。私の曽祖父、ひいおじいちゃんまで大阪で商人（あきんど）をやっておりました。だから張さんの作品を拝見した時、張さんの大阪に行きたいという気持ちや大阪に対する愛着がすごく伝わってきまして、私も大変うれしく思いました。ぜひ近い将来に夢を実現され、大阪を訪問されることを大いに期待しています。

日中関係は今、改善に向かう長い上り坂にあります。これが、ここで日本大使をしております私の実感です。長い上り坂を歩く時、歩みを止めては、坂は上がれません。私自身、今年を振り返ってみれば、上り坂をずっと休むことなく歩き続けてきた1年、という気持ちでおります。そしてこの上り坂の向こうには、きっと素晴らしい景色が待っていると。私はこの景色を皆さんと一緒に見たい。だからこそ皆さんも、日本語を学んだ経験を生かして、将来にわたって日中間の日中友好の架け橋として活躍されることを大いに期待しています。

最後になりますが、今回から受賞した学生を熱心に指導されてこられた日本語教師の皆様にも表彰式を行うことになりました。私はこの場を借りて、受賞者の皆様に心からの敬意を表したいと思います。

本日の表彰式及び受賞者代表によるスピーチの成功を心から祈念しまして、今日もここで新たな感動の共有があると思いますけれども、それを大いに期待して、私の挨拶とさせていただきます。ありがとうございました。

特別掲載

第十一回中国人の日本語作文コンクール

最優秀賞（日本大使賞）受賞者の日本滞在記

最優秀賞（日本大使賞）を受賞した山東政法学院4年生の張晨雨《ちょうしんう》さんは、副賞の「日本1週間招待」を受けて２０１６年2月21日から28日までの8日間、初めて日本を訪れ、東京都内の各所を訪問し受賞の喜びを報告したほか、観光などを楽しんだ。

朝日新聞、東京新聞などの大手メディアの取材を受け、ＮＨＫラジオ第一放送の「先読み！夕方ニュース」にも生出演。そして、第1回日中教育文化交流シンポジウムに過去の作文コンクール受賞者たちと出席し、〝若手の民間大使〟として精力的に活動した。

張さんは日本での1週間を振り返り、「今回初めて日本を訪問しましたが、日本の街は想像した通りで大変きれい。日本人は真面目で優しく、親切でした。日本の良いところを中国の友人にも伝えたい」と語った。

また、張さんは、２０１７年4月に日本留学を予定しているとのことで、今回の収穫を胸に「これからも頑張ります！」と意欲的に述べていた。

なお、この来日の模様は、前述の朝日新聞、東京新聞、ＮＨＫラジオ第一放送で報道された。日中新聞、公明新聞、しんぶん赤旗はそのうちの第1回日中教育文化交流シンポジウムについて報道した。

また、中国関連ニュースサイト・レコードチャイナが来日した張晨雨さんへのインタビューを掲載したほか、来日リポートがＮＨＫの国際放送「ＮＨＫワールド」で放送された。

（２０１６年2月）

午後２時、
株式会社ドンキホーテホールディングスを表敬訪問

午後３時半、東芝国際交流財団を表敬訪問

夜、島田総合研究所代表の島田晴雄先生を訪問

２０１６年2月２１日（日）

※肩書はいずれも当時

午後１時、羽田空港に到着後、
池袋で中国語学習サークル「星期日漢語角」に参加

2月２２日（月）

午前11時、自民党の高村正彦副総裁を表敬訪問

昼、宮本雄二・元中国大使主催の昼食会に出席

午後３時、丹羽宇一郎・元中国大使を表敬訪問

午後４時半、福田康夫元首相を表敬訪問

２月２４日（水）

午前、東京新聞の五味洋治編集委員から取材を受ける

２月２３日（火）

午前、鳩山由紀夫元首相を表敬訪問

昼、東京大学の高原明生教授を訪問

午後２時、林芳正参議院議員を訪問

午後４時、朝日新聞社を訪問

2月25日（木）

午前、前駐米大使の藤崎一郎・上智大学特別招聘教授を訪問

午後は、張晨雨さんを囲む「国会懇談会」に出席し、近藤昭一衆院議員（元環境副大臣）と

午前 11 時半、都内の日本記者クラブを訪問
作家の石川好さんと懇談

午後１時、参議院の輿石東副議長 (当時) を表敬訪問

午後２時 45 分、木原誠二外務副大臣 (当時) を表敬訪問

2月27日（土）

午後３時、「第１回日中教育文化交流シンポジウム」に出席、基調発表を行う

日中教育文化交流シンポジウムのパネラーたちと

夜、瀬野清水元重慶総領事のご自宅にて送別会

午後３時、
自民党の二階俊博総務会長を表敬訪問

2月26日（金）

午後３時、俳優の関口知宏さんと面会

午後５時、NHK ラジオ第１「先読み！夕方ニュース」に生出演。NHK 解説委員の加藤青延さんと

第十一回　中国人の日本語作文コンクール

上位受賞者71名

最優秀賞・日本大使賞

山東政法学院　張晨雨

一等賞

東北大学秦皇島分校　雷雲恵
華南理工大学　莫泊因
嶺南師範学院　張戈裕
江西農業大学南昌商学院　翁暁暁
常州大学　陳静璐

二等賞

西安交通大学　陳星竹
山東大学（威海）翻訳学院　孟瑶
武漢理工大学　王林
国際関係学院　羅暁蘭
山西大学　任静
楽山師範学院　王弘
揚州大学　于潔
中国人民大学　郭可純
南京理工大学　劉世欣
黒竜江外国語学院　霍暁丹
広東外語外貿大学　馮楚婷
江西科技師範大学　周佳鳳
遼寧大学　王昱博
同済大学　許芸瀟
吉林華橋外国語学院　鄒潔儀

三等賞

天津科技大学　王羽迪
青島農業大学　張　敏
山東財経大学　趙盼盼
北方工業大学　金慧晶
重慶大学　劉世奇
西安財経学院　堯舜禹
浙江師範大学　孔夢雪
山東大学（威海）翻訳学院　李思琦
山東科技大学　蒋雲芸
広東海洋大学　蘇芸鳴
鄭州大学　朱磊磊
南京農業大学　譚文英
瀋陽薬科大学　楊　力
青海民族大学　万瑪才旦
四川外国語大学　宋文妍
運城学院　梁　露

東華大学　張哲琛
合肥学院　穀　柳
南京師範大学　曹亜曼
長春工業大学　陳　婷
上海海事大学　祁儀娜
遼寧対外経貿学院　夏葉城
ハルビン工業大学　張雅晴
北京師範大学　閔子潔
雲南民族大学　文家豪
長安大学　牛雅格
中南民族大学　謝東鳳
西南民族大学　万　健
貴州大学　陳蓓蓓
海南師範大学　周　標
天津工業大学　田天縁
長春理工大学　白　露
東莞理工学院　陳嘉敏
江西財経大学　江　琼

広東海洋大学　譚雯婧
東北財経大学　陳維益
南京大学金陵学院　王瀟瀟
吉林大学　李　珍
浙江大学城市学院　顧宇豪
西北大学　王詣斐
北京郵電大学　王超文
韶関学院　蔡　超
煙台大学　孫秀琳
外交学院　李如意
西南科技大学　蒙秋霞
嘉興学院　牛宝倫
北京科技大学　範紫瑞
太原理工大学　畢　奇
大連外国語大学　劉秋艶
南京師範大学　楊慧穎

佳作賞受賞者193名（受付番号順）

天津財経大学	李夢婷
天津財経大学	馮馨儀
天津財経大学	楊　珩
天津外国語大学	馬雲芳
吉林大学	宋啓超
浙江大学城市学院	王曉依
青島大学	曹　丹
青島大学	丁夢雪
青島大学	郝　敏
青島大学	楊　建
青島大学	葉雨菲
西南交通大学	成　愷
西南交通大学	俞　叶
西南交通大学	王　暢
西南交通大学	但俊健
西南交通大学	劉曉慶
山東科技大学	聶　琪
吉林大学珠海学院	張雪寒
嘉興学院	方　嘯
嘉興学院	陳子軒
嘉興学院	霍思静
嘉興学院	朱杭珈
嘉興学院	戴蓓蓓
貴州大学	李　静
貴州大学	範　露
貴州大学	成　艶
淮陰師範学院	趙慧敏
淮陰師範学院	付　雪
淮陰師範学院	劉樊艶
淮陰師範学院	陳　聡
淮陰師範学院	呉芸飛
淮陰師範学院	顧夢霞
淮陰師範学院	牛　雪
湘潭大学	李　艶
遼寧師範大学海華学院	夏英天
華僑大学	白　洋
華僑大学	袁静文
華僑大学	曽宇宸
華僑大学	鄭貴嬰

華僑大学	徐鳳女
華僑大学	蔡舒怡
浙江万里学院	袁晨晨
浙江万里学院	唐佳麗
浙江万里学院	趙　琳
浙江万里学院	朱暁麗
浙江万里学院	王斐丹
浙江万里学院	胡佳峰
浙江万里学院	宣方園
浙江万里学院	林嫺慧
長春理工大学	趙浩辰
南京信息工程大学	余梓瑄
南京信息工程大学	劉　璐
東北師範大学	姜景美
大連外国語大学	郭　城
大連外国語大学	何璐璇
大連外国語大学	隋和慧
大連外国語大学	頼麗傑

大連外国語大学	馮佳誉
大連外国語大学	李欣陽
大連外国語大学	李佳沢
大連外国語大学	李嘉欣
大連外国語大学	艾雪驕
大連外国語大学	呂紋語
大連外国語大学	蘇靖雯
大連外国語大学	呉昱含
大連外国語大学	張曦冉
大連外国語大学	張暁晴
大連外国語大学	高　原
大連外国語大学	姚佳文
大連外国語大学	于　淼
大連外国語大学	陳　暢
大連外国語大学	韓　慧
大連外国語大学	蘇日那
大連外国語大学	蘇星煌
大連外国語大学	羅晶月

大連外国語大学	叶桑妍
大連外国語大学	張楽楽
東華大学	張　瑜
東華大学	郎　玥
東華大学	姚儷瑾
東華大学	楊嘉佳
嶺南師範学院	黎世穏
嶺南師範学院	劉煒琪
嶺南師範学院	林小愉
嶺南師範学院	朱靄欣
大連民族大学	金美慧
大連民族大学	李霊霊
大連民族大学	周明月
山東交通学院	劉晨科
山東交通学院	徐　力
対外経済貿易大学	権芸芸
山西大学	劉孟花
山西大学	張殷瑜

恵州学院　李　媛
恵州学院　張艾琳
恵州学院　洪毅洋
揚州大学　張　鈺
四川理工学院　唐順婷
長江大学　李新雪
長江大学　楊欣儀
長江大学　鄭　巧
長江大学　陳　豪
長江大学　池夢婷
黄岡師範学院　鄔甚佳
北京科技大学　段　瑩
北京科技大学　董揚帆
南京師範大学　馬新艶
南京師範大学中北学院　夏君妍
浙江農林大学東湖校区　楊馥毓
浙江農林大学東湖校区　陳　怡
浙江農林大学東湖校区　李　毅

浙江農林大学東湖校区　孔増楽
浙江農林大学東湖校区　沈夏艶
浙江農林大学東湖校区　潘　呈
太原理工大学　李　楽
太原理工大学　李一菲
大連理工大学城市学院　孫甜甜
大連理工大学城市学院　韓　玲
大連理工大学城市学院　胡　硯
大連理工大学城市学院　李　婷
ハルビン工業大学　姜　楠
長沙学院　陳　倩
東北財経大学　王　翎
海南師範大学　鄧　婧
海南師範大学　冷　敏
嘉興学院南湖学院　檀　靖
湘潭大学　趙　莉
大連工業大学　何　丹
大連工業大学　宋　娟

大慶師範学院　靳宗爽
大慶師範学院　陳　暁
武漢理工大学　夏丹霞
武漢理工大学　馬永君
武漢理工大学　林華欽
武漢理工大学　曹婷婷
武漢理工大学　孫　葳
大連理工大学　曹　文
大連大学　閻　玥
大連大学　江　楠
青島農業大学　郭　莉
寧波工程学院　王佳怡
寧波工程学院　費詩思
寧波工程学院　陳　聰
寧波工程学院　金静静
寧波工程学院　馮茹茹
寧波工程学院　兪夏琛
遼寧師範大学　張　薇

遼寧師範大学　金智欣
合肥学院　黄倩倩
北京第二外国語大学　龐嘉美
北京第二外国語大学　張雅楠
北京第二外国語大学　孫　肖
北京第二外国語大学　金静和
新疆師範大学　甘　瑶
上海交通大学　張佳琦
天津工業大学　張雅鑫
中南大学　孫　帆
湘潭大学　彭暁慧
福建師範大学　史苑蓉
福建師範大学　林心怡
福建師範大学　張曉芸
吉林財経大学　高建宇
東南大学　劉建華
湖州師範学院　陸君妍
湖州師範学院　鄭　娜

湖州師範学院　李双彤
湖州師範学院　瀋淼琴
中南財経政法大学南湖校区　李夢丹
中南財経政法大学南湖校区　馬　沙
中南財経政法大学南湖校区　秦小聡
中南財経政法大学南湖校区　袁暁寧
中南財経政法大学南湖校区　康恵敏
大連理工大学　黄鍇宇
大連理工大学　王　進
浙江師範大学　金憶蘭
浙江師範大学　王依如
浙江師範大学　鄭　卓
南京郵電大学　方　園
長春工業大学　姚　野
運城学院　李　月
運城学院　徐　捷
運城学院　謝　林
天津師範大学　吉　甜

常州大学　王佳歓
武昌理工学院　李若晨
武昌理工学院　鄭詩琪
武昌理工学院　王志芳
武昌理工学院　黄佳楽
武昌理工学院　張　婭
天津科技大学　李宝玲
東莞理工学院　黄燕婷
南京農業大学　張玉珠
山東大学　陳雪蓮

楊　茜　曲阜師範大学
徐嘉熠　北京理工大学
周　熠　北京理工大学珠海学院
魯雪萍　黄岡師範学院
陳　洪　四川外国語大学成都学院
陳　穎　西南交通大学
陳　茹　中国医科大学
梁小傑　西南交通大学
陳　晨　大連大学日本言語文化学院
王思雨　長安大学
華雪峡　大連大学日本言語文化学院
袁慶新　聊城大学
勾宇威　北京師範大学
于聖聖　長春理工大学
孫麗麗　山東大学
賈海姍　大連東軟情報学院
文胎玉　湖北民族学院
李官臻　大連東軟情報学院
楊錦楓　揚州大学
賈少華　大連東軟情報学院
孫暁宇　揚州大学
馬小燕　西北大学
孟維維　淮陰師範学院
潘秋杏　惠州学院
謝夢佳　淮陰師範学院
魏麗君　惠州学院
王正妮　河南理工大学
鄭暁佳　吉林大学珠海学院
金　珠　遼寧軽工職業学院
徐逍綺　上海師範大学天華学院
唐淑雲　華僑大学
牛愛玲　山東交通学院
戴惠嬌　華僑大学
李　玲　山東交通学院
文暁萍　広東外語外貿大学
張　楠　山東交通学院
陳明霞　中南大学
呉家鑫　山東交通学院
蔡海媚　広州鉄路職業技術学院
方　荃　天津職業技術師範大学
孫小斐　山東理工大学
張丹蓉　北京第二外国語大学
孫　漪　哈爾浜理工大学栄成学院
曽　瑩　嶺南師範学院外国語学院
林　霞　青島農業大学
張暁坤　嶺南師範学院外国語学院
鄭芳潔　青島農業大学
陳玉珊　嶺南師範学院外国語学院
張静琳　長江大学
劉暁芳　青島大学
向　沁　湖南大学
崔倩芸　青島大学
張　偉　遼寧大学外国語学院
温殊慧　山西大学
陶穎南　通大学杏林学院
張蓓蓓　山西大学
姜光曦　哈爾浜工業大学
任家蓉　山西大学
王　芬　浙江工業大学之江学院
余姣姣　南京林業大学
金　鑫　浙江工業大学之江学院
李　希　南京林業大学
章佳敏　合肥学院
唐　雪　湖州師範学院
林先慧　合肥学院
李　慧　琳湖州師範学院
張雅琴　寧波工程学院
曽　光　遼寧対外経貿学院
馮茹茹　寧波工程学院
瞿　蘭　浙江師範大学
王　静　浙江農林大学
李　欣　航長春外国語学校
潘　呈　浙江農林大学
陸楊楊　上海交通大學
廖美英　集美大学
王　耀　華山東外貿技術学院
李甜甜　集美大学
黄篠芙　東北育才外国語学校
雷紅艶　湘潭大学
郭　欣　東北育才外国語学校
皮益南　湘潭大学
王茹輝　天津工業大学

第10回
中国人の日本語作文コンクール受賞者一覧

最優秀賞
姚儷瑾　東華大学

一等賞
張　玥　重慶師範大学
汪　婷　南京農業大学）
姚紫丹　嶺南師範学院外国語学院
向　穎　西安交通大学外国語学院
陳　謙　山東財経大学

二等賞
王淑園　瀋陽薬科大学
楊　彦　同済大学
姚月秋　南京信息工程大学
陳霄迪　上海外国語大学人文経済賢達学院
王雨舟　北京外国語大学
徐　曼　南通大学杏林学院
陳梅雲　浙江財経大学東方学院
黄　亜　東北大学秦皇島分校
陳林傑　浙江大学寧波理工学院
呉　迪　大連東軟情報学院
呉柳艶　山東大学威海翻訳学院
孟文森　大連大学日本言語文化学院
趙含嫣　淮陰師範学院
郭　倩　中南大学
王　弘　楽山師範学院

三等賞
徐聞鳴　同済大学
洪若檳　厦門大学嘉庚学院
姚怡然　山東財経大学
李　恵　中南財経政法大学
尤政雪　対外経済貿易大学
謝　林　運城学院
黄子倩　西南民族大学
万　運　湘潭大学
丁亭伊　厦門理工学院
梁泳恩　東莞理工学院
王秋月　河北師範大学匯華学院
孫丹平　東北師範大学
伊　丹　西安外国語大学
郝苗苗　大連大学日本言語文化学院
徐　霞　南京大学金陵学院
季杏華　揚州大学
李　楊　浙江万里学院
劉国豪　淮陰師範学院
金夢瑩　嘉興学院
鄢沐明　華僑大学
陳　韵　甘泉外国語中学
孫晟韜　東北大学軟件学院
楊　珺　北京科技大学
劉慧珍　長沙明照日本語専修学院
林　婷　五邑大学
申　皓　山東財経大学
宋　婷　長春理工大学
許　莉　安陽師範学院
余立君　江西財経大学
李　淼　大連工業大学
馮其紅　山東大学（威海）翻訳学院
陳　舸　浙江工業大学之江学院
黄倩榕　北京第二外国語大学
沈夏艶　浙江農林大学
曹金芳　東華大学
黎　蕾　吉林華橋外国語学院
任　静　山西大学
陳静逸　吉林華橋外国語学院
徐夢嬌　湖州師範学院
馮楚婷　広東外語外貿大学

佳作賞
楊米婷　天津財経大学
喬宇航　石家庄外国語学校
林景霞　浙江万里学院
王亜瓊　中南財経政法大学
浦春燕　浙江万里学院
黄斐斐　上海海洋大学
戴舒蓉　浙江万里学院
李瑶卓　運城学院
程　月　長春工業大学
来　風　運城学院
瞿春芳　長春中医薬大学
路志苑　運城学院
伍錦艶　吉首大学

第9回
中国人の日本語作文コンクール受賞者一覧

最優秀賞

李　敏　国際関係学院

一等賞

李渓源　中国医科大学
趙思蒙　首都師範大学
毛暁霞　南京大学金陵学院
李佳南　華僑大学
張佳茹　西安外国語大学

二等賞

李　彤　中国医科大学
沈　泱　国立中山大学
張　偉　長春理工大学
何金雍　長春理工大学
葛憶秋　上海海洋大学
王柯佳　大連東軟信息学院
王雲花　江西財経大学
李　靈　上海師範大学天華学院
王楷林　華南理工大学
鄭曄高　仲愷農業工程学院
朱樹文　華東師範大学
斉　氷　河北工業大学
厳芸楠　浙江農林大学
熊　芳　湘潭大学
杜洋洋　大連大学日本言語文化学院

三等賞

羅玉婷　深圳大学
崔黎萍　北京外国语大学日研中心
孫愛琳　大連外国語大学
顧思骐　長春理工大学
遊文娟　中南財経政法大学
張　玥　重慶師範大学
張　眉　青島大学
林奇卿　江西農業大学南昌商学院
田　園　浙江万里学院
馬名陽　長春工業大学
尹婕然　大連東軟信息学院
王　涵　大連東軟信息学院
蒋文娟　東北大学秦皇島分校
李思銘　江西財経大学
梁　勁　五邑大学
馬　倩　淮陰師範学院
陳林杰　江大学寧波理工学院
崔舒淵　東北育才外国語学校
劉素芹　嘉応大学
邵亜男　山東交通学院
周文弢　遼寧大学遼陽校
虞希希　吉林師範大学博達学院
彭　暢　華僑大学
尹思源　華南理工大学
郭　偉　遼寧大学
魏冬梅　安陽師範学院
楊　娟　浙江農林大学
牛　玲　吉林華橋外国語学院
馬源営　北京大学
高麗陽　吉林華橋外国語学院
宋　偉　蘇州国際外語学校
劉垂瀚　広東外語外貿大学
唐　雪　湖州師範学院
呼敏娜　西安外国語大学
李媛媛　河北師範大学匯華学院
梁　婷　山西大学
呂凱健　国際関係学院
黄金玉　大連大学日本言語文化学院
黎秋芳　青島農業大学
劉　丹　大連工業大学

佳作賞

達　菲　浙江工商大学
蔡麗娟　福建師範大学
褚　蓄　長春理工大学
陳全渠　長春理工大学
朱姝璇　湘潭大学
劉潁怡　華南理工大学
付莉莉　中南財経政法大学
王明虎　青島大学
邵　文　東北育才学校
馬麗娜　浙江万里学院
趙一倩　浙江万里学院
黄立志　長春工業大学
沈　一　長春工業大学
熊　茜　大連東軟信息学院
曹　静　大連東軟信息学院
薛　婷　大連東軟信息学院
鄭莉莉　東北大学秦皇島分校
侯暁同　江西財経大学
雷敏欣　五邑大学
葉伊寧　浙江大学寧波理工学院
陳　芳　楽山師範学院
趙倩文　吉林華橋外国語学院
田　園　東師範大学
梁　瑩　山東大学
張可欣　黒竜江大学
馬　駸　華僑大学
梁建城　華南理工大学
高振家　中国医科大学
張玉珠　南京農業大学
李暁傑　遼寧大学
陳聞怡　上海海洋大学
孫君君　安陽師範学院
張　悦　連外国語大学
楊雪芬　江農林大学
周琳琳　遼寧師範大学
郭会敏　山東大学(威海)翻訳学院日本語学部
王　碩　ハルビン工業大学
曽　麗　長沙明照日本語専修学院
喬薪羽　吉林師範大学
方雨琦　合肥学院
章　芸　湘潭大学
金紅艶　遼寧対外経貿学院
包倩艶　湖州師範学院
陳　婷　湖州師範学院
郭家斉　国際関係学院
張　娟　山西大学
王菊力慧　大連大学日本言語文化学院
龍俊汝　湖南農業大学外国語学院
李婷婷　青島農業大学
李　淼　大連工業大学

第8回
中国人の日本語作文コンクール受賞者一覧

最優秀賞
李欣晨　湖北大学

一等賞
兪妍驕　湖州師範学院
周夢雪　大連東軟情報学院
張鶴達　吉林華橋外国語学院
黄志翔　四川外語学院成都学院
王　威　浙江大学寧波理工学院

二等賞
銭　添　華東師範大学
張　燕　長沙明照日本語専修学院
馮金津　大連東軟情報学院
魏　娜　煙台大学外国語学院
張君君　大連大学
羅　浩　江西財経大学
葉楠梅　紹興文理学院
周小慶　華東師範大学
施娜娜　浙江農林大学
高雅婷　浙江外国語学院
韓　璐　大連工業大学
潘梅萍　江西財経大学
李雪松　上海海洋大学
李　傑　東北大学
于　添　西安交通大学

三等賞
劉　珉　華東師範大学
呉智慧　青島農業大学
李暁珍　黒竜江大学
孫明朗　長春理工大学
王傑傑　合肥学院
周　雲　上海師範大学天華学院
黄慧婷　長春工業大学
楊　香　山東交通学院
洪雅琳　西安交通大学
王洪宜　成都外国語学校
張　瀚　浙江万里学院
馬雯雯　中国海洋大学
周亜平　大連交通大学
張　蕊　吉林華橋外国語学院
王　璐　青島科技大学
鄭玉蘭　延辺大学
王晨蔚　浙江大学寧波理工学院
邱春恵　浙江万里学院
張　妍　華僑大学
楊天鷺　大連東軟情報学院
郗美満　山西大学
李書琪　大連交通大学
李艶蕊　山東大学威海分校
王翠萍　湖州師範学院
許正東　寧波工程学院
張　歓　吉林華橋外国語学院
楊彬彬　浙江大学城市学院
薛思思　山西大学
趙丹陽　中国海洋大学
楊　潔　西安交通大学
李文静　五邑大学
劉庁庁　長春工業大学
佟　佳　延辺大学
劉宏威　江西財経大学
牟　穎　大連大学
石　岩　黒竜江大学
郭思捷　浙江大学寧波理工学院
傅亜娟　湘潭大学
周亜亮　蕪湖職業技術学院
胡季静　華東師範大学

佳作賞
趙　月　首都師範大学
閻　涵　河南農業大学
楊世霞　桂林理工大学
蒋華群　井岡山大学
王暁華　山東外国語職業学院
呉望舒　北京語言大学
何楚紅　湖南農業大学東方科技学院
耿暁慧　山東省科技大学
郭映明　韶関大学
馬棟萍　聊城大学
曹　妍　北京師範大学珠海分校
張　晨　山東交通学院
范暁輝　山東工商学院
李　崢　北京外国語大学
藍祥茹　福建対外経済貿易職業技術学院
魏　衡　西安外国語大学
陳　婷　上海外国語大学賢達経済人文学院
唐　英　東北大学
逄　磊　吉林師範大学
朱　林　温州医学院
熊　芳　湘潭大学
王亜欣　湖北第二師範学院
王穏娜　南京郵電大学
梁慶雲　広州鉄路職業技術学院
孫　瑞　遼寧工業大学
柳康毅　西安交通大学城市学院
趙瀚雲　中国伝媒大学
林　玲　海南大学
李冰倩　浙江理工大学
劉夢嬌　北京科技大学
呂　揚　広州第六高等学校
郭　君　江西農業大学
黄嘉穎　華南師範大学
張麗珍　菏澤学院
胡　桑　湖南大学
呉佳琪　大連外国語学院
蘇永儀　広東培正学院
侯培渝　中山大学
陳絢妮　江西師範大学
袁麗娜　吉首大学張家界学院
劉　莎　中南大学
段小娟　湖南工業大学
許穎穎　福建師範大学
劉艶龍　国際関係学院
張曼琪　北京郵電大学
任　爽　重慶師範大学
李競一　中国人民大学
井惟麗　曲阜師範大学
張文宏　恵州学院
劉依蒙　東北育才学校
韓　娜　東北大学秦皇島分校
王　歓　東北大学秦皇島分校

第7回
中国人の日本語作文コンクール受賞者一覧

最優秀賞

胡万程　国際関係学院

一等賞

顧　威　中山大学
崔黎萍　河南師範大学
曹　珍　西安外国語大学
何洋洋　蘭州理工大学
劉　念　南京郵電大学

二等賞

程　丹　福建師範大学
沈婷婷　浙江外国語学院
李　爽　長春理工大学
李桃莉　暨南大学
李　胤　上海外国語大学
李　竑　上海海洋大学
李炆軒　南京郵電大学
王　亜　中国海洋大学
徐瀾境　済南外国語学校
李　哲　西安外国語大学
陳宋婷　集美大学
楊　萍　浙江理工大学
陳怡倩　湘潭大学
趙　萌　大連大学
陳凱静　湘潭大学

三等賞

劉　偉　河南師範大学
王鍶嘉　山東大学威海分校
冉露雲　重慶師範大学
李　娜　南京郵電大学
黄斯麗　江西財経大学
章亜鳳　浙江農林大学
張雅妍　暨南大学
王　玥　北京外国語大学
趙雪妍　山東大学威海分校
李金星　北京林業大学
羅詩蕾　東北育才外国語学校
莫倩雯　北京外国語大学
趙安琪　北京科技大学
欧陽文俊　国際関係学院
孫培培　青島農業大学
郭　海　暨南大学
孫　慧　湘潭大学
張徐琦　湖州師範学院
黄瑜玲　湘潭大学
楊恒悦　上海海洋大学
王吉彤　西南交通大学
任　娜　北京郵電大学
鄒　敏　曲阜師範大学
徐芸妹　福建師範大学
全　程　南京外国語学校
鄭方鋭　長安大学
秦丹丹　吉林華橋外国語学院
張臻園　黒竜江大学
任　爽　重慶師範大学
宋　麗　黒竜江大学
宣佳春　浙江越秀外国語学院
唐　敏　南京郵電大学
李玉栄　山東工商学院
陳　開　浙江越秀外国語学院
皮錦燕　江西農業大学
呉秀蓉　湖州師範学院
殷林華　東北大学秦皇島分校
黄　婷　浙江万里学院
雷　平　吉林華橋外国語学院
李嘉豪　華僑大学

佳作賞

範夢婕　江西財経大学
馮春苗　西安外国語大学
路剣虹　東北大学秦皇島分校
関麗嫦　五邑大学
何　琼　天津工業大学
趙佳莉　浙江外国語学院
崔松林　中山大学
王　菁　太原市外国語学校
馬聞嘒　同済大学
馬暁晨　大連交通大学
蔡暁静　福建師範大学
金艶萍　吉林華橋外国語学院
付可慰　蘭州理工大学
阮浩杰　河南師範大学
黄明婧　四川外語学院成都学院
高錐穎　四川外語学院成都学院
童　何　四川外語学院成都学院
李雅彤　山東大学威海分校
聶南南　中国海洋大学
王　瀾　長春理工大学
王媛媛　長春理工大学
朴太虹　延辺大学
張イン　延辺大学
呂　謙　東北師範大学人文学院
車曉曉　浙江大学城市学院
梁　穎　河北工業大学
李逸婷　上海市甘泉外国語中学
朱奕欣　上海市甘泉外国語中学
靳小其　河南科技大学
阮宗俊　常州工学院
呉灿灿　南京郵電大学
張　婷　大連大学
趙世震　大連大学
周辰溦　上海外国語学校
周　舫　湘潭大学
華　瑶　湘潭大学
霍小林　山西大学
文　義　長沙明照日本語専修学院
王　星　杭州第二高等学校
李伊頔　武漢実験外国語学校
王　瑾　上海海洋大学
孙婧雯　浙江理工大学
童　薇　浙江理工大学
諸夢霞　湖州師範学院
林　棟　湖州師範学院
林爱萍　嘉興学院平湖校区
張媛媛　青島農業大学
顔依娜　浙江越秀外国語学院
王丹婷　浙江農林大学
陳婷婷　浙江大学寧波理工学院

第6回
中国人の日本語作文コンクール受賞者一覧

【学生の部】

最優秀賞

関　欣　　西安交通大学

一等賞

劉美麟　　長春理工大学
陳　昭　　中国伝媒大学
李欣昱　　北京外国語大学
碩　騰　　東北育才学校

二等賞

熊夢夢　　長春理工大学
徐小玲　　北京第二外国語大学大学院
鐘自鳴　　重慶師範大学
華　萍　　南通大学
郭　莼　　北京語言大学
王帥鋒　　湖州師範学院
薄文超　　黒竜江大学
彭　婧　　湘潭大学
盧夢霏　　華東師範大学
袁倩倩　　延辺大学
周　朝　　広東外語外貿大学
蒋暁萌　　青島農業大学
周榕榕　　浙江理工大学
王　黎　　天津工業大学
陳　娟　　湘潭大学

三等賞

樊昕怡　　南通大学
呉文静　　青島農業大学
潘琳娜　　湖州師範学院
楊怡璇　　西安外国語大学
王海豹　　無錫科技職業学院
侯　姣　　西安外国語大学
陸　婷　　浙江理工大学
張郁晨　　済南市外国語学校　高校部
張芙村　　天津工業大学
呉亜楠　　北京第二外国語大学大学院
沈　燕　　山東交通学院
張　聡　　延辺大学
許嬌蛟　　山西大学
張　進　　山東大学威海分校
方　蕾　　大連大学
林心泰　　北京第二外国語大学大学院
鐘　婷　　浙江農林大学
王瑶函　　揚州大学
甘芳芳　　浙江農林大学
王　媚　　安徽師範大学
杜紹春　　大連交通大学
金銀玉　　延辺大学
周新春　　湖州師範学院
趙久傑　　大連外国語学院
文　義　　長沙明照日本語専修学院
林萍萍　　浙江万里学院
高　翔　　青島農業大学
李億林　　翔飛日本進学塾
馬暁晨　　大連交通大学
呂星縁　　大連外国語学院
任一璨　　東北大学秦皇島分校

【社会人の部】

一等賞

安容実　　上海大和衡器有限会社

二等賞

黄海萍　　長沙明照日本語専修学院
宋春婷　　浙江盛美有限会社

三等賞

胡新祥　　河南省許昌学院外国語学院
蒙明超　　長沙明照日本語専修学院
楊福梅　　昆明バイオジェニック株式会社
洪　燕　　Infosys Technologies(China)Co Ltd
唐　丹　　長沙明照日本語専修学院
王冬莉　　蘇州工業園区サービスアウトソーシング職業学院
桂　鈞　　中化国際
唐　旭　　常州職業技術学院

第5回
中国人の日本語作文コンクール受賞者一覧

【学生の部】

最優秀賞

郭文娟　青島大学

一等賞

張　妍　西安外国語大学
宋春婷　浙江林学院
段容鋒　吉首大学
繆婷婷　南京師範大学

二等賞

呉嘉禾　浙江万里学院
鄧　規　長沙明照日本語専修学院
劉　圓　青島農業大学
楊潔君　西安交通大学
戴唯燁　上海外国語大学
呉　玥　洛陽外国語学院
朴占玉　延辺大学
李国玲　西安交通大学
劉婷婷　天津工業大学
武若琳　南京師範大学
衣婧文　青島農業大学

三等賞

居雲瑩　南京師範大学
姚　遠　南京師範大学
程美玲　南京師範大学
孫　穎　山東大学
呉蓓玉　嘉興学院
邵明琪　山東大学威海分校
張紅梅　河北大学
陳　彪　華東師範大学
鮑　俏　東北電力大学
曹培培　中国海洋大学
龍斌鈺　北京語言大学
和娟娟　北京林業大学
涂堯木　上海外国語大学
王篠晗　湖州師範学院
魏夕然　長春理工大学
高　潔　嘉興学院
劉思邈　西安外国語大学
李世梅　湘潭大学
李麗梅　大連大学
謝夢影　暨南大学
馮艶妮　四川外国語学院
金麗花　大連民族学院
丁　浩　済南外国語学校
張　那　山東財政学院
姜　茁　中国海洋大学
韓若氷　山東大学威海分校
陳　雨　北京市工業大学
楊燕芳　厦門理工学院
閆　冬　ハルビン理工大学
朱　妍　西安交通大学
張姝婀　中国伝媒大学
範　敏　聊城大学
沈釗立　上海師範大学天華学院
俞　婷　浙江大学寧波理工学院
胡晶坤　同済大学
温嘉盈　青島大学

【社会人の部】

一等賞

黄海萍　長沙明照日本語専修学院

二等賞

陳方正　西安NEC無線通信設備有限公司
徐程成　青島農業大学

三等賞

鄭家明　上海建江冷凍冷気工程公司
王　暉　アルバイト
翟　君　華鼎電子有限公司
張　科　常州朗鋭東洋伝動技術有限公司
単双玲　天津富士通天電子有限公司
李　明　私立華聯学院
胡旻穎　中国図書進出口上海公司

第4回
中国人の日本語作文コンクール受賞者一覧

【学生の部】

最優秀賞

徐　蓓　北京大学

一等賞

楊志偉　青島農業大学
馬曉曉　湘潭大学
欧陽展鳴　広東工業大学

二等賞

張若童　集美大学
葉麗麗　華中師範大学
張　傑　山東大学威海分校
宋春婷　浙江林学院
叢　晶　北京郵電大学
袁少玲　暨南大学
賀逢申　上海師範大学
賀俊斌　西安外国語大学
呉　珺　対外経済貿易大学
周麗萍　浙江林学院

三等賞

王建升　外交学院
許　慧　上海師範大学
龔　怡　湖北民族学院
範　静　威海職業技術学院
趙　婧　西南交通大学
顧静燕　上海師範大学天華学院
牛江偉　北京郵電大学
陳露穎　西南交通大学
馬向思　河北大学
鐘　倩　西安外国語大学
王　海　華中師範大学
許海濱　武漢大学
劉学菲　蘭州理工大学
顧小逸　三江学院
黄哲慧　浙江万里学院
蘆　会　西安外国語大学
陳雯文　湖州師範学院
金　美　延辺大学
陳美英　福建師範大学
金麗花　大連民族学院

【社会人の部】

最優秀賞

張桐赫　湘潭大学外国語学院

一等賞

葛　寧　花旗数据処理（上海）有限公司大連分公司
李　榛　青島日本人学校
胡　波　無錫相川鉄龍電子有限公司

二等賞

袁　珺　国際協力機構JICA成都事務所
張　羽　北京培黎職業学院
李　明　私立華聯学院
陳嫻婷　上海郡是新塑材有限公司

三等賞

楊鄒利　主婦
肖鳳超　無職

特別賞

周西榕　定年退職

第3回
中国人の日本語作文コンクール受賞者一覧

【学生の部】

最優秀賞

陳歆馨	暨南大学

一等賞

何美娜	河北大学
徐一竹	哈尔濱理工大学
劉良策	吉林大学

二等賞

廖孟婷	集美大学
任麗潔	大連理工大学
黄　敏	北師範大学
張　旭	遼寧師範大学
金美子	西安外国語大学
頼麗苹	哈尔濱理工大学
史明洲	山東大学
姜　燕	長春大学
謝娉彦	西安外国語大学
銭　程	哈尔濱理工大学

三等賞

黄　昱	北京師範大学
張　晶	上海交通大学
呉　瑩	華東師範大学
蔡葭佷	華東師範大学
曹　英	華東師範大学
楊小萍	南開大学
于璐璐	大連一中
徐　蕾	遼寧師範大学
陸　璐	遼寧師範大学
黄　聡	大連大学
劉　暢	吉林大学
張　惠	吉林大学
鄧瑞娟	吉林大学
劉瑞利	吉林大学
劉　闖	山東大学
胡嬌龍	威海職業技術学院
石　磊	山東大学威海分校
林　杰	山東大学威海分校
叶根源	山東大学威海分校
殷曉谷	哈尔濱理工大学
劉舒景	哈尔濱理工大学
劉雪潔	河北経貿大学
尹　鈺	河北経貿大学
張文娜	河北師範大学
付婷婷	西南交通大学
張小柯	河南師範大学
張　麗	河南師範大学
文威入	洛陽外国語学院
王　琳	西安外国語大学
趙　婷	西安外国語大学
許　多	西安外国語大学
田　甜	安徽大学
朱麗亞	寧波大学
劉子奇	廈門大学
朱嘉韵	廈門大学
胡　岸	南京農業大学
張卓蓮	三江学院
代小艶	西北大学

【社会人の部】

一等賞

章羽紅	中南民族大学外国語学部

二等賞

張　浩	中船重工集団公司第七一二研究所
張　妍	東軟集団有限公司

三等賞

陳暁翔	桐郷市科学技術協会
厳立君	中国海洋大学青島学院
李　明	瀋陽出版社
陳莉莉	富士膠片（中国）投資有限公司広州分公司
朱湘英	珠海天下浙商帳篷有限公司

第2回
中国人の日本語作文コンクール受賞者一覧

最優秀賞

付暁璇　吉林大学

一等賞

陳　楠　集美大学
雷　蕾　北京師範大学
石金花　洛陽外国語学院

二等賞

陳　茜　江西財経大学
周熠琳　上海交通大学
庄　恒　山東大学威海分校
劉　麗　遼寧師範大学
王　瑩　遼寧師範大学
王荧艶　蘭州理工大学
張　嵬　瀋陽師範大学
張光新　洛陽外国語学院
王虹娜　厦門大学
許　峰　対外経済貿易大学

三等賞

曹文佳　天津外国語学院
陳　晨　河南師範大学
陳燕青　福建師範大学
成　慧　洛陽外国語学院
崔英才　延辺大学
付　瑶　遼寧師範大学
何　倩　威海職業技術学院
侯　雋　吉林大学
黄丹蓉　厦門大学
黄燕華　中国海洋大学
季　静　遼寧大学
江　艶　寧波工程学院
姜紅蕾　山東大学威海分校
金春香　延辺大学
金明淑　大連民族学院
李建川　西南交通大学
李　艶　東北師範大学
李一菡　上海交通大学
林茹敏　哈尔濱理工大学
劉忱忱　吉林大学
劉　音　電子科技大学
劉玉君　東北師範大学
龍　雋　電子科技大学
陸暁鳴　遼寧師範大学
羅雪梅　延辺大学
銭潔霞　上海交通大学
任麗潔　大連理工大学
沈娟華　首都師範大学
沈　陽　遼寧師範大学
蘇　琦　遼寧師範大学
譚仁岸　広東外語外貿大学
王　博　威海職業技術学院
王月婷　遼寧師範大学
王　超　南京航空航天大学
韋　佳　首都師範大学
肖　威　洛陽外国語学院
謝程程　西安交通大学
徐　蕾　遼寧師範大学
厳孝翠　天津外国語学院
閻暁坤　内蒙古民族大学
楊　暁　威海職業技術学院
姚　希　洛陽外国語学院
于菲菲　山東大学威海分校
于　琦　中国海洋大学
于暁艶　遼寧師範大学
張　瑾　洛陽外国語学院
張　恵　吉林大学
張　艶　哈尔濱理工大学
張　剣　洛陽外国語学院
周彩華　西安交通大学

第1回
中国人の日本語作文コンクール受賞者一覧

特賞・大森和夫賞

石金花　洛陽外国語学院

一等賞

高　静　南京大学
王　強　吉林大学
崔英才　延辺大学

二等賞

楊　琳　洛陽外国語学院
王健蕾　北京語言大学
李暁霞　哈爾濱工業大学
楽　馨　北京師範大学
徐　美　天津外国語学院
唐英林　山東大学威海校翻訳学院
梁　佳　青島大学
陶　金　遼寧師範大学
徐怡珺　上海師範大学
龍麗莉　北京日本学研究センター

三等賞

孫勝広　吉林大学
丁兆鳳　哈爾濱工業大学
李　晶　天津外国語学院
厳春英　北京師範大学
丁夏萍　上海師範大学
盛　青　上海師範大学
白重健　哈爾濱工業大学
何藹怡　人民大学
洪　穎　北京第二外国語学院
任麗潔　大連理工大学
于　亮　遼寧師範大学
汪水蓮　河南科技大学
高　峰　遼寧師範大学
李志峰　北京第二外国語学院
陳新妍　遼寧師範大学
姜舮羽　東北師範大学
孫英英　山西財経大学
夏学微　中南大学
許偉偉　外交学院
姜麗偉　中国海洋大学
呉艶娟　蘇州大学
蘇徳容　大連理工大学
孟祥秋　哈爾濱理工大学
李松雪　東北師範大学
楊松梅　清華大学
金蓮実　黒竜江東方学院
陳錦彬　福建師範大学
李燕傑　哈爾濱理工大学
潘　寧　中山大学
楊可立　華南師範大学
陳文君　寧波大学
李芬慧　大連民族学院
尹聖愛　哈爾濱工業大学
付大鵬　北京語言大学
趙玲玲　大連理工大学
李　艶　東北師範大学
魯　強　大連理工大学
蘇江麗　北京郵電大学
姚軍鋒　三江学院
宋　文　大連理工大学
張翠翠　黒竜江東方学院
崔京玉　延辺大学
裴保力　寧師範大学
鄧　莫　遼寧師範大学
田洪涛　哈爾濱理工大学
劉　琳　寧波大学
王　暉　青島大学
李　勁　大連理工大学
劉　麗　遼寧師範大学
武　艶　東北師範大学

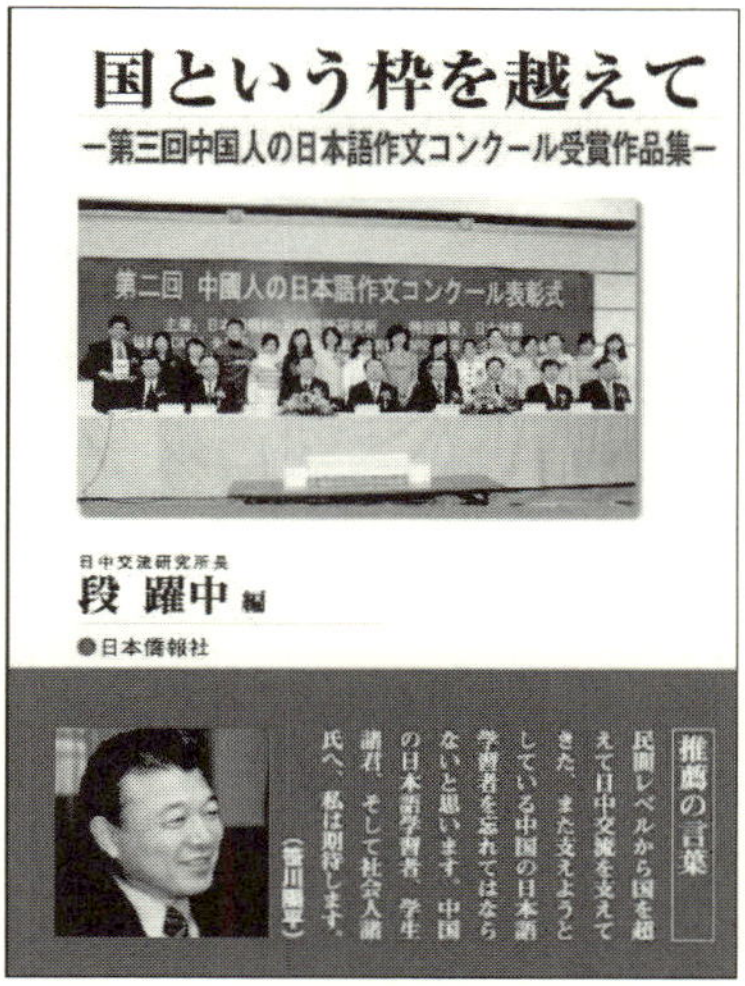

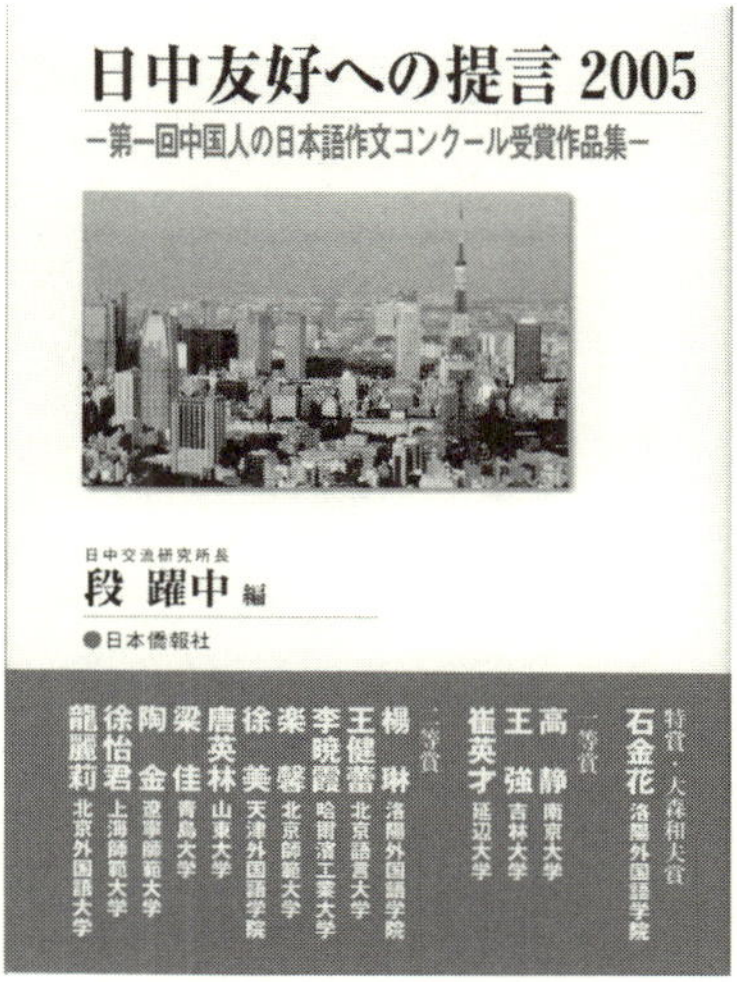

第１～４回、中国人の日本語作文コンクール受賞作文集

第５～８回、中国人の日本語作文コンクール受賞作文集

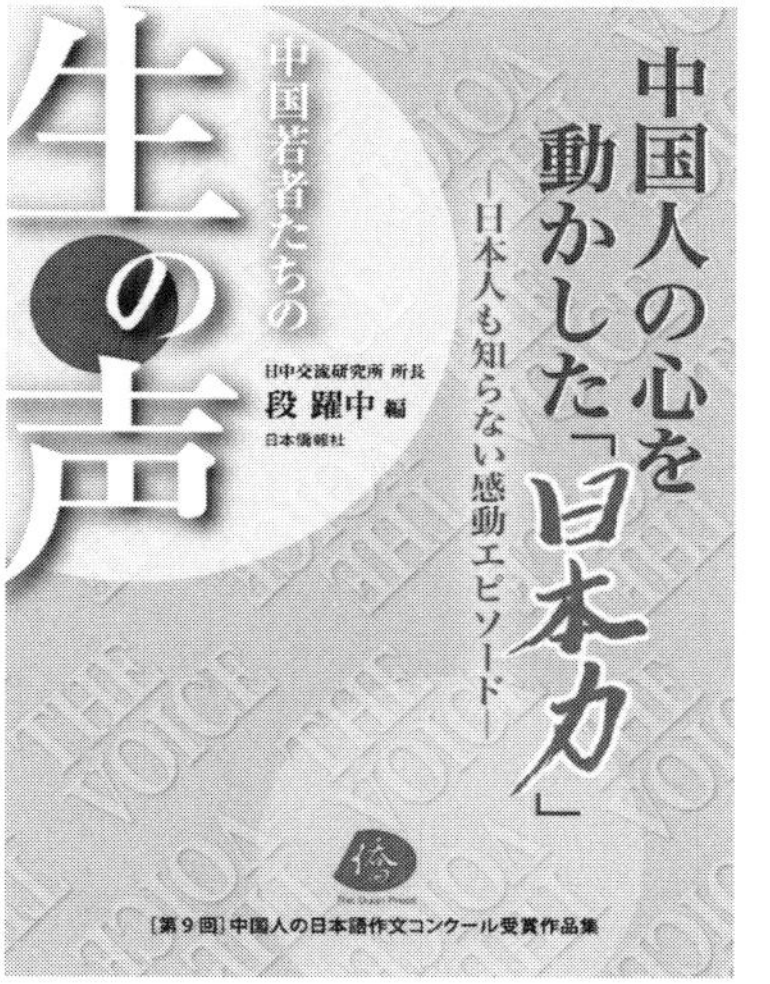

第９～１２回、中国人の日本語作文コンクール受賞作文集

2006年（平成18年）5月30日　火曜日　43154号　（日刊）

朝日新聞

発行所　〒104-8011　東京都中央区築地5丁目3番2号
朝日新聞東京本社
電話 03-3545-0131

中国語作文コンクールを開いた日中交流研究所長

ひと

段《ドゥワン》躍《ユエ》中《ジョン》さん（48）

日本人が対象の中国語作文コンクールは珍しい。奔走したのは、日中の相互理解を深めることが、在日中国人の責務と決意したからだ。

「犯罪や反日デモの報道だけで、暗いイメージが祖国に定着するのは耐え難い」

243人が応募、優秀作36点に和訳を付け、「我們永遠是朋友」（私たちは永遠の友人）と題し出版した。中国の新聞社などに100冊を送った。

「日本語が読めない中国人にも、中国が好きな日本人の心情が伝わる意義は大きい」

きっかけは、中国人学生向けの日本語作文コンクールの表彰式に、04年に招かれたことだ。大森和夫・国際交流研究所長が私財を投じ、12年間続けてきた。中国人の日本語能力の向上と、対日理解の進展ぶりに感激した。

大森氏が事業の継続に限界を感じ断念したため、引き継ぐ一方、日本人も中国語で発信すれば「国民同士の本音の交流が広がる」と思い、日中交流研究所を設立した。

妻の日本留学を機に、中国青年報社を退職し、91年に北京から来日。在日中国人の活動を紹介する情報誌「日本僑報」を創刊。130冊の本を出版してきた。メールマガジンの読者は約1万人。

だが、不信感は日中双方の一部に根強い。自身のブログが批判されることもあり、運営費の工面にも四苦八苦だ。

来年は国交回復35周年。「受賞者同士が語る場を作り、顔も見える交流にしたい」

文・写真　伊藤　政彦

段《だん》躍中《やくちゅう》さん

日中作文コンクールを主催する在日中国人

本音を伝え合い 理解を深める努力を

「両国民の相互理解を深めようと奔走する民間の努力が台なしになった。15日の参拝は、傷つけられた中国人の心の傷口をさらに広げただけ」

小泉純一郎首相の靖国神社参拝を巡って揺れ続ける日中関係を憂う。

靖国参拝が続いたこの5年、双方の民衆に不信感が広がるのを感じた。「在日中国人ができることとは何か」と考え、昨年1月、日中交流研究所を設立。中国人の日本語作文と日本人の中国語作文コンクールを始めた。

「多くの人は相手の国について報道などの限られた情報しか知らない。民衆が相手の言葉で自分の気持ちを伝えていく。これこそ民間の友好を培う力になる」と説く。今年、中国人1616人が応募した。日本人側は現在募集中だ。将来は「両国の受賞者でフォーラムを開き、顔を合わせて語り合う場を作りたい」。

中国有力紙「中国青年報」の記者だったが、妻の留学に伴い、91年に来日した。目に映ったのは在日中国人の活躍ぶりがほとんど紹介されていない実態だった。自ら在日中国人の活動を記録し始め、96年から活動情報誌「日本僑報」を発行、出版も始めた。5年前からは日本語と中国語の対訳で書かれた新スタイルの書籍も出版。出版数は140冊に上り、ホームページへのアクセスは1日3000件を超す。

「日中関係が冷え込むこんな時こそ、民間の間に交流チャンネルを張り巡らせていかなければ。これは在日中国人の責務だ」。そう自らに課す。

——文と写真・鈴木玲子

中国湖南省出身。「現代中国人の日本留学」など著書多数。48歳。中国語作文の募集要項は、http://duan.jp/jc.htm。日中交流研究所は03・5956・2808。

2006年8月25日付　毎日新聞紙面より

MAINICHI 毎日新聞

発言

草の根発信で日中をつなごう

段 躍中 日本僑報社編集長

中国在住の日本語学習者を対象とした日本語作文コンクールを主催して9年になる。

毎回、中国全土で日本語を勉強する留学未経験者たちから約3000もの力作が集まるが、昨年来の両国関係の悪化による影響で応募が減るのではないかと心配していた。

だが、蓋《ふた》を開けると例年と変わらぬ数の作品が寄せられ、胸をなでおろした。同時に長年、日中の草の根交流活動に従事している立場としてこの状況でも日本語を熱心に勉強している中国人学生が数多くいるとわかり、うれしい気持ちにもなった。

今年のテーマは「中国人の心を動かした『日本力』」とした。それは、国と国との関係がどれほど冷え込もうとも「感動」は両国民の心をつないでくれると考えたからだ。応募作には作者自身や、家族、友人が体感した日本文化や触れ合った日本人から受けた感動的なエピソードが若者らしいみずみずしい文章で描かれており、彼らを感動させた「日本力」は審査員を務めた日本人にさえ日本の素晴らしさを再認識させた。

それら「日本力」は世界的に有名な日本のアニメなどのサブカルチャーと同様、全世界に訴えかけられるソフトパワーだ。このパワーこそ日中関係改善の切り札になり得る。

コンクールの応募者たちは、時に周りから日本語を学ぶことを批判されながらも勉強にいそしんでいるばかりでなく日本人や日本文化への理解も深め、その素晴らしさに感動し、作文という形で発信してくれた。彼らは今後も日本の良さに触れ、それを何らかの形で発信してくれるはずだ。世界中に数多く存在する『日本ファン』たちもフェイスブックやツイッターなどを使い、優れた『日本力』について発信し続けている。

日中という「引っ越しできない隣人同士」が〝ウィンウィン〟の関係を築くためには、お互いが尊重し合い、気持ちを通わせながら関係を築くことが必要ではないかと思う。その実現には、両国の政治家やメディアの努力ももちろん重要だが、一般市民の努力も必要だ。だからこそ日本の人々にも、先に述べたような新メディアを活用して自ら中国に対してアピールする「発信者」になってもらいたいと思うのだ。

「謙虚さ」は日本人が持つ素晴らしい特徴ではあるが、この場面では不要だ。「中国語や英語ができないから……」としり込みする人もいるかもしれないが、世界には日本の良き理解者でもある日本語学習者や「日本ファン」が大勢いる。あなたがインターネットを通して日本語で発信した言葉がそれらの人を介して中国をはじめとする全世界に広めてもらえる可能性が十分にある。

1991年に来日した筆者は東京を拠点に、出版活動や中国人を対象とした日本語作文コンクール、日本人及び在日中国人向けの「星期日漢語角」（日曜中国語コーナー）などの活動を行っているが、皆さんに「日中関係改善のための発信者の会」の設立を呼びかけたい。一人でも多くの「日本人発信者」が登場し、両国関係の改善に一役買ってくれることを願っている。

だん・やくちゅう 元中国青年報記者。編著書「中国人がいつも大声で喋るのはなんでなのか?」

朝日新聞
2013年（平成25年）
12月7日

私の視点

日本僑報社編集長
段《だん》 躍中《やくちゅう》

日中友好　冷めぬ中国の日本語学習熱

国交正常化後で最悪と言われる日中関係だが、中国の若者の日本への興味と関心まで冷え込んでいるわけではない。中国で日本語を学習している留学未経験の学生を対象にした「中国人の日本語作文コンクール」で、今年は応募数の減少が懸念されたが、最終的には2938本が寄せられ、例年と変わらない盛況だった。「日本語学習熱」は冷めてはいない。

コンクールは私が代表を務め、日中関係の書籍を出版している日本僑報社と日中交流研究所が2005年から開催してきた。これまでに中国の200を超える大学から、2万本もの作文が集まった。

9回目の今年はテーマを「感動」にした。両国関係が試練に見舞われても、「感動」が両国民の心をつなぐきっかけになると考えたからだ。日中関係が悪化すれば、中国国内で日本語を学習すること自体、「難しい立場」に立つことになる。それでも、彼らは日常生活の中で、自分や家族が日本人と触れ合い、感動した体験を思い思いに描いていた。

いにしえの優雅さを短い言葉の中で語る和歌の世界や、出会って1週間しかたたない中国人に「国が原因で中国人を拒否するのは理不尽」と〝おもてなし〟の精神で誕生日を祝ってくれる研修仲間、旅行で訪れた日本で迷子になり、道を尋ねると、目的地まで連れて行ってくれた夫婦……。

そこには政治的な対立を乗り越え、積極的に交流を続け、友好を育もうとする、ごく普通の日中の市民が登場する。もちろん、文化や習慣の違いは大きい。「相互理解」と言っても、実生活で簡単に実現するものでもない。そこを認識した上で、その差を縮めていこうという強い意思、お互いを尊重し合うという前提に立てば、感動も共有できる。そういった体験が真摯につづられていた。

コンクールの入選作は、中国在住の学習者とは思えないほど日本語のレベルが高いものが多い。「入選作品集」は、中国では日本語学習教材にも利用されている。

日本人の審査員からは「日中関係の改善に、真剣に取り組もうとする両国の若者に感動した」「中国での日本人への評価が高いことに驚いた」などの声も上がった。

日本で日中友好活動に携わる立場から見ても、こうした若者は、両国の将来に頼もしい存在になるように思える。そんな彼らを、みなさんにも応援していただければありがたい。多くの人に、彼らの「生の声」とも言える入選作品集を、ぜひ手にとって読んでいただきたい。中国人の心を動かした「日本」は、きっとみなさんの心も感動させるはずだ。

2013年（平成25年）3月26日（火曜日）　東京新聞
東京新聞
中日新聞東京本社
東京都千代田区内幸町二丁目1番4号
〒100-8505　電話03(6910)2211

対立憂う 懸け橋の卵たち

日本語を学ぶ中国人学生

五味 洋治

沖縄県・尖閣諸島を日本政府が国有化して半年が過ぎたが、島をめぐる日本と中国の対立は一向に改善されない。日本に関心を持ち、日本語を学んでいる中国の学生たちは就職や日本留学が難しくなり、将来への不安を抱いている。

二〇〇九年の調査によると、中国の日本語学習者数は約八十三万人。独学者を含めるとさらに増える。世界でも韓国（九十六万人）に次いで学習者が多い。国際交流基金などが行う日本語能力試験は中国全土で約十一万人が受験している。

同じ漢字文化圏だけに、短期間で中・上級段階に達する人が多い。最近、中国の外相に就任した王毅氏も、若いころ日本語を専門に学んだ。

日本語を学ぶ中国人は、日中両国の間をつないでくれる大切な人材だが、いま困難な状況に陥っている。

日本僑報社（東京・池袋）などが毎年主催する日本語作文コンクールで優秀な成績を収めた大学生たちが、安倍晋三首相への手紙という形で、自分たちの様子を日本語で同社に送ってきた。原文のままを引用してみる。

湖北大外国語学院の李欣晨さん(二二)は「進学と就職の問題について、さんざん迷っています」。日中関係悪化の影響で就職先が減り、日本への留学も家族や友人の強い反対に遭っているためだ。

李さんは、今年一月、作文コンクール最優秀賞の副賞で日本を訪問した。「過激な行動でお互いに傷つけているのが何の意味もないことを、しみじみ感じました。日本への先入観を取り除くために、微力ながら、自分なりの力を尽くしたいです」

外交官志望者が学ぶ国際関係学院（北京）四年生胡万程さん(二二)は、「外交の基本原則は自国の国益を守ること。しかし、自国の国益だけを追って、双方の国益を損なう結果になっていまいか。即刻解決が困難な問題は、双方、暫時、静観するという方法はとれないか」と提案した。

同じ国際関係学院四年生欧陽文俊さん(二三)は昨年五月、中国大学生訪日団の一員として日本を訪問し、大学生と将来の夢を話し合った。

「日本への留学を準備しています。自分の目で見た日本、体験した日本を丸ごとに友達や家族に教えたい。より多くの日本人と友達になりたいと思っているからです。中日関係を改善するには安倍首相が一番有力ではないでしょうか。中日両国が各レベルでちゃんと話しあえる未来に導いてほしい」と要望した。

尖閣諸島については公船を使って実力行使してくる中国側に問題がある。しかし中国にも、対立に戸惑い、和らげたいと思っている人たちが少なからずいる。手紙は今月、安倍首相に郵送された。ぜひ読んでほしい。（編集委員）

〒100・8055　読売新聞東京本社編集委員室　kaisetsu@yomiuri.com

論点

小さな市民交流 重ねて

日中関係改善への一歩

段《だん》 躍中《やくちゅう》氏
「中国青年報」記者を経て1991年来日。新潟大院博士課程修了。96年に日本で出版社「日本僑報社」設立、編集長。55歳。

領土や歴史認識に関する主張が対立する日中関係の改善は、残念ながら、当面は望めない。そんな中で、市民の立場からも、少しでも関係が良い方へ向かうよう、自ら考えて行動すべきではないだろうか。

私も微力ながら相互理解に役立てばと、6年前から東京・西池袋公園で「漢語角」という中国語の交流会を行ったり、中国で日本語を勉強している学生が対象の日本語作文コンクールを主催したりしている。コンクールは今年で10回目を迎え、毎年約3000もの作品が寄せられる。応募数は、日中関係が悪化した2012年以降も減っていない。日本語の水準は様々だが、「中国のごく普通の若者が一生懸命日本語で書いたもの」という点で共通しており、非常に大きな意味を持つと思う。

彼らの多くは日本のアニメやドラマなどのサブカルチャーから日本に興味をもったようで、今年は作文コンクールのテーマの一つを「ACG（アニメ・コミック・ゲーム）と私」としたほどだ。日本語を学ぶには至らないが、そうしたものが大好きな中国人は多い。日本の企業が作った電化製品や自動車などを高く評価し、好んで購入する人たちも常に存在する。つまり、中国には相当数の「日本ファン」がいるのだ。

そこで、日本国民にお願いしたいのが、「日本ファン」のサポートだ。

例えば、最近は日本各地で中国人旅行者と遭遇する機会が多くなっていると思う。買い物のためだけに来日したという印象を持たれるかもしれないが、彼らにとって日本への旅費は決して安くなく、「日本を楽しもう」という思いは、欧米からの旅行者より強いかもしれない。サポートとは、中国人旅行者が困っているのを見かけた時、ほんの少しでも手を差しのべてもらえないかということだ。道に迷っているなら交番を教えるだけでもいい。店舗内なら、店員を呼んで来るだけで構わない。小さな親切は良い思い出として残り、帰国後に周囲に語られ、さらにその周囲にも広がる。一つの〝小さな国際交流〟で影響を与えられる人数は少なくても、その機会が多ければ多いほど、影響される人数も増えていく。

ほかにも、市民にできる行動はある。

先日、昨年の日本語作文コンクールの受賞作をまとめた書籍「中国人の心を動かした『日本力』」に関する読売新聞の記事を読んだ女性から、3冊注文が入った。後日頂戴したはがきには、1冊は自分用、1冊は日本人の友人、もう1冊は中国から来た友人にプレゼントしたと書いてあった。私は感激するとともに、草の根交流を推進する者として、非常に刺激を受けた。

今はフェイスブックやツイッターなどもある。街で見知らぬ中国人に声をかけることができなくても、こうしたツールを活用して一般市民が両国の「良い部分」を伝え、広められる。それを読んだ中国人から、拙い日本語で書かれたメッセージを日本人が受け取る日が来れば、日中関係が改善に向かう、小さいが確実な一歩となるだろう。

THE YOMIURI SHIMBUN
讀賣新聞 2014年9月22日

popstyle Cool

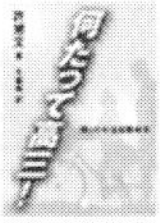

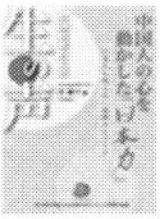

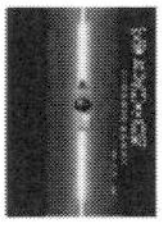

受験、恋…関心は同じ

I love JPN

日本僑報社編集長

段躍中 さん 56

DUAN Yuezhong

「中国の若者の間での日本のサブカルチャーの影響力を思い知りました」。中国で日本語を学んでいる学生が対象の日本語作文コンクールを主催しているが、10回目の今年、テーマの一つを「ACG（アニメ・コミック・ゲーム）と私」にしたら、過去最多の4133人の応募者のうち約８割が、それを選んだからだ。

中国の全国紙「中国青年報」記者を経て、1991年８月に来日し、日本生活は23年になる。95年に新潟大学大学院に入学し、中国人の日本留学についての研究に取り組んだ。96年に「日本僑報社」を設立、まず月刊誌刊行を始めた。「日中の相互理解のために役立つ良書を出版したい」との思いから、中国のベストセラーの邦訳などを出している。

2006年には、大学受験生たちを描いた中国のベストセラー小説『何たって高三！　僕らの中国受験戦争』の邦訳を出版。昨年９月には、不倫や老いらくの恋などの人間模様を描いた現代小説『新結婚時代』の邦訳書を出した。「中国社会は大きく変化を遂げており、日本人と中国人の関心事が重なるケースが多くなってきています」

▲中国人の日本語作文集や中国小説の邦訳本を書棚から取り出す段躍中さん（東京都内の日本僑報社で）

中国人の作文コンクールの作品集も毎年出版しており、第９回のタイトルは『中国人の心を動かした「日本力」』だった。一方、日本の書籍の版権を取り次ぎ、中国で出版する仲立ちもつとめている。その成果の一つとして、日本の与野党政治家の思いをまとめて02年に出た『私が総理になったなら　若き日本のリーダーたち』が、04年に中国で翻訳・出版された。「今後も『日本力』を中国に伝える仕事をしていきたい」と力を込める。

朝日新聞

オピニオン　12版▲　2012年（平成24年）12月24日　月曜日

風

坂尻 信義

北京から

日本語を学ぶ　若者の草の根交流が氷を砕く

この冬2度目となる雪化粧が北京にほどこされた14日、中国各地で日本語を学ぶ学生が日本大使公邸と棟続きのホールに集まった。「中国人の日本語作文コンクール」の表彰式に出席するためだ。

日中関係の書籍を出版する日本僑報社（東京・池袋）の主催で、今年で8回目。同社編集長の段躍中さん(54)は1991年、日本に留学した妻を追って、共産主義青年団の機関紙・中国青年報を辞めて来日した。アルバイトのない日は巣鴨の4畳半アパートと豊島区立図書館を往復する生活で、50音から日本語を学んだ。B5サイズ18㌻のタブロイド判情報誌から始め、これまでに出版した書籍は約240冊にのぼる。

今年のコンクールには、中国の大学、専門学校、高校、中学の計157校から2648編が寄せられた。応募資格は「日本留学の経験がない学生」。優秀賞数編の中から日本大使が選ぶ最優秀賞の受賞者には、副賞として1週間の日本行きが贈られる。

会場で、昨年の最優秀賞を受けた胡万程さん(21)が、かいがいしく準備を手伝っていた。北京の国際関係学院4年。東日本大震災後、インターネットの掲示板に「ざまみろ」と書き込んだ高校時代の同級生との対立と和解を描いた作文「王君の『頑張れ日本』」で受賞し、今年2月に日本を初めて訪れた。

日本に行ったら「すべてを見たい」と昨年の表彰式で話した胡さんは、卒業後の日本留学を目指している。

今年の最優秀賞に選ばれたのは、中国内陸部にある湖北大外国語学院日本語学科4年の李欣晨さん(21)。受賞作「幸せな現在」は、祖父の戦争体験を踏まえ、日中両国の人々が「過去の影」に縛られてはいけないと書いた。

やはり日本への留学志望の李さんは、国有企業に勤める父親から、最近の日中関係の悪化を受けて難色を示されていた。でも、今回の受賞で「私が自分の目で見た日本が『想像した通りに人々が優しく、景色がきれいだったら、留学を支持する』と父親は言ってくれました」と、うれしそうだった。「やさしい響きが好き」という日本語の教師になることが、将来の夢だ。

今年あった、もうひとつの「日本語・提言コンテスト」の表彰式も、印象深かった。1等賞に選ばれた河南省の安陽師範学院3年、韓福艶さん(22)は「苦しい選択　日本語科」と題し、中国の農村部でこそ日中交流が必要と訴えた。子供のころ、テレビで見る戦争映画の日本兵は、鬼のような人物ばかりだった。

日本のアニメに魅せられて日本語を専攻したという韓さんは「私の選択が間違っていなかったことを両親に証明したい」と語った。

こちらの表彰式は、満州事変の発端となった柳条湖事件から81年の9月18日だった。中国では「国恥の日」と呼ばれるこの日、日本政府による尖閣諸島国有化に反発したデモが中国国内約100都市で燃え上がっていた最中で、会場探しに苦労したという。

こうした草の根交流が、運営資金の工面に苦しみながら、細々と続けられている。

大使不在の公邸の日本庭園は、雪のあとに降った雨が凍りつき、先週の雪でまた白く染まった。6年前、当時の安倍晋三首相が日中関係を修復するため決断した訪中が、中国で「破氷の訪問」と呼ばれていたことを、ふと思い出した。

（中国総局長）

朝日新聞

2014年（平成26年）

1月27日

風

古谷 浩一

北京から

悪化する日中関係　それでも日本語を学ぶ若者

言うまでもなく、日中関係はとても悪い。こんなとき、中国で日本語を学ぶ若者たちはいったい何を感じているのだろうか、と思った。

「本当にいいのか。日本語なんて勉強しても将来性はないだろう」。日本僑報社が主催する「中国人の日本語作文コンクール」で1等賞をとった李佳南さん(21)は、受賞作文のなかで、父親にそう言われた経験を書いていた。それでも彼女は、福建省にある華僑大学日本語学科に入学した。「（両国民が）互いに尊敬し、助け合える日が来るだろう」と信じているという。

李さんに会ってみたいと思い、電話をした。「えっ」と驚いた様子の李さんだったが、すぐに承知してくれた。日本人と話す機会はほとんどないそうで、「私にとってもチャレンジです」という。

江西省の玉山県にある李さんの実家を訪ねた。省都の南昌から鈍行列車でゴトゴトと約4時間。郊外に山と農地が広がる地方の小さな街だ。

小ぎれいなアパートの部屋で、白と黒の縞のワンピースを着た李さんは、ちょっと緊張した表情で話してくれた。日本語学科に入ったのは、語学への関心からで、日本語にこだわったわけではなかったこと。両親は就職に有利な経済関係の学科を勧めたけど、合格点に達しなかったこと。

――今の中国で、日本語を学ぶって、どんな気持ち？

「別に……。でも2年生のときは最悪。勉強しても意味がないと思った」

李さんが言ったのは、一昨年の尖閣国有化の際の反日デモのことだ。「（日本語学科の）みんなは、ああ、この専門は良くないんだな、選択ミスだなって感じた」

――安倍首相の靖国参拝については？

「本当につらい。どうしてこうなっちゃうんだろう。経済や文化の面で関係を発展させるのは悪いことなのかな？私たちは私たちで勉強するしかないけど」

父親は出稼ぎに出ており、不在だった。近くの山で農業を営む祖父の遠木さん(82)を李さんと一緒に訪ねた。日中戦争の時、この辺りにも日本の軍隊が来て、食べ物などを奪っていった。殺された人もいたという。ちょっと迷ったが、聞いてみた。

――孫が日本語を学ぶのは嫌ですか。

「そんなことはないよ」。遠木さんは笑顔でそう言った。でも、それ以上は何を聞いても、あまり話してくれない。李さんは、私に申し訳なさそうな顔をした。

中国では今、約100万人が日本語を学んでいる。有名な日本語教師、笈川幸司氏によると、こうした学生たちにとって、31日からの春節（旧正月）は、親族のなかで居心地の悪いものになりそうだという。日中の交流がしぼめば、就職先もぐっと減る。

中国と言えば、きつい表情をした報道官が日本を厳しく批判する場面が頭に浮かぶかもしれない。日本人が中国政府の対応に怒りを感じることがあるのはよく分かる。

だけど、中国にも、私たちと同様、こんな状況は嫌だと思う人がいることも知って欲しい。対立を深める二つの政府の関係だけが、日中関係のすべてであってはならない。

取材を終え、駅に向かうタクシーのなかで、李さんに将来の希望を尋ねた。返ってきた答えは「日本に留学できれば、一番いい」。垂れた前髪の奥で、その目はずっと前を見つめていた。

（中国総局長）

書評委員 お薦め「今年の3点」

朝日新聞
© 朝日新聞社 2006年
朝日新聞東京本社

高原 明生

①「反日」以前 中国対日工作者たちの回想（水谷尚子著、文藝春秋・1300円）
②中国残留日本人 「棄民」の経過と、帰国後の苦難（大久保真紀著、高文研・2520円）
③壁を取り除きたい 第二回中国人の日本語作文コンクール受賞作品集（段躍中編、日本僑報社・1890円）

①は戦中戦後に捕虜の教育や邦人送還などに従事した対日工作者たちとの貴重な面談記録。日本と日本人に深い理解と愛情を有した彼らに、日本人も強い敬愛の念を抱いたことが戦後の日中友好運動の牽引力だったと説く。日中関係の基本に光を当てる労作だ。

旧満州には150万人以上の日本人がいた。その中で中国に残留せざるをえなかった婦人や孤児は塗炭の苦しみを味わった。②は、長年の取材をもとに、その困難が帰国後も続くことを伝える。この人たちをこれ以上まだ苦しめるのか、日本社会の本質が問われる。

偏見の無い、心が通い合う社会を、そして世界をつくりたい。③は中国人学生による日本語作文コンクールの入賞作品集。これを読むと、日中間の「壁」に戸惑いつつ、理想を追う青年たちの明るく素直な思いが心にしみる。若者は、いや人は皆、どこでも同じだ。

産經新聞
2014年7月31日

アピール

日中友好支える日本語教師の努力

日本僑報社編集長
段 躍中 56
（東京都豊島区）

国際交流基金の日本語教育に関する調査によれば、2012年度に世界で約400万人の人々が日本語を勉強しており、うち約104万人が中国の学習者だったという。

驚いたのは、ここ数年、日中関係はどん底とも言われる冷え込みの中にあるにもかかわらず、学習者数が2009年度より20万人以上も増加しており、日本語教育機関の数も同年度比で5・4%増の1800施設だったことである。

私は毎年、「中国人の日本語作文コンクール」を主催しているが、10回目を迎えた今年、応募件数は過去最多の4133件に上った。中国での日本語学習熱は、両国関係にあまり左右されないとは感じていたが、これらの数字を目にして、それが確信に変わると同時に、感動すら覚えた。

ただ、中国の日本語学習者や日本語教師を取り巻く状況はかなり厳しいと、容易に想像できる。事実、コンクールの応募作にも、日本語を学ぶことを家族や友人に反対された経験をつづったものが数多くあった。

しかし、彼らのほとんどは外野の圧力に屈することなく日本語学習を続け、日本や日本人への理解を深め、日本語だけでなく日本のことも好きになっている。つまり、中国には日本語学習を通じて日本に好印象を抱く可能性のある人が、100万人以上もいるわけだ。

私は彼らの存在こそ、今後の日中関係において非常に重要だと考えている。現在のように両国トップが対話できない状況下で、国と国とをつなぐのは市民同士の交流以外にないと思うからだ。

日本語学習者という"日中市民交流大使"の育成には、日本語教師、とりわけ日本の本当の姿を正確に伝えられる日本人教師の皆さんの力添えが必要である。コンクールには、そのような高い志をもつ日本語教師をたたえる賞を設けることにした。賞が少しでも彼ら日本語教師の励みになればと心から願っている。

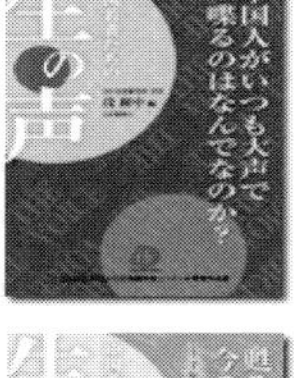

讀賣新聞
2013年(平成25年)
2月24日日曜日

相互理解に様々な視点

中国人がいつも大声で喋るのはなんでなのか? 段躍中編 日本僑報社 2000円

評・須藤 靖(宇宙物理学者 東京大教授)

それぞれ、そうだよネ。そんな声の合唱が聞こえてくるような秀逸かつ直球のタイトル。この宇宙がダークエネルギーに支配されているのはなぜか、大阪人にバキューンと撃つマネをすると必ず胸を押さえて倒れてくれるのはなぜか、などと同レベルの深く根源的な問いかけだ。

チマチマした印税稼ぎのために軽薄な説を押し付ける似非《えせ》社会学者による使い捨て新書の類いか?という疑念も湧きそうだ(残念ながら現代社会にその手の書籍が蔓延《まんえん》しているのも事実)。しかし本書はそれらとは一線を画す、日本語を学ぶ中国人学生を対象とした「第8回中国人の日本語作文コンクール受賞作品集」なのだ。

大声で主張するのは自信と誠実さを示す美徳だと評価され学校教育で繰り返し奨励されているという意外な事実。発音が複雑な中国語は大声で明瞭に喋《しゃべ》ることは不可欠。はたまた、通信事情が悪い中国では大声で喋らないと電話が通じない、という珍説も飛び出す。公共の場所において大声で喋るのは、他人を思いやらない無神経さの表れ。日本人が抱きがちなそんな悪印象が、視点をずらすだけでずいぶん変化する。

大皿に盛られた料理を大勢で囲み、にぎやかに喋りながら楽しむ食事。知り合いを見つけるや、はるか遠くからでも大声で会話を始める農村部の人々の結びつき。想像してみると確かにうらやましい文化ではないか。いかにも文集という素朴な雰囲気の装丁の中、日中両国を愛する中国人学生61名が、文化の違いと相互理解・歩み寄りについて、様々な視点から真摯《しんし》に、かつ生の声で語りかけてくれるのが心地良い。

酔っぱらった時の声がうるさいと、家内にいつも大声で叱責される私。しかし故郷の高知県での酒席は到底太刀打ちできない喧《かまびす》しさ。でも単なる聞き役に回る私ですら飛び交う大声は不快どころか楽しさの象徴だ。高知県人は深いところで一衣帯水の中国と文化を共有しているらしい。中国移住を真剣に検討すべきだろうか。

◇だん・やくちゅう＝1958年、中国・湖南省生まれ。91年に来日し、新潟大大学院修了。日本僑報社編集長。

佐高信の

政経外科《せいけいげか》

Sataka Makoto

連載 683

Layout Kazuhiro Tada

「大声で喋る」中国人と「沈黙のなか」で生きる日本人が理解し合う知恵を

日中交流研究所所長の段躍中が編んだ『中国人がいつも大声で喋るのはなんでなのか?』(日本僑報社)という「中国人の日本語作文コンクール受賞作品集」がある。「中国若者たちの生の声」を集めたもので、第八回のコンクールの作品集だ。日本への留学経験のない中国人の学生を対象に募集された。

テーマもユニークだが、中にいろいろな声が出てくる。

大連交通大学の李書琪は、パリのノートルダム寺院には、漢字で「静かに」と注意の紙が貼ってある、と書き始める。

山東大学威海分校の李艶蕊の説明が説得力があるが、彼女の実家を含めて中国では十三億の人口のうち、九億ほどが農民であり、彼らは畑や市場で、たとえば、

「君のトウモロコシは良いね」

「そんなことないよ、天候がよくないから」

といった遣り取りを大声でする。中国人は賑やかさこそがいいことだと思っているからでもある。

李は「最近は農村から都市に移り住む人が多くなったが、彼らは大声の習慣も持ってきた」と指摘する。

長春工業大学の黄慧婷は、中国人の彼と日本人の彼女が恋人になったけれども、うまくいかなくなった時のことを書く。

「もう我慢できない。あなたと一緒にいるのは恥ずかしいのよ。いつも大声で喋るなんて、信じられない」

怒りを爆発させた彼女に、彼は一瞬黙り、にっこりと笑って言った。

「皆にはっきりと僕の気持ちを伝えるためだよ。もちろん、君にもそうだよ」

日中友好の象徴パンダの「鈍感力」が両国に必要だ

こうした違いを踏まえて、浙江大学寧波理工学院の王威は「十四億人あまりの二つの国で、たった一％の政治家や経済評論家だけが新聞やテレビにいつも出て、お互いの国の話をするのはおかしくないだろうか。国の中では、政治家や経済学者より働いている一般民衆の方がずっと多い。一つの国の本当の姿は、その国の民衆を見なければならない。利益より、文化の共感と人間の温情を強調し、他国の道徳観に対しては、責めるというより理解するという姿勢こそ両国のマスコミが持つべき態度ではないか」と提言する。

華東師範大学の銭添の「パンダを見てみよう！」も傾聴に価する。

日本と中国の間の暗い過去を乗り越え、偏狭なナショナリズムから脱して、恒久的な平和を築くためにはパンダが教えてくれる「鈍感力」が必要だというのである。

「パンダは物事に対して決して鈍いわけではなく、ただ余裕を持って過ごしているだけだ。いちいち大騒ぎするのではなく、寛容な態度で物事に接することこそ、両国国民の親近感を高めるのに最も欠かせないものなのではないか」

これを読むと、日中友好のシンボルのパンダが、また違って見えてくるだろう。

女優の檀れいは、あるテレビ番組で「海外で心惹かれる国」を問われて、「昔の中国」と答えたらしい。「昔の中国」は、現在とは逆に、「沈黙」が問題だった。

ドレイ根性を排した魯迅がこう嘆いたようにである。

「私は衰亡する民族の黙して声なき理由を知った。ああ、沈黙！　沈黙のなかで爆発しなければ、沈黙のなかで滅びるだけだ」

いまは、日本が「沈黙のなかで滅び」ようとしている。いずれにせよ、何で日本語なんか学ぶのかという白い眼の中で、それを学んだ若者たちの作文は貴重である。

【編者略歴】

段 躍中（だん やくちゅう） 1958年、中国湖南省生まれ。中国の有力紙「中国青年報」記者・編集者などを経て、1991年に来日。2000年、新潟大学大学院で博士号を取得。1996年、月刊誌「日本僑報」を創刊。1998年、出版社「日本僑報社」を設立。2016年末時点で刊行書籍は300点を数える。2005年から日中作文コンクールを主催、2007年8月から「星期日漢語角」（日曜中国語サロン）、2008年9月から日中翻訳学院を主宰している。2008年、小島康誉国際貢献賞、倉石賞受賞。2009年、外務大臣表彰受賞。1999年と2009年、中国国務院の招待を受け、建国50周年と60周年の国慶節慶祝行事に参列。

日本湖南省友の会共同代表、日本湖南人会会長、湖南大学客員教授、北京大学客員研究員。主な著書に『現代中国人の日本留学』『日本の中国語メディア研究』など多数。

詳細：http://my.duan.jp/

中国若者たちの生の声シリーズ ⑫

訪日中国人、「爆買い」以外にできること 「おもてなし」日本へ、中国の若者からの提言

2016年12月12日 初版第1刷発行

編 者 段 躍中（だん やくちゅう）

発行者 段 景子

発行所 株式会社日本僑報社

〒171-0021 東京都豊島区西池袋3-17-15

TEL03-5956-2808 FAX03-5956-2809

info@duan.jp

http://jp.duan.jp

中国研究書店 http://duan.jp

@Yakuchu Dan. 2016 Printed in Japan. ISBN 978-4-86185-229-9 C0036

日中国益の融和と衝突

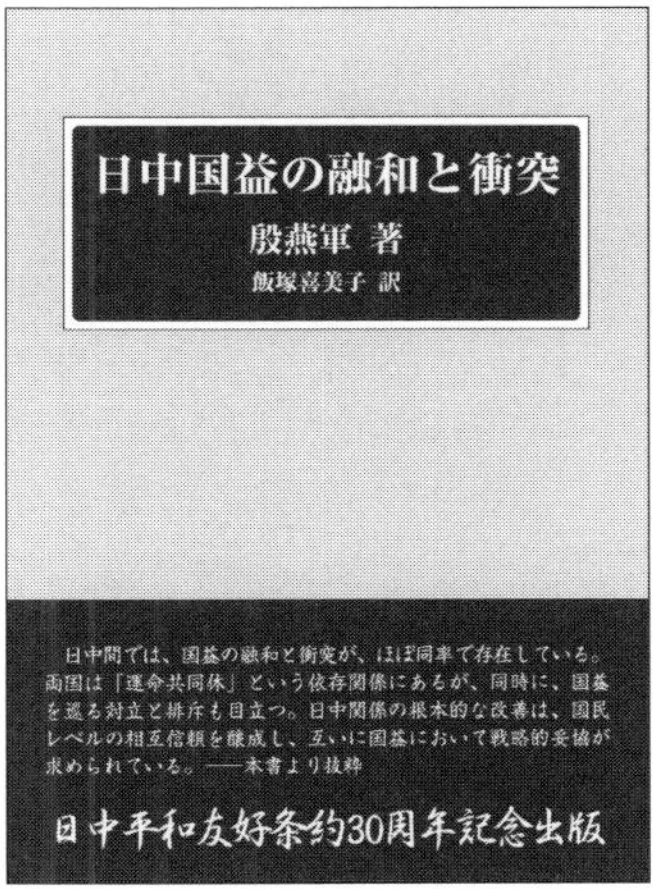

日中間では、国益の融和と衝突が、ほぼ同率で存在している。両国は「運命共同体」という依存関係にあるが、同時に、国益を巡る対立と排斥も目立つ。日中関係の根本的な改善は、国民レベルの相互信頼を醸成し、互いに国益において戦略的妥協が求められている。

著者　殷燕軍
訳者　飯塚喜美子
定価　7600 円＋税
ISBN　978-4-86185-078-3
刊行　2008 年

尖閣列島・釣魚島問題をどう見るか

1. はじめに
2. 歴史的事実はどうであったのか
3. 明治政府の公文書が示す日本の領有過程
4. 日本の領土に編入されてから
5. 狭隘な民族主義を煽る口実としての領土問題
6. 試される二十一世紀に生きる者の英知

著者　村田忠禧
定価　1300 円＋税
ISBN　978-4-93149-087-1
刊行　2004 年

永遠の隣人ー人民日報に見る日本人

永遠の隣人

書名題字 元内閣総理大臣村山富市先生

日中国交正常化30周年を記念して、人民日報の人物記事を一冊の本にまとめた。中国人記者の眼差しを通し日中友好を考える。

主編　孫東民、于青
監訳　段躍中
訳者　横堀幸絵ほか
定 価　4600円＋税
ISBN　4-931490-46-8

日中友好会館の歩み

「争えば共に傷つき、
相補えば共に栄える」

中曽根康弘元首相 推薦！
唐家璇元国務委員 推薦！

かつての日本、都心の一等地に発生した日中問題を解決の好事例へと昇華させた本質に迫る一冊。

著者　村上立躬
定 価　3800円＋税
ISBN　978-4-86185-198-8

日本僑報社好評既刊書籍

日中中日翻訳必携　実戦編Ⅱ

武吉次朗 著

日中翻訳学院「武吉塾」の授業内容を凝縮した「実戦編」第二弾！
脱・翻訳調を目指す訳文のコツ、ワンランク上の訳文に仕上げるコツを全36回の課題と訳例・講評で学ぶ。

四六判 192 頁 並製　定価 1800 円＋税
2016 年刊　ISBN 978-4-86185-211-4

現代中国カルチャーマップ

百花繚乱の新時代

日本図書館協会選定図書

孟繁華 著
脇屋克仁 / 松井仁子（日中翻訳学院）訳

悠久の歴史とポップカルチャーの洗礼、新旧入り混じる混沌の現代中国を文学・ドラマ・映画・ブームなどから立体的に読み解く１冊。

A5 判 256 頁 並製　定価 2800 円＋税
2015 年刊　ISBN 978-4-86185-201-5

中国の“穴場”めぐり

日本日中関係学会 編

宮本雄二氏、関口知宏氏推薦 !!
「ディープなネタ」がぎっしり！
定番の中国旅行に飽きた人には旅行ガイドとして、また、中国に興味のある人には中国をより深く知る読み物として楽しめる一冊。

A5 判 160 頁 並製　定価 1500 円＋税
2014 年刊　ISBN 978-4-86185-167-4

春草

日本図書館協会選定図書　日本翻訳大賞エントリー作品

～道なき道を歩み続ける中国女性の半生記～

裘山山 著、于暁飛 監修
徳田好美・隅田和行 訳

東京工科大学 陳淑梅教授推薦 !!
中国の女性作家・裘山山氏のベストセラー小説で、中国でテレビドラマ化され大反響を呼んだ『春草』の日本語版。

四六判 448 頁 並製 定価 2300 円＋税
2015 年刊　ISBN 978-4-86185-181-0

中国の百年目標を実現する

第 13 次五カ年計画

胡鞍鋼 著
小森谷玲子（日中翻訳学院）訳

中国政策科学における最も権威ある著名学者が、国内刊行に先立ち「第13 次五カ年計画」の綱要に関してわかりやすく紹介した。

四六判 120 頁 並製　定価 1800 円＋税
2016 年刊　ISBN 978-4-86185-222-0

強制連行中国人殉難労働者慰霊碑資料集

強制連行中国人殉難労働者慰霊碑資料集編集委員会 編

戦時下の日本で過酷な強制労働の犠牲となった多くの中国人がいた。強制労働の実態と市民による慰霊活動を記録した初めての一冊。

A5 判 318 頁 並製　定価 2800 円＋税
2016 年刊　ISBN 978-4-86185-207-7

和一水

—生き抜いた戦争孤児の直筆の記録—

和睦 著
康上賢淑 監訳
山下千尋 / 濱川郁子 訳

旧満州に取り残され孤児となった著者。
1986 年の日本帰国までの激動の半生を記した真実の書。
過酷で優しい中国の大地を描く。

四六判 303 頁 並製　定価 2400 円＋税
2015 年刊　ISBN 978-4-86185-199-5

中国出版産業データブック　vol. 1

国家新聞出版ラジオ映画テレビ総局図書出版管理局 著
段　景子 監修
井田綾 / 舩山明音 訳

デジタル化・海外進出など変わりゆく中国出版業界の最新動向を網羅。
出版・メディア関係者ら必携の第一弾、日本初公開！

A5 判 248 頁並製　定価 2800 円＋税
2015 年刊　ISBN 978-4-86185-180-3

日本僑報社好評既刊書籍

新中国に貢献した日本人たち

中日関係史学会 編
武吉次朗 訳

続編も好評です

元副総理・故後藤田正晴氏推薦!!
埋もれていた史実が初めて発掘された。登場人物たちの高い志と壮絶な生き様は、今の時代に生きる私たちへの叱咤激励でもある。
－後藤田正晴氏推薦文より

A5 判 454 頁並製　定価 2800 円＋税
2003 年刊　ISBN 978-4-93149-057-4

同じ漢字で意味が違う
日本語と中国語の落し穴
用例で身につく「日中同字異義語 100」

久佐賀義光 著
王達 中国語監修

"同字異義語"を楽しく解説した人気コラムが書籍化！中国語学習者だけでなく一般の方にも。漢字への理解が深まり話題も豊富に。

四六判 252 頁 並製　定価 1900 円＋税
2015 年刊　ISBN 978-4-86185-177-3

若者が考える「日中の未来」Vol.1
日中間の多面的な相互理解を求めて
―学生懸賞論文集―

宮本雄二 監修
日本日中関係学会 編

2014 年に行った第 3 回宮本賞（学生懸賞論文）で、優秀賞を受賞した 12 本を掲載。若者が考える「日中の未来」第一弾。

A5 判 240 頁 並製 定価 2500 円＋税
2015 年刊　ISBN 978-4-86185-186-5

若者が考える「日中の未来」Vol.2
日中経済交流の次世代構想
―学生懸賞論文集―

宮本雄二 監修
日本日中関係学会 編

2015 年に日本日中関係学会が募集した第 4 回宮本賞（日中学生懸賞論文）で、最優秀賞などを受賞した 13 本の論文を全文掲載。

A5 判 240 頁 並製　定価 2800 円＋税
2016 年刊　ISBN 978-4-86185-223-7

中国式
コミュニケーションの処方箋

趙啓正／呉建民 著
村崎直美 訳

なぜ中国人ネットワークは強いのか？中国人エリートのための交流学特別講義を書籍化。
職場や家庭がうまくいく対人交流の秘訣。

四六判 243 頁 並製 定価 1900 円＋税
2015 年刊　ISBN 978-4-86185-185-8

アメリカの名門 CarletonCollege 発、全米で人気を博した
悩まない心をつくる人生講義
―タオイズムの教えを現代に活かす―

チーグアン・ジャオ（趙啓光）著
町田晶（日中翻訳学院）訳

元国連事務次長　明石康氏推薦!!
悩みは 100% 自分で消せる！
難解な老子の哲学を分かりやすく解説し米国の名門カールトンカレッジで好評を博した名講義が書籍化！

四六判 247 頁 並製　定価 1900 円＋税
2016 年刊　ISBN 978-4-86185-215-2

新疆物語
日本図書館協会選定図書
～絵本でめぐるシルクロード～

王麒誠 著
本田朋子（日中翻訳学院）訳

異国情緒あふれるシルクロードの世界日本ではあまり知られていない新疆の魅力がぎっしり詰まった中国のベストセラーを全ページカラー印刷で初翻訳。

A5 判 182 頁並製　定価 980 円＋税
2015 年刊　ISBN 978-4-86185-179-7

新疆世界文化遺産図鑑

小島康誉 / 王衛東 編
本田朋子（日中翻訳学院）訳

「シルクロード：長安－天山回廊の交易路網」が世界文化遺産に登録された。本書はそれらを迫力ある大型写真で収録、あわせて現地専門家が遺跡の概要などを詳細に解説している貴重な永久保存版である。

変形 A4 判 114 頁 並製　定価 1800 円＋税
2016 年刊　ISBN 978-4-86185-209-1

第11回中国人の日本語作文コンクール受賞作品集

なんでそうなるの？

中国の若者は日本のココが理解できない

コンクール史上最多となる4749本の応募作のうち

上位入賞の71本を収録！！

一編一編の作文が未来への架け橋

今回のテーマは、「日中青年交流について——戦後70年目に両国の青年交流を考える」「『なんでそうなるの？』——中国の若者は日本のここが理解できない」「わたしの先生はすごい——第１回日本語教師『総選挙』ｉｎ中国」の３つで、硬軟織り交ぜた課題となった。

そのうち上位入賞作を一挙掲載した本書には、一般の日本人にはあまり知られない中国の若者たちの等身大の姿や、ユニークな「生の声」がうかがい知れる力作がそろっている。

編者　段躍中
定価　2000円＋税

ISBN　978-4-86185-208-4

日本外務省、在中国日本大使館などが後援

宮本雄二元中国大使、石川好氏推薦！

※第１～10回の受賞作品集も好評発売中